与最聪明的人共同进化

CHEERS

HERE COMES EVERYBODY

# How to Raise an Adult

Break Free of the Overparenting Trap
and Prepare Your Kid for Success

# 如何让孩子成年又成人

[美] 朱莉·利思科特-海姆斯◎著

(Julie Lythcott-Haims)

彭小华◎译

四川人民出版社

# 摆脱过度养育，成为合格家长

**俞敏洪**

新东方教育集团创始人

父母过度养育孩子，在中国是个普遍问题。我们把孩子当作宠物和温室里的植物养大，还常常自我欣赏这一过程。直到孩子独自面对世界手足无措，我们都没有意识到养育孩子的过程出现了问题。

我们为孩子安排生活中的一切，学习中的一切，帮助孩子上大学的时候选择专业，甚至孩子选择什么样的朋友，我们也常常干预。但我们从来没有想过，我们这样做的过程，是在剥夺孩子的生存权和独立面对世界的勇气和能力。我们没有发现任何一种动物会宠爱自己的后代像人类一样，所以动物才能繁衍生存。

请父母们克制一点吧，你对孩子的过分爱护，只会让孩子虚弱，让自己悲苦。同时，你为孩子做了一切，也就剥夺了孩子的成就感和自信。这本《如何让孩子成年又成人》，真的值得你一读，能够让你摆脱困惑，成为一名合格的家长。

# 及时牵手，适时放手

**麦家**

著名作家

如果你的孩子即将成年，你希望他们是什么样的？不畏风雨独自前行，还是依旧牵着你的手要你替他们遮风挡雨？答案不言而喻，当然是不怕风雨的那个。

问题是如何才能让他们放开你的手又能迎风而立、沐雨而长？答案在这里：《如何让孩子成年又成人》。这本书素朴地告诉我们，成年不等于成人，成人取决于成长，而成长不在于一张完美的成绩单、一份漂亮的简历书。这些不过是一页纸，纸是怕风吹雨淋的，只有一颗不怕风吹雨淋的心，成长的路才会变得坚实、宽广、长远。

人生没有如果，只有后果；牵手不能一生，只能一时。请记住，人生路上满是风雨，作为父母请学会放手；十八岁出门远行，不经历风雨哪见得彩虹？这是一本教父母如何做父母的书，更是一本教孩子如何做成人的书，如何两字其实是两只手：及时地牵好手，适时地放开手。

# 如何帮孩子踏入人生

行路的人呐，世上本没有路，路，都是人走出来的……

——安东尼奥·马查多
（Antonio Machado，1875—1939）

本书讨论父母过度介入子女生活的现象，考察现象背后的爱与恐惧，检讨过度养育的危害，探索如何通过不同的养育方式，实现更好的长期目标，帮助孩子取得更大的成功。

要说爱子心切，我与其他父母并无二致。我明白，身为父母，爱是我们全部行动的基础。然而多年来，在为撰写本书而进行研究的过程中我认识到，父母的许多行为也是出于这样那样的恐惧，其中最主要的是害怕孩子不能取得成功。父母自然都希望子女成功，但是根据我的研究，以及基于对上百位人士的访谈和个人经验，我发现我们对成功的定义非常狭隘，更糟糕的是，由于这种狭隘成功观的误导，我们害了子女这一辈年轻人。

担任斯坦福大学新生教务长的 10 年，让我有更多机会了解年轻人。我关心他们，更为他们感到担忧。我热爱这份工作，18 ~ 22 岁的年轻人刚刚跨入成年人的行列，有机会陪伴别人家儿女走过这段成人之旅，于我是一份殊荣。学生让我开怀，也令我落泪，无论怎样，我都矢志不渝地支持他们。本书不是对他们的控诉，我也无意控诉与他们一样生于20世纪80年代、被称为"千禧一代"的同辈人。然而，对于他们的父母，我得说，我们这些家长，因为我自己也是其中一员，情况就不同了。

推开天窗说亮话吧。我不只是斯坦福大学的前教务长，也是斯坦福大学与哈佛大学法学院的毕业生。之所以写这本书，不是因为我有过这些经历，而是我因此意识到，尽管我有过那些机会，也要随时牢记，在进行分析和评说时，我的殊荣和经验既能给我助益，也可能成为障碍。如前所说，我自己也是家长，我们夫妻育有一对儿女，兄妹俩年龄相差两岁，正值青春期。我们和两个孩子生活在硅谷中心区的帕洛阿尔托。我们也是过度养育型的父母，抖擞忙碌的程度不亚于这个星球上任何其他过度养育子女的爸爸妈妈。我曾在一所竞争激烈的大学担任教务长，常年目睹那些过度养育子女的父母，我对他们啧啧非议，而这些年在思考这个话题的过程中，我逐渐认识到，与那些我曾经动辄批评的父母相比，自己也好不到哪里去。在很多方面，我自己就是我所批评的那类问题父母。

## 爸爸妈妈最懂得

起初，我们的爱是肚脐、心跳和身体，然后是臂膀、亲吻和乳房。我们把他们带回家，为他们遮风避雨，几周以后，当他们第一次有意识地把目光投向我们时，啊，那感觉何其兴奋。我们一路抚育，他们从牙牙学语到成功说出第一个词语，再到获得足够的力量翻身、坐起、爬行，我们鼓掌欢庆。放眼21世纪，我们发现这个世界的联系日益紧密，竞争不断加剧，令我们时而觉得熟悉，时而感到陌生。我们低头看着自己的小宝贝，决心竭尽所能帮助他踏上未来漫长的人生旅程。在他们做好准备之前，我们不可能教会他们站立、行走，但期盼着他们取得进步。

我们几乎立刻就能意识到，他们是他们自己，然而我们还是希望他们从我们止步的地方前行，以我们的肩头为梯，利用我们已有的全部知识及能够为他们提供的所有条件。为了帮助他们学习和成长，我们跟他们分享自己的经验和思想，给他们介绍人脉，带着他们四处踏访。对他们的严格要求有助于他们最大限度地实现潜力、把握机会，我们巴望着给到他们这些东西，希望能促进他们发展。我们知道要付出怎样的代价，才能在当今世界功成名就，于是急切地想要为他们提供保护和指导，无论付出怎样的代价，事事处处都想和他们站在一起。

很多人都还记得，相比之下，从前我们的父母对我们管得很少。那时候，每个工作日的下午，大人，往往是妈妈，都会打开门，吩咐我们："出去玩儿吧，吃饭的时候回来。"他们根本不知道我们去了哪儿、干了什么。那时候没有手机，无法保持联系，也没有 GPS 定位跟踪设备。我们撒腿冲进街区的荒野或者附近的街市，邻居家、公园、树林、商场都留下了我们的脚印。有时候，我们只是偷偷抓起一本书，坐在屋后的台阶上津津有味地读。如今的童年不同往昔，许多年轻父母难以想象能给孩子一个那样的童年。

## 爸爸妈妈变了

从什么时候开始，养育方式和童年生活发生了改变？原因何在？又是怎么变的？随便考察一下，就会发现许多变化，一些重要的变化发生在 20 世纪 80 年代中期。

1983 年，民众对儿童绑架意识的增强，带来了一次变化。1981 年，一个名叫亚当·沃尔什（Adam Walsh）的孩子遭到了绑架和杀害，这个悲剧后来被拍成电影《亚当》（*Adam*），观众人数达到 3 800 万，几乎创纪录。[1]① 很快，失踪儿童的形象便出现在牛奶包装盒上，早餐时就能看到他们的眼睛望着我们。[2]

1984 年，由于沃尔什的父亲约翰·沃尔什的游说，美国国会创立了美国国家失踪与受虐儿童中心（National Center for Missing and Exploited Children），资助拍摄了电视节目《全美通缉令》（*America's Most Wanted*），1988 年年初，该片在福克斯电视台播出，催生了我们对陌生人的无尽恐惧。

1983 年，《危机中的国家》（*A Nation at Risk*）[3] 出版，这本书认为美国儿童在全球竞争中表现不佳，鼓吹给学生增加家庭作业，随后，另一次变化应运而生。自此，《不让一个孩子掉队法案》（*No Child Left Behind*）② 和《力争上游法案》（*Race to the*

---

① 本书注释均通过数字上标方式标注。扫描326页二维码即可下载全部注释内容。——编者注
② 2015年，美国时任总统奥巴马签署《让每一个孩子成功法案》（*Every Student Succeeds Act*），以此取代了已施行10多年的《不让一个孩子掉队法案》。——编者注

*Top*）之类的联邦政策掀起了"成就文化"（achievement culture）的风潮。成就文化诞生的背景是为应对来自新加坡、中国和韩国学生的激烈竞争，特点是强调死记硬背和应试教育，这种教育方式就是前述国家教育实践的常态。

家庭作业一时猛增，孩子们在重压下苦苦挣扎，为了在学校生存下来，他们采取了一切措施。2003 年，斯坦福大学教育学院的讲师丹尼丝·波普（Denise Pope）博士[4]出版的《"做学"》（*"Doing School"*）一书与 2010 年的影片《无目标的竞赛》（*Race to Nowhere*）都反映了这种情况。[5]

第三次变化与"自尊运动"（self - esteem movement）接踵而至。20 世纪 80 年代，自尊哲学风行美国，认为要重视孩子的人格发展，而不要着眼于成绩，这样就可以帮助他们取得人生的成功。[6]2013 年，阿曼达·里普利（Amanda Ripley）出版了畅销书《世界上最聪明的孩子》（*The Smartest Kids in the World*），称自尊运动是美国独有的现象。

1984 年前后出现的约定玩耍模式（playdate）代表了第四次变化。[7]那时，创纪录数量的母亲进入职场，在这样的时代背景下，作为实用的时间管理工具，约定玩耍模式应运而生。由于在职长人数增加，他们对托管服务的依赖相应提高，两相叠加，使得放学后回家的孩子减少了，也更难求得合适的玩耍地点和玩耍时间。家长一旦着手安排孩子的玩耍活动，就开始对其进行观察，进而顺理成章地参与进来。把孩子单独留在家里成为禁忌，让孩子在无人监督的情况下自行玩耍也不可接受。针对幼儿的托管服务，摇身变成为大孩子安排有组织的课后活动的服务。与此同时，20 世纪 80 年代末，因为担心儿童受伤和相关的法律诉讼，全美各地都掀起了公共游乐场所的全面翻修。[8]对于成长中的孩子来说，玩耍本来是生活的基本内容，可是这样一来，玩耍的本质就变了味。

1990 年，鉴于此类变化及其他情况的发生，儿童发展研究学者福斯特·克莱因（Foster Cline）和吉姆·费伊（Jim Fay）杜撰了"直升机父母"一词，比喻家长像直升机一样在孩子头顶盘旋，认为这种做法有违父母培养孩子独立性的责任。[9]克莱因和费伊着意于给父母们提供建议，对之前 10 年中美国在儿童养育方面发生的种种重要变化进行把脉。25 年后的今天，这些变化已经不足为奇了，这意味着，2010 年前后，直升机一代中年龄最大的已经超过 30 岁了。他们也是所谓的"Y 一代"或者千禧一代。

20 世纪 90 年代末，首批千禧一代步入大学，我和斯坦福大学的同事发现了一个新现象：校园里到处晃动着爸爸妈妈的身影。不夸张地说，真的是这样。出没于校园的父母逐年递增，他们为子女寻求机会，代替他们做决定，帮他们解决问题，而这些事情，以前的大学生都可以独自完成。值得注意的是，这类现象并不局限于斯坦福大学，美国各地的同事证实，几乎所有四年制的学院和大学概莫如是。与此同时，我和丈夫抚养着两个孩子，我们没有充分意识到，自己也在不知不觉中成了直升机父母。

# 婴儿潮一代

最早获得直升机父母称号的是生于 1946—1964 年的婴儿潮一代。他们的孩子是我所关心的首批千禧一代。婴儿潮那代人的祖父母认为"孩子只要待在视线范围内就好"，而他们父母一辈的标准则是"照我的要求去做"。也许是对父母言行的一种反应，在青少年时期和成年初期，婴儿潮一代奋力捍卫思想自由和个人权利，他们质疑权威，重塑或者干脆直接颠覆了美国社会的诸多基本规范和道德标准。

当然，婴儿潮一代并非史上最早的直升机父母。早在 1899 年，道格拉斯·麦克阿瑟将军的母亲就高调地随他一起搬到了西点军校。她在学校旁边的克拉尼酒店租了一套客房，从酒店房间俯视西点军校，用望远镜监视儿子是不是在学习。[10] 婴儿潮一代达 7 600 万人之多，在他们的孩子出生之前，他们是美国历史上人数最多的一代人。一旦有了他们的引领，任何时装、技术或养育风尚都能在一夜之间流行开来。难怪他们当上父母后，美国的教养风气会随之一变。

基于自身的价值观和经验，在前述 20 世纪 80 年代发生的种种社会变化的背景下，婴儿潮一代介入子女生活的程度更深了。他们那代人的父母在情感上与子女比较疏离，而他们则与孩子关系亲密，往往能成为孩子的好朋友。婴儿潮一代试图为孩子控制并确保结果的实现，是孩子最强有力的支持者，而他们的父母则奉行等级制度和权威观念。婴儿潮一代对这套东西耿耿于怀，质疑其合理性，并掀起了广泛的社会变革，包括性解放运动、双职工家庭模式与陡然攀升的离婚率。也许，"陪伴孩子，重要的是所花时间的质量，而不是数量"的心态也不无关系。这种观念认为，重要的不是陪伴时间的长短，而是度过时间的方式。[11] 婴儿潮一代习惯于表达意见，要求倾听，希望孩子按他们的想法行事，可作为父母，只要孩子需要，他们就不惜代价全力以赴。他们还在继续挑战体制，不过现在是为孩子而战，他们常常充当缓冲带，挡在孩子与体制及权威人士之间，哪怕孩子已经长大成人。

短期而言，深度介入的养育方式能带来收益，具体表现为安全、机会的利用及结果的保证等，比如麦克阿瑟将军的先例，他后来以第一名的成绩从西点军校毕业。在一些很重要的方面，深度介入的养育方式似乎"可行"。因为有这样的收益，所以到 2000 年的时候，深度介入的养育方式已经不再是例外，而成了规范。我们生于 1965—1980 年的"X 一代"成为父母后，以婴儿潮一代为榜样；生于 1980—2000 年的千禧一代有了孩子后，也效法他们。婴儿潮一代已晋升为祖父母，但是他们给美国社会带来的诸多改变，不论好坏，都会影响深远，他们对养育方式的影响也是如此。

## 目的何在

父母介入子女生活的程度不断加强，这显然与爱有关，也无疑是好事。2012 年，我卸任斯坦福大学教务长一职。在那个岗位上，我不仅接触了大量家长，也与众多学生有过交流。学生们越来越依赖父母，方式完全不合时宜。我开始担心，某种程度上，大学里的"孩子"，也就是人们所说的"大学生"，还算不上充分发展的成人。他们就像球场上的运动员，不断左顾右盼，期待着父母给他们指令。他们建构不足，虚弱无能。

婴儿潮一代劳苦功高，他们应征参加越战，之后又挑起质疑；他们为那个时代不朽的民权运动和公民权利斗争，置生死于度外；他们掀起了美国历史上史无前例的经济大发展。但婴儿潮一代是否过度地把自我与孩子的成就联系在了一起，甚至觉得，如果孩子达不到期望，自身的成功就要大打折扣？[12] 会不会有些父母太过在意自己的愿望和需求，以致遮蔽了阳光，使子女没有机会形成"自我效能"。自我效能是一项关键的心理特质，著名心理学家阿尔伯特·班杜拉（Albert Bandura）认为，具有这种心理特质的人"相信自己有能力组织和执行行动，能够处理潜在的状况"。[13] 具有讽刺意味的是，身为自我实现观念的拥护者，婴儿潮一代为孩子做了那么多，以致他们的孩子没有机会养成对自我的信心。

20 世纪 80 年代中期以来，父母们越来越重视孩子的安全、学业成就以及自尊的提升，近乎是在按照儿童成长清单来培养孩子。这些做法似乎已成惯例，并在一些社区成为规范。问题是，他们是否剥夺了孩子成长为健康成人的机会？表面上看，这些年轻人似乎成就辉煌，但如果没有父母相助，他们就难以在社会上站稳脚跟。这样的年轻人将来会怎样呢？成长过程中，他们习惯了由父母为他们解决问题，习惯了随时听到赞许，这样的年轻人对真实世界的感受如何？是不是为时已晚，他们已彻底丧失了为自己的生活负责的渴求？他们会不会在某个时候不再自称孩子，而敢于给自己贴上"成人"的标签？如果答案是否定的，那么，由这样的"成人"构成的社会将会是什么样子？这些问题令我难以释怀，促使我提笔写下本书。

我不只是在工作中碰到了这些问题，在我生活的帕洛阿尔托，过度养育的证据举目皆是，在我自己家里，情况也是如此。对于子女的生活，太多的父母表现出过度指导、过度保护、过度介入的倾向。我们把子女当成珍稀的植物标本，给予审慎、定量的照顾和喂养，在他们有机会变得坚强、得到磨炼时，我们偏要横插进来。但是，为了克服人生旅途中必将碰到的更大挑战，人类需要经受磨砺。不经历人生的困境，孩子就会像兰花一样娇嫩，没有能力靠自己在真实的世界花开繁盛。养育问题的应有之义是帮助孩子适应生活，现在却成了保护他们免受生活之苦，结果导致孩子没有做好独立生活的准备。怎么会这样？为什么这些问题在中产阶级中根深蒂固？毕竟，父母都希望恪尽职守，如果足够幸运能够跻身中产阶级，我们就能拥有成为好父母的资源，包括时间和可支配收入。然而，我们是否意识缺失，不知道该怎样给予孩子好的养育？

作为父母，我们自身的生活又如何呢？如果你反问："什么生活？"那么，这的确是一个合理的反应。我们疲惫不堪，忧心如焚，茫然无措。我们的居所环境风景如画，我们精心搭配食物和酒水，然而，由于童年越来越好似一场成就比赛，难道真的可以说孩子们过着"好生活"吗？我不以为然。我们的任务是监控孩子的学习与进步，安排和监督他们的活动，带着他们四处穿梭，一路倾洒我们的赞扬。孩子的成就是我们衡量自身成功与价值的标尺，贴在汽车尾部保险杠上的大学贴纸既代表孩子的成就，这份骄傲也属于我们。

2013 年春天，我出席了一个机构的董事会，这一组织为帕洛阿尔托公立学校提供资助。会后，家长们嚼着最后一块咖啡蛋糕走出会议室，准备去上班，同时彼此间随意地交谈着。这时，一位知道我身份的女士把我拉到了一边，她问我："童年的压力什么时候变得这么大？"她一脸迷茫，眼中闪着泪光。我把手搭在她的肩头。另一位母亲听见了我们的谈话，朝我们走来，点头致意，说道："你知道我们这个社区有多少妈妈在吃抗焦虑药吗？"这两个问题我都答不上来。但是，已经有越来越多这样的妈妈与我进行了类似的谈话，这构成了我写作本书的另一重要理由。

作为斯坦福大学曾经的教务长，我关心那些被宠坏的年轻人，担心他们的发展与未来前景。得益于与其他年轻人的丰富交流，作为家长，我想我做出了更好的选择。但同时我也像其他家长一样在恐惧中挣扎，面对着与他们相同的压力，而且我理解，系统性的过度养育问题源于我们对世界的担忧，我们总是担心，要是没有我们，孩子们该如何在这样的世界赢得成功。

不过，我们的做法确实害了孩子。为了孩子，也为了我们自己，我们必须停止这种基于恐惧的养育方式，在社会、学校和家里，恢复更健康、更明智的爱子方式。本书将科学研究、真实生活中的观察及常识性的建议熔于一炉，讲述把孩子养育为成人的方法，以及如何获得采取行动的勇气。

**第一部分　焦虑不堪的当下**

> 如果我们告诉孩子，人生有一个预先确定的清
> 单，那我们就是在铺就我们的道路，而不是他
> 们的道路。

**第二部分　为什么必须停止过度养育**

> 总有一天他们得自谋生路，这一天会不可避免
> 地到来，如果我们没有帮孩子和我们自己做好
> 准备，那双方都会追悔莫及。

第三部分 **如何培养孩子成人**

我们对他们的养育，应该是从童年早期开始，以与其年龄相匹配的方式，培养他们独立自主的意识，让他们知道如何在世间做一个成人。

第四部分 **敢于尝试不同的养育方式**

我们不必等着看别人怎么做。为了成为好的榜样，我们需要把自我放在第一位，只有这样，才能成为对他们最有助益的人。

# 第一部分

## 焦虑不堪的当下

如果我们告诉孩子，人生有一个预先确定的清单，那我们就是在铺就我们的道路，而不是他们的道路。

HOW
TO
RAISE AN ADULT

## 测一测，你是理想的权威型家长吗？

**设想你在训练你八九岁的孩子干家务，只是简单的扫地，他都扫不干净，你觉得以下哪种做法有助于他成长？**

A 立刻纠正他，给他提出明确而严格的要求，让他一次做好。

B 孩子还小，学业繁忙，干不好就先不让他干了，长大了自然就会做了。

C 刚开始做难免做不好，不能要求太高，耐心等他成长，帮他收拾残局。

D 给他恰当的反馈，鼓励和建议并重，下次再做时，告诉他怎样能做得更好。

你是理想的权威型家长吗？

扫码查看测试题答案。

# HOW01
## TO RAISE AN ADULT
## 保证他们安全健康

## 开始是这样的

在对人生各阶段的研究中，有关童年期的研究最为丰富。在任何一家像样的书店，养育类书籍都占据了相当大的书架面积。任何留心养育问题的父母都会得出这样的结论：我们有责任保护孩子的安全和健康。这是起码的责任，是生物本能。

在记录我儿子索耶成长历程的相册里，有一张他 7 个月大时的照片。照片中的他看着镜头，神情紧张。相机只捕捉到了躺在滑梯顶部斜面处的小婴儿，可我记得当时我用双手支撑着他，只不过摄影师没有把我收入镜头。

那是索耶第一次去公园，也是他第一次坐滑梯。当时，我和他爸爸两个人反复对他说："宝贝儿，没事儿的，爸爸妈妈在这儿呢。"如今再看照片，这些话仍在耳畔回响。不过，从我儿子的表情来看，他并不相信我们。

这张照片让我回忆起当时的情形：儿子躺在小滑梯的顶部，我担心不已。

滑梯离地不过 1 米高，我和丈夫分别站在两侧，可我还是不放心。这个小高度会不会让索耶感到害怕？他会不会"扑通"一声掉到橡胶地上，撞伤脑袋？我们是否应该避免让他遭遇不愉快的体验？

多年来，每当和索耶一起依偎在沙发上，翻看他婴儿时期的照片，我都会把他眼中流露出的害怕视为他的情绪反应。然而这么多年以后，我在想，其实孩子的表情不过是反映了我和他爸爸的紧张心情。父母如何能从单纯希望保护婴儿，发展到放手让他们进入等候着他们的世界？

## 预防事故的发生

在这个富裕的高科技世界，我们觉得自己有能力保证孩子免受任何伤害，也相信自己施加控制的能力。为此，我们把世界变得对孩子更安全、更可预测、更为友好。这一切从他们还在子宫里时就开始了。怀孕期间，母亲的方方面面都在监控之下。孩子一旦出生，家里便做好了保护他们安全的准备。

我们也尽量保证外部世界的安全。1978—1985 年间，美国的每个州都制定了法律，要求在汽车上给儿童使用婴儿安全座椅，随后又制定了有关安全带的强制性法规。[1]这些法律法规敲响了珍贵自由的丧钟，但无所谓，因为我们更在意的是保障孩子的生命安全。同时，也是为了保证安全，孩子在进行轮滑、滑冰和滑板运动时，被要求大量使用头盔和护具。不过不可否认，这些法律和措施的确保住了很多孩子的生命。

爸妈们更进一步地挡在孩子和世界之间，亲自充当保险杠和护栏，好像只要我们在场，孩子的安全就有十足的保障。那天，我看见一位家长和孩子一起过马路时，心里闪过这个念头。那个情形在美国的任何城市都看得到，母亲昂首阔步走在前面，8 岁左右的儿子落后她一步。孩子戴着耳机，目不转睛地看着手机。妈妈往左看看，往右看看，再往左看看，然后带着孩子通过了十字路口。那孩子的眼睛一刻也不曾离开手机屏幕。我还读到过一种叫作微型刹车器的产品介绍，这个产品用于儿童自行车，父母可以通过遥控器刹住自行车的后轮。

上学是孩子智力发展的第一个关键机会，但是，往返学校本身就引发了对安全的忧思。我们的解决办法是，在条件允许的情况下，亲自接送他们上下学。

孩子小的时候，为了保证安全，很多父母护送他们上学，还常常帮他们拿东西，以减轻他们的负担。最近我看见一位虎背熊腰的爸爸斜挎着一个粉红色的背包，不禁哑然失笑。他家距附近的小学只有 3 个街区。他骑着自行车，跟在他七八岁的女儿身后。他的行为值得钦佩，但在那个下午，以及之前和之后的许多个下午，我都在思考这些问题：孩子什么时候才可以自己背书包？什么样的独立程度才适合小学生？目睹我所在城市的家长天天往小学跑，我想调查一下这股趋势有着怎样的深远影响。

身为母亲的洛拉家住俄亥俄州郊区。她告诉我，有位母亲每天都送她三年级的孩子上学，尽管那孩子身体健康，体魄强健；还有位父亲骑自行车尾随女儿上学，然而他家距学校还不到两公里。这位父亲与我看到的那位背粉红色背包的父亲如出一辙，只不过他的孩子都上六年级了。即便从家到学校只有几步路，虽然人们对碳排放的担忧日益高涨，很多人还是天天开车接送孩子上下学，而且我们往往并不只是把孩子送到校门口就罢了。

埃伦·诺德尔曼（Ellen Nodelman）是我家的世交。1969 年以来，她的照片就一直挂在洛克兰德中学（Rockland Country Day School）的大厅里。这所学校位于纽约州康格斯镇哈得孙河边，对岸是曼哈顿，开办的年级从学前班到十二年级。初到该校时，诺德尔曼是一名英语老师，后来她一边教学，一边兼任教务长和升学指导顾问。在这些职位间辗转 40 余年，她亲眼见证了校园内外"父母现象"的兴起。

洛克兰德中学一半的学生搭乘校车上下学，诺德尔曼说："另外一多半本可以乘坐校车的孩子却由父母开车接送。"低年级学生的家长不是把孩子送到就走，他们有时候还陪孩子进入学校，有些家长甚至会把孩子送进教室。"我们把他们拦在大厅外。如果学校允许的话，他们会跟孩子一起上课的。真有家长提出过这样的要求。"诺德尔曼补充说。

其次是手机。在父母和孩子的沟通中，这个东西出现的时间不长，本意是为了避免直升机式养育，结果因为直升机式养育趋势的存在，反倒加强了父母的掌控能力，有研究者称，手机是"世界上最长的脐带"。[2]

举几个例子吧。一位家住贝弗利山庄的高中生和朋友去海边玩儿，他妈妈坚持要他在往返途中每小时给她发一次短信。她不担心孩子在太平洋里冲浪，却担心驾驶途中不安全。斯坦福大学的一位家长致电学校，说女儿失踪了，因为他一整天都没收到女儿的消息。有位美国大学生参加了一个去新西兰的海外学习项目，有一天他妈妈致电项目主管，说自己焦急不堪，因为她儿子自登山回来以后，一直不接电话，而她是通过 GPS 定位得知儿子已经回到校园的。

父母的警惕和技术共同在孩子与世界之间筑起了一道屏障，但是，我们不可能片刻不离地守着他们。把孩子培养成独立的成人既是我们的生物性要求，也因为环境中的自我意识对孩子来说很重要，是他们必须养成的生活技能。当我们忍不住希望自己的存在就是他们的保护伞时，需要扪心自问：希望达到何种养育目标？在教给孩子他们需要掌握的技能时，应当如何做到既保护了他们，又避免遮蔽他们？如何教他们自己去做？

# 夸大其词的"陌生人危险"恐惧

20 世纪后期的诸多安全防范措施，举凡林林总总的规定、防护装置以及父母带孩子过马路、控制孩子自行车的刹车、送孩子上学之类的做法，目的都是防止孩子出事。除此之外，我们还担心有人企图伤害他们。为此，我们告诫孩子不要跟陌生人说话；当他们参加尚被允许的户外活动时，我们在一旁指手画脚；他们去哪儿，我们几乎亦步亦趋地跟着，就是在杂货店里，也紧挨着他们。

一些流行了几十年的童年游戏在劫难逃。就说万圣节吧，过去每到这一天，孩子们就兴高采烈地在社区四处穿梭，接过街坊邻里和陌生人给的糖果，欢欣雀跃地吃起来。但是今天，在我所在的社区，即便孩子都十二三岁了，父母还跟在他们身后，在车道尽头来回踱步，逐一检查所有糖果，确定里面没有刀片、大头针之后，才允许孩子食用。

也许你以为，父母如此小心翼翼，必定有充分的依据。曾有报道说，万圣节糖果里有刀片和大头针，但这些消息早就被揭穿了，根本就是骗局或者恶作剧。[3] 证据显示，1983 年播出的电影《亚当》催生了人们对陌生人绑架儿童的恐惧。今天，在美国及所有播出该剧的国家，这种恐惧都很普遍。[4]

20 世纪 80 年代初，儿童安全鼓吹者把孩子离家出走以及父母离婚后，无监护权的家长一方"拐带"孩子的情况一并算为儿童失踪，声称每年有成千上万名儿童失踪。如今，智能手机和全天候开放的网络放大了狂热情绪，随时播报世界各地发生的儿童伤亡消息，不断地引起我们的警惕。媒体持续地煽动我们的恐慌情绪，借耸人听闻的故事提高收视率和收听率。全美各地的父母都认为孩子再也不能独自出行了。说这话的时候，他们或者实事求是，或者若有所思。为什么？"因为恋童癖者"。我们觉得美国变得更加危险了，然而数据显示，儿童绑架案的发生率并未提高，而且从多种标准看，还比过去任何时候都低。[5]

## HOW 成长观察室
TO RAISE AN ADULT ---------------------------------------------------

　　1990 年，美国司法部发布了首份关于失踪、绑架、逃跑及被弃儿童的研究报告，被称为 NISMART-1。2002 年又发布了最新的第 2 版，即 NISMART-2。NISMART-2 估计当年有 797 500 名儿童失踪，其中只有 115 名儿童是遭遇了家人之外的他人长时间严重绑架，即所谓"常规绑架"，其中 40% 遇害。虽然 NISMART-2 已经发布了很多年，但是我相信当前"常规绑架"的情况并未增加，可能还下降了，因为美国联邦调查局的数据显示，1997—2011 年，美国各年龄段的人口失踪数据下降了 31%，针对儿童的凶杀、性侵及其他各类犯罪也减少了。[6]

　　我们且把这些数据放到具体语境中看看。2014 年，美国总人口约为 3.18 亿，其中儿童人数为 7 400 万。如果 115 名儿童遭遇常规绑架，其中 40% 的儿童遇害，那么，这个数字其实是微不足道的。在所有失踪儿童中，陌生人绑架的情况只占 0.01%，[7] 另外 99.99% 的失踪儿童要么是照顾者误以为孩子失踪了，要么是被其他家人带走了，或者是离家出走以及被遗弃的。因此，"失踪儿童人数增加了，大多数失踪儿童遭到陌生人绑架"这样的说法纯属扰乱视听。

-----------------------------------------------------------------------

当然，任何一个孩子遭到严重伤害都是难言的悲剧，真正的侵害儿童者也的确存在，但陌生人针对陌生人的犯罪案件非常罕见。孩子被陌生人杀害的概率是百万分之一，在为孩子的日常出行做决定时，为什么要以这个数字为依据呢？2006 年，《棕榈滩邮报》(*The Palm Beach Post*) 报道，在任何一年中，孩子死于马术事故（每 297 000 人中就有一人）、足球运动（每 78 260 人中就有一人）、交通事故（每 17 625 人中就有一人）的概率都高于这一数据。[8]

HOW to
**成长的力量**
RAISE AN ADULT

长远来看，我们需要教会孩子在城市环境下巧妙生活的技巧，例如，告诉孩子与朋友同行，而不是独自行动的重要性，以及从众多陌生人中识别坏人的方法。如果我们不让孩子了解如何面对家门外的世界，那么将来他们在街上迷路而感到害怕和迷惑时，就只会失魂落魄。

瞧，这样的惧怕我也有。即便我熟知各种数据，理论上讲，我应该因此有更好的认知，但我也屈从于"陌生人危险"的神话。我还记得索耶第一次一个人回家的情形。我家所在的区域犯罪率很低，属于中高级社区，当时是晚上 10 点钟左右，他步行回家最多需要 10 分钟。尽管我知道我们的担忧被过分夸大了，即便我明白培养孩子独立性的重要，但在儿子安全到家之前的分分秒秒，我还是感到心都提到了嗓子眼上，好不容易才把注意力集中到其他事情上。

世界上到处都有可怕的事情发生。其实，可怕的事情一直都在发生，虽然从统计数据来看，如今发生这类事情的概率比几十年前小了很多，然而，任何地方一旦有不好的事情发生，我们就会很快知道。进化而来的"是战是逃"的本能反应一触即发，但我们从来不具备逃离压力源的经验，所以只好保持着高度警惕。

进化生物学家罗伯特·萨波尔斯基（Robert Sapolsky）是研究人类压力的专家。他的《斑马为什么不得胃溃疡》（*Why Zebras Don't Get Ulcers*）一书已经再版两次了。[9] 这本书意在说明，如果我们担心坏事发生，那这种担忧可能会给我们造成伤害：

> 当我们启动了"压力-反应"机制，如果某件坏事真的发生了，

我们便庆幸这一认知能力促使我们及早采取了防御措施。预防行动可能具有相当的保护作用,"压力-反应"机制很大程度上是预防性的。然而,一旦进入生理上的骚动状态,毫无来由地启动"压力-反应"机制,或者对我们无能为力的事情采取"压力-反应"模式,那就会变成"焦虑""神经症""偏执"或者"不必要的敌意"。

因此,"压力-反应"机制不只产生于对身体或心理的侮辱,也会因对侮辱的预期而触发。最令人吃惊的是,这种机制的触发相当普遍,不只遇到各种物理灾害时可以启动这一生理系统,对物理灾害的想象也能有此功效。[10]

全天候循环播放新闻是晚近的人类生存经验,我们还不知道如何应对。这种情形就是所谓的"信息过载"。

## 普通行为罪错化

即便我们本身并不感到害怕,社会也会教我们害怕,让我们觉得必须对侵害者保持警觉,否则就是粗心大意。如今已很难见到孩子独自在外的情形,所以一旦看到孩子无人陪同,我们就担心出了什么状况:孩子和陪护的成人走散了吗?或者更糟糕的是,孩子无人看管吗?于是我们可能会通知警察或者儿童保护部门。

HOW 成长观察室
TO RAISE AN ADULT - - - - - - - - - - - - - - - - - - - - - - - - - - - - - - ●

2014 年,一位名叫德布拉·哈勒尔(Debra Harrell)的妇女在麦当劳当班期间,让她 9 岁的女儿到公园去玩儿,结果因此以遗弃罪遭到监禁,孩子被安置到了社会服务处。一天后,她获得保释出狱,恢复了对孩子的监护权,但她在社会服务处的案子还未了结,要继续等待开庭审理。[11]

在一个阴冷的日子，作家金·布鲁克斯（Kim Brooks）因把 4 岁的儿子一个人留在车上待了 5 分钟而遭到了逮捕。为了澄清"助长未成年人犯罪"的指控，[12] 他花了一年多的时间打官司。当时，一个有些人眼中的"好心人"录下了布鲁克斯的孩子独自待在车上的情形，然后报告了警方。

-----------------------------------------------------------

看见布鲁克斯的儿子和哈勒尔的女儿而报告警方的陌生人到底是好心人，还是制造恐慌的安全卫士？哈勒尔的女儿和布鲁克斯的儿子都安然无恙，构成家长犯罪行为的只是潜在伤害。最近媒体报道了十几起家长面对刑事指控的案例，几乎都是母亲，以上案件是其中两起。仅在一代人以前，这类行为还是寻常之事，而在今天却可以说是必须要避免的，但事实上孩子不可能随时和父母寸步不离。亲戚杀害孩子的可能性比陌生人要高出 20 倍，[13] 一个母亲已经在艰难的环境下尽力而为，而那些充当好心人的恐怖情绪散布者和"义务警察"却随时准备起诉她，虽然她的孩子并未遭受任何实际伤害。这些义务警察才是实实在在的威胁，我们应该担心的是他们。

"放养孩子"运动的斗士莉诺·斯科纳兹（Lenore Skenazy）与这些"好心人"展开了较量。《放养孩子》（Free - Range Kids）[14] 一书在封底鼓励大人不要陪同孩子，并为那些让孩子自己出去玩儿的家长提供了实用工具：填写一份打孔表格，放在孩子的背包里，或者用别针钉在孩子的衬衣上，上面写着"我没有走失，我是'放养儿童'"，并解释理由。[15]

这听似荒诞不经，反乌托邦，但对那些担心我们不假思索让孩子独自在外玩耍的人，这也是一种积极主动的逆向反应。当然，看到别在孩子衣服上的打孔表格，邻居可能会付之一笑，略感放心，然而另一方面，虽然在涉及让孩子自由自在玩耍这方面，还没有成文规定说什么时候完全可以，什么时候违反法律，警察却会谴责我们破坏尚未成文的规定。2014 年，针对德布拉·哈勒尔一案所做的民意调查显示，68% 的美国人认为不应该让一个 9 岁的孩子独自在公园玩耍，43% 的美国人认为 12 岁的孩子也不可以。[16] 我们其余人则不表赞同。

像布鲁克斯那样的家长至少有金钱和时间去处理变化莫测的法律程序，应付儿童保护机关的探视和罚款。但哈勒尔每小时的工资才 8 美元，正因为负担不起日托和夏令营的支出，她才让女儿在公园自己玩耍。像她那样贫穷的工薪族父母经常面对无法解决的冲突。令人感到恐怖的是警方对私人生活的侵犯，[17] 而且明里暗里，这其中还有反职场女性的心理定式在作祟。我如同亲身经历般确知，布鲁克斯和哈勒尔付出的心理代价不可估量。

还要想到的是，当孩子们看到父母的决断以这种恐怖的方式遭到公开质疑，这对他们会有怎样的影响？当母亲与法律体系战斗时，孩子被带到看护中心，这本身就是一个悲惨的故事，而他们会如何看待这种事情？

## HOW 成长观察室
### TO RAISE AN ADULT

阿曼达是我在斯坦福大学的团队成员，负责协调本课题的研究工作。她是两个小男孩的妈妈，和丈夫一起住在硅谷近郊的农村。她的大儿子罗兰 4 岁，热衷于尝试各种事情，跃跃欲试地施展他的独立。一般情况下，阿曼达乐得让罗兰自己试着做事，诸如把衣服装入洗衣机、烘干机，或者帮助准备饭菜等。

最近，罗兰一再问妈妈，可不可以让他一个人留在家里或者车上，他不想被拖着东奔西跑。阿曼达认为孩子完全可以安全、耐心地等上一小段时间，他会自得其乐，无须家长或其他成人一直看着。然而，阿曼达知道近来"疏忽大意的妈妈"频繁上新闻的情况，于是只好告诉儿子，陌生人和警察不喜欢这样，这会找他们的麻烦。

罗兰哈哈大笑，说自己不会干坏事，所以不至于"被抓"。阿曼达解释说，情况刚好相反，陌生人和警察认为，作为家长，她丢下孩子一个人是不对的，他们认为没有成人寸步不离地陪着他，他就不安全。罗兰满腹狐疑地问道：

"为什么那些人不明白，我会守规矩，我一个人很安全，我会很好呢？"

• ------------------------------------------------------------

也许小罗兰在收听美国国家公共电台（NPR）。2014年该台报道，在日本，7岁甚至4岁小孩独自乘坐地铁的情况并不鲜见，[18]同时记者指出，如果这种情况发生在美国，"就会有人打电话给儿童保护服务处"。就什么时候可以给孩子一点自治权，我们对"疏忽"的界定已经妨碍了父母做决定。由于害怕未知，我们牺牲了培养孩子与他们的成长水平相适应的能力。我们可以说日本人疯了，可美国人坚持让孩子随时随地有人看着、有人陪同，反倒更像疯子。颇具讽刺意味的是，当前的做法有一个未经考查的危害，会导致孩子在成长过程中抱着这样的信念：邪恶的陌生人、杂货店的其他顾客，或者更恶劣的是，连万圣节夜晚给他们糖果吃的邻居，都企图谋害他们，甚至会认为是家长把他们置于了危险的境地。如果你稍微停下来想一想，就会发现这颇为冷酷。

## 抵御朋友的担心

我开始正视自己对儿子索耶和女儿埃弗里的过度保护倾向，同时展望他们的大学时代，想象我希望他们到时候具有怎样的自力更生能力，这时，我开始关注如何在儿童时代为他们提供更多的独立机会，也就是说，我开始努力让他们体验独立。

这个方案我已经付诸实施几年了。近期发生了这样一件事。埃弗里在上七年级，一天晚上，因为有位朋友第二天过生日，她要和几个朋友一起去学校帮忙装饰储物柜。她跟我说这件事的时候，我们已经吃过晚饭了，正在洗碗。虽然天色已晚，但我并不担心她一个人骑自行车去学校。我家距学校不到500米，我们所在的社区也很安全。实际上，我乐意让她骑车去，因为我希望她养成独立性。但她有位朋友的妈妈不放心埃弗里晚上独自骑车去学校，提出接送她的建议。埃弗里给朋友发短信说："谢了，不用，我乐得骑车去。"几番推辞后，埃弗里告诉朋友："我妈希望我骑车去。"但最终还是恐惧感占了上风，那位妈妈已经接了 3 个孩子，轻松拐一下就可以到我家，谢绝的话，我们就会显得像是疯狂变节的亡命徒。我站在那儿，一边用毛巾擦手，心里一边想，在周围人恐惧情绪的妨碍下，我要如何养大我的孩子。我也有点儿担心这些父母如何看我。

我在弗吉尼亚州北部会见了几位家长。一位名叫艾米的妈妈表达了类似的担忧："你感觉自己像个疯狂的反叛者。人们觉得危险加剧了，而实际上，现在比过去更安全。"艾米的女儿 11 岁，晚上的女童子军（Girl Scout）集会结束后，她不介意让女儿独自回家，可集会主办方却不允许。后来有几位朋友对艾米说："她可是个女孩子，怎么可以独自走夜路呢？"艾米喜欢教女儿聪明行事，而不是充当受害者。她希望女儿学会做出一副"不是在跟你闹着玩儿"的样子。

八年级之前的那个夏天，埃弗里要搭乘市郊往返列车去旧金山露营，那时，我知道她需要学会那种表情了。我真的教她了，整个车程时长一小时，我陪她往返了 3 天，之后就放她一个人去了。

正如索耶第一次独自从朋友家步行回来一样，我的心还是提到了嗓子眼上。她第一次独自乘车回来，我接到她时，只见她一脸的自信，感觉她在那一天之中长大了一岁。

但是，即便像艾米和我这样伺机推动孩子独立的人，内心也怀有潜在的恐惧。"我钦佩宣扬放养孩子运动的那位女士，"艾米告诉我，"但哪位家长也不希望一撒手，就闹出要上晚间新闻那样可怕的事情。"我不无赞同。这个文化雷区不易趟过。**我们在谈论宏大的恐惧，及随之而来的越权控制，而我们真正应该问自己的是：一个成长中的人需要多少自由？**

# 错失成长机会

关于孩子的安全和健康，我们的态度发生了变化，能够说明这种变化的一个标志，是有关照看孩子的观点。孩提时代，大概十岁上下的时候，也就是上小学高年级或者初中，我就开始为我家附近的邻居看孩子了。白天，妈妈们请我帮忙带孩子，有些社区把我这样的人称为"妈妈帮手"。我每次负责带孩子几个小时，喂他们吃点心，哄他们睡午觉，还负责接电话、应门。12岁的时候，我经常在周末晚间为一家人看孩子，赚取最低工资。今天，"全美儿童安全运动"（National SAFE KIDS Campaign）组织建议不要把12岁以下的孩子单独留在家里，当然更不可以让他们承担看护小孩的责任。[19] 美国已有14个州规定了孩子可以独自在家的最小年龄，6~14岁不等，中位数是10岁。[20] 各州都没有规定对儿童看护者的最低年龄要求，但许多地方实际执行的是14~16岁。然而奇怪的是，有30个州规定16岁就可以结婚，而且无须父母同意，而其他各州规定的最低结婚年龄是17岁或18岁。

让孩子独自留在家里，我们担忧，让他们独自出门，我们不放心，如果把这两种担忧加起来，你会发现，今天的美国小孩享有的自由只是父母辈的一小部分，跟祖父母辈比起来，就更是少得可怜了。我们似乎准备让孩子将来住在距我们1公里的半径范围内，根本无意通过增加独立性的培养来提高他们的生活能力。

即便是美国女童子军，就是那些穿绿色背心的小薄荷糖贩儿，都因安全忧思而削弱了培养孩子独立性的机会。现今的官方手册要求，年满18岁之前，她们卖饼干时必须有成人一定程度的参与。[21] 我还没见过哪个年龄段的女孩卖饼干时有人从旁指导，但我看到很多女中学生脸上挂着微笑，被动地坐在那里，她们的父母则在处理存货及收付款事宜。别担心，姑娘们仍然会得到徽章的！可我想，凭什么呢？

## 保护他们的情感

说到徽章，千禧一代被称为"人人有奖"的一代，这么说是有道理的。在误导之下，为了保护孩子的情感不受伤害，爸妈们会确保孩子但凡付出一丁点儿努力，就能得到奖励。自 20 世纪 80 年代以来，美国儿童被授予了各种徽章、证书、彩带和参与奖，好像只要露个脸儿就算一项成就，需要用羊皮纸、塑料或锡纸予以彪炳。

我们对孩子倾洒溢美之词。幼儿时期，孩子只不过画了一幅棒形人物画，就会听到热情洋溢的"完美"之赞；儿童时期，他们只要在棒球场上挥了一下球杆，哪怕连球都没击中，也会得到"干得好，伙计"的高声喝彩。无论孩子的努力是多么不起眼："干得好，你把鞋子穿上了。"或者我们的恭维是多么荒诞："表现真好，你没打比利。"[22] 无论孩子的成绩多么平凡无奇，都应当给予某种奖励或者奖赏吗？这只是一种表现无条件的爱的方式吗？有些人是这么认为的。[23] 但另一些人认为这给人一种虚假的感觉，让孩子不明白，为了卓越，需要付出什么样的努力，多年以后，他们会带着这种理应得到赞扬和提升的信念进入职场。

阿曼达·里普利 2013 年出版了《世界上最聪明的孩子》一书，这本书从学术能力的角度，把美国学生与世界其他国家的学生进行了对比，追溯了"人人有奖运动"也即"自尊运动"的前世今生，认为这项运动抑制了学术进步，导致美国学生在各种国际标准化考试中表现不佳。[24] 20 世纪 80 年代的时候，"父母和老师的耳朵里充斥着这样的说法：为了让孩子成功，要保护他们免受竞争甚至事实的伤害"。心理学家哈拉·罗拉诺（Hara Estroff Marano）满腹狐疑，称这是一种"侵略性养育"，将产生"一个懦弱的民族"。[25]

## 滥用"霸凌"标签

孩子们有时候会成为小霸王。我的教子上八年级时，一群高中生在Facebook上羞辱他，说他是同性恋，这种做法很残酷。孩子遭遇凌辱时，需要父母和其他支持者帮助他们从中解脱、恢复。

苏珊·波特（Susan Porter）在《恃强凌弱的国家》（*Bully Nation*）[26]中写道，很多情形本来是儿童发展和社会化的正常途径，但令人遗憾的是，这很难观察，因而被家长视为霸凌事件。在美国文化中，一个孩子只要让别人家的孩子不开心，就可能被贴上"霸凌"的标签，如今，在所有学校领导的意识和头脑中，连家长对别人家孩子的指责都占有很重的分量。**波特鼓励父母和教育者避免使用"霸凌"标签，而要帮助孩子形成抗挫力，学会应对严峻的社会挑战。**

奥拉夫·乔根森（Olaf Jorgenson）是阿尔马登乡村学校（Almaden Country School）的校长。这是一所覆盖从四年级到八年级的私立小学，位于加利福尼亚州圣何塞，跟我家在同一条街上。乔根森在西雅图、加州、夏威夷以及亚利桑那州最大的学区梅萨联合学区，还有亚洲、欧洲和拉丁美洲的多所公立与私立学校担任过教师和管理者，从业经历超过25年。

乔根森告诉我："在各地学校，霸凌都是一个问题。这个问题一直存在，也许会永远存在。但是，真正的霸凌，即蓄意打击或者孤立某些人，并在一段时期内给予系统的贬低或者伤害，这样的情况并未增加。同我25年前刚开始跨入职业生涯时相比，霸凌现象并没变得更多见。"他接着说道："今天，父母动不动就指责某个孩子是'霸王'，这种做法往往不人道，有时甚至无法理喻。那些聪明的父母自己也在养育孩子，他们爱孩子，却丑化其他还在读小学甚至幼儿园的孩子，还对他们提出刑事指控。这令人震惊，也令人感到悲哀，"乔根森声音和善，可在电话中，我还是听得出他的忧虑，"儿童工作者知道，从儿童发展的角度讲，关系攻击是正常现象。是的，这会伤人，还会显得小气，家长只是本能地希望保护孩子免受伤害。但是孩子也需要学习如何克服伤害，你给另一个孩子，尤其是一个小孩子贴上霸凌标签，就是把你理解的动机强加给了他，但从儿童发展的角度来讲，他根本就没有能力具备这种动机。"

乔根森认为有必要控制这种对霸凌的流行看法，不仅是为了受到指控的孩子，也是为了受到伤害的孩子。"你为自家孩子横刀立马的那一刻，他就成了受害者。你传达给他的信息是：'你不行，你不够强大，你自己不能解决这个问题，需要我介入来替你处理。'"本质上，你这是在打击自己的孩子。

## HOW 成长观察室
----------------------------------•

乔根森给我举了几个例子。"有一天我负责在操场值班，站在四方形的球场边，一个二年级的孩子抱着球，哭着向我疾步跑来，一个女孩在后面紧追着他，一脸尴尬。我单膝跪地，抚摸着他的肩头，询问是怎么回事。他哭着说：'她欺负我！她欺负我！她说球出界了，可球在界内。我看见的！在界内！'"乔根森在转述这个故事时，声音中流露出明显的伤感。他大声说："一个 7 岁的孩子从哪儿学到的这种语言？"于是他利用四方形的操场教给孩子们"重来一次"的概念。但是很显然，"霸王"和"受害者"的标签已经渗透到了孩子们的意识之中。

父母对这个术语的误解既可笑又可悲，正如乔根森所讲的另一个小故事所示："几年前，开学第三天，一个孩子的父母要见我。他们的孩子刚到我们学校，对我校幼儿园'严重的霸凌现象'感到忧虑。我吃惊不已，立即邀请他们面谈。

幼儿园霸凌？我拿出笔记本，坐在椅子上，身体前倾，认真聆听。原来，在沙堆游乐区玩耍的时候，有人用塑料铲磕了他家孩子的脑袋。他们问我是否知道此事，我不知道。后来我了解到，当时目睹这件事发生的老师立刻跑了过去，分别跟两个涉事的孩子进行了谈话。她把两个孩子叫到一起，让伤人的孩子赔礼道歉，然后孩子们就跑开了，在后来的休息时间，她发现两个孩子一起玩得热火朝天。换言之，这件事得到了妥善解决。但父母坐在我的办公室，要求我们采取措施。他们希望把那个他们不断称之为'霸王'的孩子换到另一个班去，并给予纪律处分。他们甚至认为应该让那个"坏"孩子停学，甚至予以开除。孩子们还在上幼儿园，在成年人的带领下，在沙堆旁边解决问题。我该对这些人说些什么呢？这该从何说起呢？"

## 在游乐场上"安全地"玩耍

游乐场似乎蕴藏着发生巨大危机的可能，事故啦，绑架啦，恶作剧的孩子啦……所以今天，如果你去一处游乐场参观，可能会发现很多家长严阵以待，以防这些伤害发生。美国人也喜欢讲述和赞美游戏，正如帕梅拉·德鲁克曼（Pamela Druckerman）在《法国妈妈育儿经》（*Bringing Up Bébé*）中，对比美国养育与法国养育时所说的那样。法国人极其珍视自主、独立的游戏，所以在孩子做游戏时，成年人往往安坐一旁，相互闲谈。[27] 德鲁克曼认为，美国家长不断给予孩子口头和物质刺激，这对父母和孩子双方都是耗费精力的事情。

作家苏珊娜·卢卡斯（Suzanne Lucas）带着两个年幼的孩子从费城搬到瑞士以后，发觉那里和美国在游乐场行为上的差异令人大开眼界。卢卡斯第一次带她5岁的孩子去瑞士的游乐场玩耍时，被那里的设施搞得不知所措，有从一棵树跨越到另一棵树的吊绳，有修树屋的板子、钉子和锤子。卢卡斯一直站在女儿身后，看她摆弄这些极其危险的东西，感到"紧张不已"，可环顾四周，她发现自己是游乐场上唯一的家长。卢卡斯告诉我："不是说其他家长坐在一边看书，而是，游乐场上根本就只有我一个家长。"[28]

美国的家长和照顾者会积极参与孩子的游戏，陪孩子荡秋千、站在单杠下面或者像我和我丈夫对索耶那样，守在滑梯旁，准备孩子掉下来时接住他，防止他被刮伤。心理学家温迪·莫格尔（Wendy Mogel）在《放下孩子》（*The Blessing of a Skinned Knee*）中谈到，孩子可以从尝试和犯错中学到重要的人生功课，[29] 但是，对于 21 世纪的美国父母来说，所谓"好"的教育、"成功"的养育，就是保证孩子连微不足道的短期痛苦都永远不要经历。

除了父母之外，美国游乐场的结构本身也过于安全了，孩子们不可能进行稍有创意的游戏，实在是乏味透顶。沥青和碎石让位于缓冲跌倒的橡胶和合成地板；色彩斑斓的塑料取代了木结构；任何地方，凡是可能磕着头、夹伤手指的东西，都被更换掉了。

2014 年，汉娜·罗辛（Hanna Rosin）在《大西洋月刊》发表了题为"被过度保护的孩子"一文。为了说明这一观点，她给了我们一个鲜明的对照：如今在英国的北威尔士，游乐场不像是儿童玩耍的地方，倒有点像是城市垃圾场，可孩子们玩得非常起劲。罗辛的文章在社交媒体上如同野火般迅速扩散，因为读者从中清楚地看到游乐场是如何改变了，进而也看到了乐趣，也许还有童年本身的改变。最近有篇文章在标题中哀叹道："新的游乐场是很安全，所以没人使用。"[30] 相反，今天的游戏可能会在宽敞的室内进行，围绕着某些数字设备。[31] 同时，2012 年，声誉卓著的期刊《儿科学》（*Pediatrics*）发表的一篇文章指出，儿童肥胖已迅速超过受伤，成为儿童的主要病因。这篇文章认为，发生这一变化的部分原因在于，安全忧思压倒了有意义的游乐场玩耍。[32]

# 出国学习，和父母一起

蒂姆·巴顿（Tim Barton）是阿卡迪亚大学全球研究学院学生服务部主任。该校坐落在宾夕法尼亚州费城郊区的格伦赛德。阿卡迪亚大学每年要把3 000名左右的美国学生送往国外，其中有些学生是这所学校的正式学生，但大多数学生来自美国其他300多所学院和大学。在2014年春季学期的期末，我与巴顿进行了交谈。

从这里出国的多数学生都有积极的体验，然而，当孩子冒险进入世界以后，很多家长产生了期待和焦虑，他们不开心或感到担忧时，巴顿就会遭到一通臭骂。我请巴顿说说典型的情况。

## HOW 成长观察室
### TO RAISE AN ADULT

巴顿说起一位女生的故事。她准备去伦敦学习，在她预计到达伦敦的那天早晨，美国本地时间凌晨5点、伦敦当地时间上午10点，巴顿接到她父亲的电话，因为他还没有收到女儿的消息。这位父亲咆哮着说："你得告诉我，我女儿是否安然无恙！我需要知道！"巴顿立即上网，了解那位女生的航班情况，然后告诉那位父亲："先生，她可能还没有通过移民局或者海关。我们的工作人员在那里，但他们要接100名学生，暂时没办法单独确定你女儿的身份。"

这位父亲勃然大怒，吼道："这是不可接受的！你管理的什么破机构！"说完就掐断了电话。

巴顿来不及起床，赶紧联系了伦敦的工作人员，通报了那位父亲的担忧，请他们一旦联系到他的女儿，立刻给他回个电话。巴顿刚穿好衣服，正准备吃早餐，那位父亲的电话又来了。这一次他语带羞怯："她在那儿，

她好好儿的。"电话中听见他长出了一口气，然后说道："我看到她更新了
Facebook 的状态。"

●------------------------------------------------------

那位父亲笑着跟巴顿说，他现在知道在女儿心中，和她的朋友相比，自
己处于什么地位了。谈话就此结束，但是巴顿心想："你意识到一小时前你威
胁过我吗？你意识到你对我说的话有多么不恰当、多么粗鲁吗？"那位父亲
没有道歉，但巴顿感觉到了他的歉意。他说："父母只是想做对儿女最好的
事，他们不是小气鬼，不是混球，他们只是害怕。我的任务就是帮助他们了
解情况。"

认真想想，你会发现，我们之所以一失去孩子的消息就魂不守舍，只是因
为现在有了随时保持联系的可能。仅仅是在 10 年或 15 年以前，父母根本不可
能像这样"检查"孩子。在手机出现之前，孩子们去海滩玩儿的时候，不可能
打电话回家；上大学时每周顶多给父母打一次电话，还是用寝室走廊的投币电
话，而且只能在长途电话费率最低的时候才行；出国学习时会给父母写信，偶
尔才会给家里打电话。仅仅因为我们现在可以随时保持联系，就意味着我们应
该如此吗？这样真的好吗？

还记得我们在大学时代享有的无限自由吗？还记得我们驾车去客场观
看足球比赛，春假时去海边，或者，去前不着村后不着店的地方看独立乐
队的演出吗？一大群人挤在狭小的车里，以猜拳的方式决定由谁开车，音
乐声震耳欲聋，弄到什么吃的喝的就凑合着胡乱填饱肚子。还记得大学二
年级之后的那个夏天，有个周末，我开车从华盛顿经田纳西去威斯康星，
只是为了参加一个帅小伙的"哈默费斯特"年度后院派对。也许那就是所
谓的"热恋"吧。

今天的大学生仍然会有像这样的冒险行动发生，但多数爸妈会通过手

机凑热闹。"如果手机里留有未应答的父母电话或短信，当你看见了最好与
我们保持联系，免得我们恐慌。"那还叫冒险行动吗？谢天谢地，好在还有
Facebook，即便他们忽视我们高涨的关注需求，至少可以看到他们更新状态，
知道他们平安无事。

是的，哪怕只是想象孩子受到伤害，我们也会眉头紧锁。身为父母，保证
孩子安全是我们的职责，但我们应该睁开双眼认识到，过度警觉会在很多方面
禁锢他们，使他们没有机会享受应有的自由生活，而这恰好才是他们做好生活
准备的关键所在。

## 清单化的童年

回想我和我的伴侣丹为孩子们所做的一切，发现我们为孩子提供最佳机会所做的全部努力，始于一所特别的幼儿园。

20世纪80年代，当我们还在斯坦福大学读本科时，就听说了斯坦福校园边上的必应幼儿园（Bing Nursery School）是一家具有传奇色彩的机构。这里是心理学专业的实验室，著名的"棉花糖实验"[①] 就是在这里进行的。这里也是450个2～5岁幸运儿的第一块教育垫脚石。

当我快30岁时，和丹已经结婚几年了，我们准备生个孩子。有天下班后，我顺便去必应幼儿园拿了一份申请表。怀孩子这事比高中生理健康老师所讲的要更艰难，数月间，对生育的怀疑和失望击碎了梦想，直至1999年6月，与当下大多数人的经历一样，在医生的帮助下，我们的儿子索耶终于来到了

---

[①] 指20世纪60年代末、70年代初，斯坦福大学教授、自控力之父沃尔特·米歇尔（Walter Mischel）进行的一系列关于儿童延迟满足的实验。他的唯一著作《棉花糖实验》详细阐述了实验的来龙去脉。本书中文简体字版已由湛庐文化策划、北京联合出版公司出版。——编者注

人世。把他从医院带回家后两天，我就填好了必应幼儿园的申请表，告诉丹要把申请表交到幼儿园，必须马上行动。我们肯定花了十几分钟才把索耶妥善地绑进婴儿车，又花了十几分钟才把婴儿车稳妥地放进汽车。我们把所有可能要用到的东西一股脑儿塞进尿布包里，精心计划行程，免得途中索耶需要吃奶。我刚做完剖腹产手术不久，走起路来小心翼翼的。我们希望孩子能获得必应幼儿园的入园机会，担心哪怕只是晚几周提交申请，都可能贻误时机。也许人家还以为我们犹豫不决呢，可不能冒那个险。

两年后，索耶顺利进入了必应幼儿园的"两岁班"。对于两岁的孩子来说，在他们 3 ~ 5 岁进入常规幼儿园之前，这是一份宝贵的经验。每周 3 个上午，他会在一个以游戏为主的环境中度过 3 个小时。这里的环境非常诱人，机会珍贵又难得。我们同其他幸运的父母一起，透过单向玻璃观看我们的下一代堆积木、猜谜语、玩过家家、画画，脸上洋溢着自得的笑容。对任何一个孩子来说，这都是一个神奇的地方，一个辉煌的人生起点。

索耶 3 岁生日之际，我走马上任斯坦福大学新生教务长一职。这时，他已经升入幼儿园 3 个更大的班次之一。到他 4 岁生日的时候，他妹妹埃弗里也开始了她在两岁班的人生历程。埃弗里像索耶一样，一直就读于必应幼儿园，然后进入帕洛阿尔托联合学区就读。表面来看，这里有该地区最好的公立学校，在加州和全美都名列前茅。我们觉得自己在力所能及的范围内成功地为孩子们奠定了坚实的教育基础。

然而，现在我的看法有所改变：必应幼儿园的确很棒，也非常适合我们的两个孩子，但也许另一所幼儿园也同样适合，也许没必要在孩子出生的当周就递交申请，冒着手术伤口撕裂的风险，何况新生儿生命初期的稳定性极易受到影响。

　　我和丹可能属于比较滑稽的那类雄心勃勃的新手爸妈，但与我们一样迫切希望为孩子提供良好教育前景的父母大有人在。如今的父母早在怀上孩子之前就认为，而且有充分的理由认为，如果孩子要在当今竞争激烈的社会取得成功，大学学位必不可少。而且同样是出于爱和恐惧，父母从很早就开始着手安排孩子尽可能积累丰富的经验，这样他们就可以参与初中和高中阶段的竞争，然后进入一所"好"大学。关于这一点，下文会有详细阐述。这份充实的活动清单涵盖校内活动与校外活动，而且很早就启动了。正确的产前饮食和瑜伽课、正确的育儿方法和幼儿园、最好的书籍和玩具，以及与小伙伴约会，还有上幼儿音乐课、体操课和美术课。

　　到孩子上小学的时候，校园清单化的童年便开始全速运行。我们知道孩子的时间表和老师的名字；我们给老师发邮件，跟踪作业情况；我们守着他们做作业、检查作业。曾几何时，父母每季度或者每学期才会看到一次孩子的成绩，而今天的父母可以访问学校的门户网站，网站即便不会每天上传成绩，起码也会每周上传一次。亚特兰大的一位妈妈告诉我，在她儿子放学回家之前，在孩子自己知情之前，她就已经知道他考砸了。

　　一旦孩子大了，需要选择课程了，我们就会告诉他们要学什么科目。孩子成绩不够优秀时，我们安排老师给他们辅导，增加学习内容；我们确知现在进行哪些课外活动能有助于最大化他们未来进入常春藤盟校的机会，并着手为他们安排；我们为他们决定要专攻什么运动项目，并让他们进行相应的训练，使他们有机会进入精英运动队；我们探索哪些夏令营能最好地增强他们的经历；我们研究他们应该获取哪些公共服务机会；我们开车送他们参加每一项活动……我们永远不会感到无聊，无聊不在我们的计划范围内。我们早就知道，因为一切都在掌控之中。掌控一切就是我们的目标。

## 专业化的体育运动

这一点在有组织的体育活动中表现得最为真切。我们担心，如果不提高警惕，孩子会错过比赛时间与起始时点、更好的教练及精英队伍，最终失去拿到大学奖学金的机会。在许多社区，我们甚至让幼儿园的孩子成为"红衫运动员"，即推迟一年参赛。这个词借自全美大学生体育协会（NCAA）的规则。这条规则限定大学生只有 4 年参赛资格，但如果他在一年级时不参加比赛，那就可以参加第 5 年的比赛，而这时他就可能成长得更加强壮。

在幼儿园环境下，当"红衫运动员"是指让学习能力和发育水平都正常的孩子推迟一年上幼儿园，以利于他们在体育方面展现优势。这意味着，在春季或夏季学期开学时，满 5 岁的孩子可能会推迟一年，等到 6 岁多才上幼儿园。虽然父母希望孩子延迟一年上学，管理者也同意，但他们可能都没有考虑到将青春期下移到小学阶段的后果。无疑，这样一来，孩子的身体发育水平超过了同伴，因此有可能在运动场上取得更大的成功。

对此，马尔科姆·格拉德威尔（Malcolm Gladwell）在《异类》（*Outliers*）一书中，以职业冰球运动员为例做了说明。职业冰球运动员大多出生于 1 ~ 3 月，到幼儿报名参加冰球比赛时，他们的块头较大，对四五岁的孩子来说，块头更大就意味着更好，多年之后，他们会尽收与此相关的所有后续好处。[1]

过去的孩子进行各种各样的运动，而现在，很多人都希望孩子从小就专攻某一项运动。早早进行专业化训练的好处是有机会出类拔萃，到了一定程度，可以引起大学招生官的注意，在大学录取和奖学金方面占有优势。而缺点是，孩子身体的有些部位可能会过度发达，另一些部位则发育不全，甚至导致损伤。

　　有鉴于这一缺陷，2000 年，美国儿科学会发表政策声明，不鼓励孩子在青春期之前专攻单一运动。最近，芝加哥洛约拉大学的医疗系统正在进行一项临床研究，对 1 200 多名患儿进行了考察。这些患儿从事各种体育运动，因损伤来医院做体检和治疗。2011 年，研究人员发现，受伤的小运动员"在运动专门化量表中，平均得分高于未受伤的运动员"。[2] 一年到头长时间进行一项运动，结果，过去仅见于专业运动员的那些损伤，现在在儿童中出现的频率增加了。[3]

　　我 13 岁的女儿埃弗里跳了 10 年舞，我见过跳舞强度最大的舞者腿部和足部受伤的情况，也听说过体操运动员发生类似损伤及背部受伤的故事。据说投球是最具动感的体育运动，但因此而导致严重损伤、需要手术的儿童数量猛涨，有人估计比 30 年前增长了 16 倍。[4] 无论是因为踢足球，还是因为打曲棍球、橄榄球、棒球、篮球所致，亦或是因为参加体操运动或啦啦队，幼儿因脑震荡看急诊的情况在过去 10 年翻了一番。[5] 也许背部、脚踝、膝盖或者手臂受伤不会给你的生活带来太大不便，但脑震荡却可能导致永久性脑损伤，甚至一命呜呼。[6]

●--------------------------------------------------

　　我们不只会保证孩子参加甚至专注于体育运动，还要强化自己充当观众的意义。上一代父母最多只会出席真正的大型活动，而我们每场比赛都要到场，不管是否重要，而且往往还旁观孩子的每次训练，无论晴天雨天。曾任美国副总统的阿尔·戈尔是美国好父亲的典范，他可从不缺席儿子的比赛。[7] 对于我们这些普通人来说，早早离开办公室、出差途中赶回来观看孩子的比赛已经成了雷打不动的优先事项。这是 20 世纪 80 年代"品质时间"口头禅的新面貌。

　　我们无论如何都会在活动中露面，不仅如此，还言行张扬，不肯安安静静地观看。这么做也许是为了给孩子留下深刻印象，让他们觉得我们在意他们；也许是因为每个人都是这个样子，所以我们不想显得心不在焉；又或许是我们试图对结果施加某种控制。我们的欢呼声响彻云霄。我们不会置身事外，而会凑上前去对教练、裁判或公断人提出质疑。在孩子运动的这个领域，爸爸妈妈们没有起到好的表率作用，他们应该为自己的行为道歉。[8]

蒂姆·沃尔登博士（化名）是马萨诸塞州郊区一个小学区的主管。他是一位经验丰富的高中学校管理者，偶尔为他女儿的垒球队担当教练。在同时扮演这两个角色时，他碰到的一些家长认为，无论在学校还是在球场，无论孩子做什么，最终都要由他们这些父母来决定。沃尔登深深地叹了口气说，从许多家长的角度讲，现在"信任感降低，或者缺乏对权威人士行事逻辑的理解"。由于本书讨论的话题比较敏感，因此他要求匿名。

这种对学校管理者和教练的不尊重，与上一代家长的态度形成了鲜明的对比。在 1975—2014 年间，比利·菲茨杰拉德（Billy Fitzgerald）担任新奥尔良伊西多尔·纽曼学校（Isidore Newman School）的棒球和篮球教练。在他的战术指导下，球队赢得过两项比赛的冠军，他个人也受到了球员们的尊重，全美橄榄球联盟的四分卫佩顿·曼宁就是他的球员。2003 年，过去的球员携手翻新了纽曼的健身房，并以教练菲茨的名字命名，大量的捐款不仅来自以前的球员，连他们的父母也踊跃参与，他们回忆说："菲茨做了所有艰苦的工作。"[9]

但在计划改造健身房和筹款的同一年，菲茨当时执教的棒球队队员的父母却对他毫无敬意。他的球队曾在所在赛区赢得了州冠军，但在夏季的表现乏善可陈，在夏季最后一场比赛之后，菲茨对球队做了发人深省的讲话，指出了他看到的每一个队员的缺点。孩子们把菲茨的话转告了家长，于是许多球员的父亲找到校长投诉菲茨。很快，解除主教练菲茨的程序启动了。具有讽刺意味的是，今天在孩子们的体育运动方面，我们既希望孩子接受严格的训练，有机会迎接挑战和成长，又不希望伤害他们的感情。

"真是此一时彼一时。"菲茨教练的前球员、《纽约时报》专栏作者迈克尔·刘易斯（Michael Lewis）写道。[10] 校长将主教练菲茨叫到办公室，要求他修正自己的行为。菲茨答应了校长的要求。那个夏天，在发表那次严肃清醒的讲话之后，他又在学校工作了 10 年。2014 年退休的时候，他的名字刻在了学校健身房上。

## 我们的清单，他们的人生

从早期的课外活动到家庭作业再到体育运动，我们孜孜不倦地检查和修改孩子们的经历清单，信心满满地以为，只要我们再多做一件事，他们就可以赢得大奖：进入一所录取条件十分苛刻的大学。在美国的私立学校和独立学校，升学指导顾问通常被称为大学申请辅导员，他们比任何人都清楚，在大学申请的过程中，家长的参与度有多高。顾问的任务是了解孩子的成绩和兴趣，衡量他们的潜力，帮他们拟定一份想要申请的大学名单，包括"安全类"和"延展类"。父母的意见和期望往往起着重要作用，在指导、支持学生与照顾家长的关切、意见之间，顾问得保持微妙的平衡。孩子和家长在就选择哪些学校产生意见分歧甚至发生冲突时，顾问有时要充当双方的缓冲区，有时也可以说是盾牌。这个行业往往会吸纳擅长这类工作的人。

HOW 成长观察室
TO RAISE AN ADULT ----------------------------------------●

埃米·扬（Amy Young）就是这种人情练达、长于外交的人。她是"全球大道学府"（Avenues : The World School）的升学指导顾问。这所学校是纽约市中心一所新建的私立学校，管理人员和教师都是从新英格兰和纽约的大学预备学校精挑细选来的。2014 年春天，当我遇到埃米时，全球大道学府刚创办不久，还没有毕业班，但埃米在这个行当已经资历很深了，此前她任职的河谷学校（Riverdale Country School）是纽约市一所私立精英学校。埃米很清楚，学校首届毕业生升入的学校会对学校的公众认知产生巨大的影响。她当然关心学校的声誉，但她更在意的是，父母一旦不满意孩子的大学选择和最终的升学结果，她该如何保护学生，使他们免受打击。

对埃米来说，这种情况特别困难：和学生一起看筛选出的"安全类"选项和"延展类"选项时，学生觉得"这些大学选得很好，我只想去让我感到快乐的地方"，可父母不喜欢名单上的学校。埃米的职责就是和孩子们站在一起，她说："我想把大学申请过程当作他们成长经验的一部分，尽力保持他们自己做选择的能力，并对自己的选择感到满意。他们害怕让周围的人失望，我会尽量帮助他们克服这种情绪。当孩子的愿望遭到父母的践踏时，他们可能会退缩、萎靡不振，或者变得桀骜不驯。"

● - - - - - - - - - - - - - - - - - - - - - - - - - - - - - - - - - - - - - - - - - - - - -

汤姆·雅各布夫斯基（Tom Jacoubowsky）是甘恩高中（Henry M. Gunn High School）负责指导工作的副校长。该校在全球大道学府以西约 5 000 公里之外的帕洛阿尔托，是我儿子索耶就读的学校，我的女儿埃弗里将来也要来这里上学。甘恩是一所公立学校，大约有 2 000 名学生。在甘恩，一名教师负责指导 270 个学生，与加州 1∶400 的平均水平相比，这个比例好多了，但仍然低于全美许多优秀公立学校 1∶150 的比例，也比全球大道学府之类的大多数私立学校要低得多。雅各布夫斯基及其团队的工作量比埃米他们超出 5 ~ 10 倍，而且还要面对硅谷名流和斯坦福大学教师子女的种种压力。2013 年 10 月，索耶刚上甘恩不久，我和雅各布夫斯基见面讨论了本书。

雅各布夫斯基从十几岁起就住在帕洛阿尔托，从那时到今天，大学申请书的写作内容已经发生了巨大的变化。例如，兼职曾是帕洛阿尔托少年生活中的重要组成部分，但现在已经没那么重要了。雅各布夫斯基说："孩子们不再打工了，如果他们在做兼职，那也不是他们自己安排的，实习之类的事情都由父母代为安排。他们做兼职只是为了进入大学。"像所有优秀的升学指导顾问一样,雅各布夫斯基鼓励学生在申请书中说明他们是谁、在乎什么。对一个孩子来说,如果一项活动背后的主要"原因"是由父母制造的,或者是父母要求他们做的,目的是提升大学入学机会,那他们就很难写出有意义的东西。"大学招生官嘴上说不看重仅仅为了升入大学才做的事情,但他们照样录取了那些孩子,所以……"雅各布夫斯基耸耸肩,一脸无奈的微笑。

2014 年 5 月,我会见了才华横溢的升学指导顾问凯瑟琳·雅各布森(Catharine Jacobsen)。雅各布森任西雅图湖滨学校(Lakeside School)的升学指导顾问。这是一所非常精英的私立学校,包含五到十二年级,是比尔·盖茨的母校,微软许多高管的孩子都在这里就读,因此闻名遐迩。尽管这项工作本身具有内在的压力,雅各布森却举重若轻,显得开朗、自信,令人安心。她也是两个孩子的母亲,所以非常理解父母们的想法。

雅各布森从 1992 年起就在湖滨学校工作。她说:"我有一个固有的信念,只要父母足够友善,有求必应,而且不固守自己的主张,那么,孩子就会很能干,并且知道自己想要什么,以及如何实现目标。"然后她说起最近与一个高中生的家长的交谈。这对父母试图为儿子制定适宜的夏季活动和课程,雅各布森意识到他们在寻找机会,希望获得打动大学招生官的"材料"和"标签","他们以评估微软潜在雇员的方式评估他们的儿子"。在这次谈话及另外几次交谈中,雅各布森试图让家长和孩子理解大学录取的整体性,也就是说,招生官会根据申请人提供的所有材料,对他进行总体评估,而且,她还想传达这样的认识:如果大学申请人凭着别人给予的"材料"胜出,带着别人制作的"标签",那会让人感到他缺少了点儿什么东西。

经常有朋友问我如何能让孩子进入精英大学。如果他们已婚,或者有一份稳定的伴侣关系,我就会开玩笑说,好好在一起。这样说部分缓解了谈话固有的紧张情绪,同时也是基于事实。

**HOW**
**成长的力量**
RAISE AN ADULT

斯坦福大学每一年新生入学的资料都显示，70% ~ 80% 的学生来自双亲家庭。对于孩子的成长、自我意识与最终成功，我们示范的爱的关系发挥着巨大作用。

当然，人家问的并不是这个问题。他们询问的是一个特定的项目、旅程、经历或实习，并评估它们对孩子的意义。我们社区的人都受过良好教育，他们成就卓越、交游广泛，有机会或者有条件制造一些奇迹。我告诉他们，最重要的是，**他们设计的活动得有助于促进孩子真实的兴趣发展，深化他们对事物已有的好奇，或者是与他们的兴趣相关的新东西。**

我告诉每个人，招生官们看起来似乎是对你展示的成就感兴趣，但他们真正想挖掘和寻找的是这些东西：你是什么样的人？你在意什么？你对什么感到好奇？你赞成什么？你喜欢思考什么问题？一旦录取小组通过成绩和分数知道了你的学术能力，他们就希望了解你能给班级和大学社区带来哪些特质和个性。所以我告诉朋友们，仅是为了大学录取而让孩子做这做那有点儿危险，因为孩子很难写出有意义的体验，如果他们写出来的东西花里胡哨，那并不能证明他们是谁，而更像是证明你是谁，即你的财富和影响力。

这类谈话很不容易，尤其是交谈对象习惯了使用金钱、影响力和权力来实现自我和达成孩子的目标。但正如雅各布夫斯基所说，大学申请书中有 A+ 活动清单的孩子往往还是会被他们首选的学校录取，可即便如此，我仍然会把那些话告诉每个人。

**HOW 成长观察室**
TO RAISE AN ADULT ---------------------------------------●

大学招生官真正想要的是什么？西多妮娅·多尔比（Sidonia Dalby）

是史密斯学院的招生官。该校坐落在北安普敦，是马萨诸塞州一所非常精英的私立女子文理学院，与阿默斯特学院、罕布什尔学院、曼荷莲学院和马萨诸塞大学阿默斯特分校这4所著名院校一起坐落在一个小山谷。多尔比从事招生工作30年了，在2014年4月的招生旺季，她从百忙中抽出时间见了我。我想了解她在候选人身上看到了些什么，以及看法如何。

"我看到了文化的转变，"她告诉我，"家庭时间并不总是轻轻松松、悠闲自在的。这取决于家庭，有的家庭可能会安排、计划和组织空闲时间。"多尔比的结论来自史密斯学院的补充论述题："你收到的最好的礼物是什么？"针对这个问题，一个常见的回答是："与祖父母共度的时光。""有的申请人说'祖父带我去钓鱼'，有人说'祖母教我用老方法烤面包'，或者'她给了我一个传了3代人的小盒子'。与无条件爱自己的人度过轻松时光，这显然是一份珍贵的礼物。我觉得值得注意的是，优秀的申请者往往会选择写这些事，"多尔比指出，"而且写得很漂亮。"她认为，也许学生渴望的正是这些东西。看得出来，汤姆·雅各布夫斯基、凯瑟琳·雅各布森和我看到的那些制造出来的实习经历和机会，在多尔比眼中完全无关紧要。

- - - - - - - - - - - - - - - - - - - - - - - - - - - - - - - - - - - - - - - - - - - - - - -

事实证明，大学招生制度有空子可钻。对此，我们该如何看待呢？我们都认识一些"人为制造"的孩子，他们进入了好学校。也许吧，但关键是，进入某所特定的学校本身并不是目的，靠着大量的人为制造获得录取，并不代表进入学校后，或者在生活中，你也会取得成功，更不代表你对自己感觉良好。

## 错误地塑造他们的梦想

2014年4月，曾在耶鲁大学任英语教授的威廉·德雷谢维奇（William Deresiewicz）告诉斯坦福大学的一群学生，名牌大学的学生其实只是"优秀的绵羊"，意思是他们缺乏主见，任人摆布。当时，他的同名著作还有几个月就要面世了。在德雷谢维奇演讲后的问答环节，斯坦福大学本科生陈池玲

（音译）发了言。[11] 她问道："是什么塑造了我们的梦想？"她优雅简洁的提问萦绕在我的耳畔，让我一直思考到第二天。我不认识她，但我想深入了解她的观点。凭着 Facebook 的魔力，我们见面了。

池玲来自新加坡，在压力很大的学校环境中脱颖而出。"五六岁时，父母和老师问我们：'长大后想做什么呀？'我们的回答很大程度上取决于周围人提供的环境，以及读过的故事书，"她接着说，"有个来自纽约的朋友说，他小学同学的回答是：'我想成为投资银行家。'要不是家长从事那个行业，孩子怎么会那么说？"她这样反问时，我饶有兴致地听着，心想："我希望埃弗里长大后也能像她这样思想深邃，能言善辩。"

池玲对我说："是的，我们梦想着自我，梦想着未来会成为什么样的人，但是环境会告诉我们哪些梦想有实现的可能。我不认为梦想无边无际，而是会受到社会的制约，受制于什么值得尊重，以及什么好、什么不好的社会观念。"

与池玲的谈话结束后，俄亥俄州一对父母的故事浮现脑海。他们为六年级的女儿挑选了未来的大学和主修专业。"你知道吗，"给我讲这个故事的女士在电话那头打趣说，"6 年后，他们的女儿就要去那所大学，那就是她要学的专业。他们不想让孩子犯错，他们要从大人的角度确保孩子成功。"

那对父母塑造着他们女儿的梦想。

斯坦福大学学生凯拉向我转述了另一个类似的养育故事。凯拉曾在智利的斯坦福大学圣地亚哥校区学习，这个故事就发生在那里。

"在圣地亚哥学习那年的后半段，同学詹娜的妈妈翠西过 50 岁生日，和她的朋友伊莎贝尔结伴来圣地亚哥旅游，两个人参观了圣地亚哥所有的经典旅游景点。她们邀请詹娜和包括我在内的 4 个朋友去她们入住的五星级酒店吃饭，我就是在那个场合认识了伊莎贝尔。伊莎贝尔和翠西很高兴见到我们，她们俩非常热情友好，不停地夸我们成熟、老练，让我们传阅菜单，用这种方式表达希望与我们平等交往的意思。

"伊莎贝尔来自旧金山，是一位中年母亲。她的 3 个孩子分别是 4 岁、8 岁和 11 岁。她穿着一双高档的名牌平底鞋，手上戴着硕大的结婚戒指，而且能在年中跑到圣地亚哥度假，从这些因素来看，她的家庭似乎相当富裕。我们得知她丈夫从事风险投资行业。伊莎贝尔和翠西对我们出国留学项目的现状提了很多问题，她们对圣地亚哥的当地文化和我们的经历表现出发自内心的好奇。

"面包上桌后，伊莎贝尔单刀直入，提了一系列问题，比如：'那么，你认为你是怎么进入斯坦福大学的，凯拉？'她双眼盯着我。我有点儿猝不及防，因为之前我们还在讨论一种智利甜点。气氛风云突变，刹那间，我感觉到这顿晚餐的目的是采访我们，而不是随便聚聚。以前有人问过我这个问题，但我真的不知道答案，所以回答说：'我想是运气吧。'伊莎贝尔笑了笑，并未就此打住话头。'不会的，怎么可能？你的绩点是不是超高？你是不是一直在做各种课外活动？'我真的不知道，于是只好说：'我想我真的想上斯坦福大学。我在作业和论文上下了很多功夫，因为我想去斯坦福大学这样的学校读书。我认为它非常适合我。'

"整个晚上，伊莎贝尔都在盘问我和朋友们：怎么进的斯坦福大学、我们自认为有什么'特别'之处。伊莎贝尔上卫生间时，我们和翠西一度改变了谈话方向。但伊莎贝尔一回来，马上又把话题转到了斯坦福的录取上。她仿佛感觉得到了一个千载难逢的机会，可以尽情分析斯坦福学生的心灵，认为这对她孩子的成功至关重要。

"当晚最令人心惊的地方是，她不断地说自己的儿子不够好。她会说：'我的孩子不那么特别，他不具备某某因素。'感觉得到，伊莎贝尔描述孩子的方式让我的朋友们越来越不自在，我也是。孩提时代，每个人都经历过失意，我们知道，即便没人随时指出你不够好，或者你做得不够好，或者你做的某件事情哪怕很好玩儿，可那对上大学不重要，你也已经觉得够难的了。那天晚上，我为伊莎贝尔的孩子感到悲哀。

"伊莎贝尔很快又提出了新的问题：为了增加孩子上斯坦福大学的机会，父母可以做些什么？我们的父母是怎么做的？我们每个人都以自己的方式描述了父母是如何支持我们，在整个高中阶段是如何相对放手，让我们平静、放松，减少施加压力。伊莎贝尔很诧异，她看我们的眼神就好像我们不是人类，或者我们没有说实话似的。

"我试着问伊莎贝尔她的孩子喜欢做什么，她回答说：'有一个孩子喜欢跆拳道，但他永远不会是最棒的，这肯定没法帮他进大学。'接着她又抱怨承受不起初中孩子的家教和课外学习的费用。

"我们试图说明我们对父母角色的看法，她则表示沮丧和不相信，这样来来回回花了好长时间，我感到谈话毫无进展。我和朋友们感到有责任帮助伊莎贝尔的孩子摆脱困境，也希望能让她安心。可我们的努力毫无成效。伊莎贝尔似乎仍然认为，我们之所以能进入斯坦福大学，因为我们是超人，而她的孩子不是，所以她不得不力所能及地克服她孩子身上的不足。

"我们的一些高中同学去了其他大学，他们很适应自己的环境。可伊莎贝尔不要听这些。精英大学在她心里有明确的层次，'适应'与否无关紧要。伊莎贝尔不会满意低于斯坦福水平的大学。对于她8岁的儿子来说，那可不行。"

凯拉的话把我的思绪拉回到了池玲身上。虽然池玲没有谈到她的父母和他们的养育方式，但从她的沉思中，我得到了一个对父母来说很重要的警示。我们谈到梦想时，好似无边无际，可在现实中，我们往往创建参数、条件和规定，让孩子们在这些范围内追寻梦想，仿佛清单化的童年才是通往成功的途径。

我承认，我也不能免俗，一样试图管控孩子对活动和机会的"选择"。2005年秋季，就在我担任斯坦福大学新生教务长的第3年，女儿埃弗里4岁了。斯坦福大学入学教育的第一天，我们设晚宴招待家长，席间，我做了一次充满激情的演讲，鼓励他们相信孩子能做出好的选择，要放手让他们拓展自己的道路。第二天是星期三，是我去必应幼儿园接埃弗里的日子。正要离开时，老师把我领到一张桌子边，桌上摆着十几张白色小画布，每块画布上都涂满了水彩。老师语带赞扬，说埃弗里的水彩画充分利用了整张画布，对一个4岁的孩子来说，这显然不同凡响。我微笑着点了点头，努力做出兴致盎然的样子，心里想的却是："是啊，是啊，但这不会让她进入斯坦福。"作为教务长，我告诫其他家长不要过多干预孩子的生活，而作为家长，我也很难贯彻自己的建议。

## 如何实现梦想

当然，我们应该有远大的理想，并以此激励孩子，以最好的方法竭尽全力去鼓励他们、支持他们。为实现下一个人生目标，制定需要完成的任务清单，这本身没什么问题。要想成功，我们必须设定目标，并努力实现。

然而，如果我们告诉孩子，人生有一个预先确定的清单，那我们可能就是在构建我们的道路，而不是他们的道路。但与他们无关的道路可能是根本就走不通的。

28年来，菲尔·加德纳（Phil Gardner）一直领导着密歇根州立大学的大学生就业研究所（CERI）。近年来，他发现大学毕业生的求职模式和趋势发生了很大的变化。加德纳认为："现在盛行由家长决定孩子学什么专业。如果家长选择专业，而学生兴味索然，那他们就很难完成大学学业。找工作时，他们只能告诉未来的雇主：'这是我爸我妈的要求。'这些学生不快乐。后果已经显现出来了。"

依据我们制定的清单来培养孩子，结果可能会让孩子走向失败。

# HOW 03
## TO RAISE AN ADULT
### 为他们而存在

作为家长，我们的首要任务是根据当代的安全与机会标准，保护孩子的安全，确保他们获得适当的机会，为此，我们不得不时时处处进行大量的干预。如果有幸跻身中产阶级，我们就有时间和金钱做这些事。

让孩子在竞争日益激烈的世界获得成功，这可以说是我们的终极目标，因此，在孩子的童年，我们抱着"不能犯错"的心态陪伴他们，尽可能多地控制各种结果。在许多情况下，虽然我们知道这是他们的童年、他们的生活，但还是担心如果没有我们的参与，他们就不会成功。好消息是，我们非常乐意为他们服务。"在场"已经成了我们努力的核心部分，也是我们的思维方式以及作为父母的核心成就感。

这意味着，在过去，当孩子白天出门时，父母会跟他们说再见，然后相信孩子一路遇到的成年人的能力，相信老师会教得很好，相信校长可以有效管理学校，相信裁判会做出公正的裁决……而今天，对管理孩子生活的制度和权威人物，我们可不敢太过放心。于是，我们为自己创造了各种角色，既充当孩子的私人教练，也扮演类似高级经纪人在好莱坞明星生活中的角色：观察者、打理者，往往还是中间人。在孩子与其他成年人的所有交往中，我们作为第三方深度介入，有时还表现得咄咄逼人。我们从不缺席，要么亲自出场，要么通过手机远程参与；我们阴魂不散，充当孩子的眼睛、耳朵，帮他们预测问题，为他们提供文件、材料，在他们需要提问或回答问题时进行干预。我们不信任制度和权威，也不相信孩子能解决好自己的问题。简而言之，我们不相信任何人。

## 为他们击球

现在，当孩子们玩耍的时候，我们会紧紧地盯着。如果小乔尼抢了小简的玩具，我们就赶紧为简出头；如果小乔尼遭到小简父母的白眼，我们就急忙代小乔尼道歉，或者挺身护着他。我们监督小学的课间休息，确保每个孩子友好相处，没人受到排挤。我们如此全情投入，以至于当孩子玩具被抢、遭到耻笑或者没有玩到轮胎秋千时，好像比他们还伤心。

今天的爷爷奶奶觉得我们过分保护孩子，有些行为堪称荒诞。有一天，我正好听到多恩·戴维斯（Donne Davis）在城市的全美公共广播电台上那么说，所以联系上了她。戴维斯为旧金山湾区的祖母们创办了名叫"嘎嘎姐妹"（GaGa Sisterhood）的社交网络。她告诉我："妈妈们似乎介入太深了，她们为孩子解决问题，而不是让孩子自己想办法。孩子之间发生的事情演变成了妈妈之间的一场场好戏。我们当祖母的有话想说，可如果说多了，自己的孩子可能就会限制我们接近孙辈。"

她说得对。我自己家里就有发生这种代际政变的苗头，尽管我做梦也没想过限制她接近孩子，因为我还要靠我妈帮我看孩子呢！

瞧，祖母们是在完全不同的时代长大的。作为父母，他们并不十分警觉。实际上，在备孕期间，她们抽烟喝酒；在上班或者"寻找自我"时，她们会把我们丢在家里；她们还创下了破纪录的离婚、再婚率。很多生于20世纪60或

70 年代的人，小时候的生活自理程度，如果放在今天，可能会被视为父母的疏忽。也许一定程度上，我们对孩子的过度养育正是对我们的父母自由放任措施的反应，因此也有理由怀疑他们对抚养孩子的建议。

不过，我赞同戴维斯的看法。**我们与其他家长争论，抢夺孩子的角色，介入孩子的生活，出面把事情摆平，那孩子就没有机会自己学会做事情了。**她的这些说法我特别赞成。2009 年，波·布朗森（Po Bronson）和阿什利·梅里曼（Ashley Merryman）开创性的著作《教养大震撼》（*NurtureShock*）①就像一个宣言，指出当今时代养育孩子的策略适得其反，认为孩子不学习自己去做这些事情，是父母总试图帮助他们的"意外后果"。[1]

## 我们是门房式爸妈

我们不只帮孩子扫清了沿途障碍，还积极主动地采取预防措施，甘当孩子的眼睛、耳朵及大脑。不管我们的孩子是否属于 590 万个注意力缺陷多动障碍患儿之一，我们都会帮他们注意。我们会在过马路时注意十字路口的车辆，新生训练时注意老师，赛季开始时注意教练。当孩子们无聊地站在那儿，或者沉浸在游戏、智能手机中，或者，如果我们运气好，他们竟然在看书时，我们就会赶紧集中注意力。在孩子返校的前一晚，我们把硕大的身躯挤到孩子小小的课桌边，让孩子注意"我们"需要知道什么，以便他们在五年级时取得成功。好像想进大学的是我们。

我们中的许多人都有美好的宿营回忆。无论是去哪里，也无论是在哪个时代，吃的东西可能都很糟糕，但经历却是顶呱呱的。这其中的部分价值在于我们得靠自己，虽然不是真的一个人，但不在所谓的舒适区，也不在青少年指导者细心或不那么细心的目光范围内。我好奇如今的宿营体验是否会受到父母过

---

① 本书作者通过访问众多专家，搜集大量科学实验，对儿童的自尊心、智力、说谎、睡眠、攻击力、感恩等多个问题进行了重新诠释，在美国教育界轰动一时。本书中文简体字版已由湛庐文化策划、万卷出版公司出版。——编者注

分介入的影响，所以做了一番考察。

每年夏天，数以万计的青少年会参加"青年基督徒"（Young Life Christian）夏令营。"青年基督徒"是基督教福音派的一个外联事业部，85% 的营员来自非基督徒家庭。如果孩子们真正投入到活动中，就有机会学习和成长，并获得极大的乐趣。同任何需要沉浸其中的经历一样，如果手机把你和家人绑在一起，那你就很难沉浸其中。所以"青年基督徒"夏令营明确规定，营员在参加为期一周的宿营活动时，禁止携带手机。当满载新营员的大巴车快开进营地时，辅导员会宣布上交手机，一周后，在回家途中返还。

"青年基督徒"主管宿营的副总裁史蒂夫·汤普森（Steve Thompson）说，父母会违反这项规则的要求和精神。"我们事先明确宣布了政策，可有些家长给孩子带两部手机，要求交出手机时，孩子可以上交一部，然后用藏起来的第二部手机偷偷和家长通话。"[2]汤普森认为，这是由于父母对基本制度和权威人士缺少信任，无论是对教育系统、政府部门还是宗教机构。显然，即使送孩子去一个根植于宗教道德和价值观的营地，父母也仍然觉得，为了满足与孩子不断联系这个"大目标"，谎言是可以接受的。

表面上，寄宿学校是一处父母不在场的地方，但情况并无不同。家长会打电话给宿舍工作人员，让他们为生病的孩子做汤；期末考试时，因为怕孩子吃不饱，还会让他们为孩子做比萨；学校放暑假时，他们会飞到学校帮孩子收拾东西。如今，有些有钱的父母选择在学校附近买房或租房，因为你可能永远也不知道他们的孩子需要什么。泰·廷利（Ty Tingley）曾任马萨诸塞州菲利普斯·埃克塞特学校（Phillips Exeter School）和明尼苏达州布莱克学校（The Blake School）的校长，现在是全球大道学府的主管。他告诉我："埃克塞特学校有一个越来越常见的现象，父母让孩子注册为寄宿生，可 6 个月后，我们发现这些家长又在附近租了一间公寓。为了当'好父母'，他们这么做的原因很复杂，对此，我给他们的回应是：'独立生活经历是寄宿学校的一大特点，孩子会通过自己洗衣服培养起独立性。'[3] 说到洗衣服，我亲眼看到有父母来大学校园帮孩子洗衣服。这不是谣言，也不是斯坦福大学独有的现象，各地校园都有这样的事情发生。

200 多年来，西点军校为美国培养了最有前途的一些年轻人。这所学校位于纽约北部哈得孙河西岸，距纽约大概 90 分钟车程，它的使命是"教育、培养和激励学员，让每名毕业生都有资格成为领袖人物，致力于责任、荣誉与民族价值，作为美军军官，为取得职业卓越与服务国家做好准备"。他们的目标是让年轻人做好服务国家的准备，而且，美国刚一成立，就直接把这些年轻人置于了受伤的境地，所以我想了解，他们认为在大学生和年轻人的生活中，父母的角色有什么改变。

利昂・罗伯特（Leon Robert）上校曾在阿富汗服役，之后担任西点军校化学和生命科学系的教授和系主任。他遵照协议行事，明确表示他谈的是他个人看到的轶事，不代表美国国防部和军队的立场。"从西点军校毕业时，学生被授予美国陆军少尉军衔，"罗伯特上校告诉我，"绝大多数男女毕业生都很优秀，行为符合规范。但是，有些人的父母介入过度，比如开车送他们执行首次任务。这个数字在缓缓上升。"我吃惊不已，努力想象这种情形。他接着说："你不需要你妈和你一起出现在布拉格堡前门，不需要她帮你找公寓。你都二十多岁了，应该自己和房东去打交道，那是成年人行动能力的一部分。我们的毕业生是性格成熟的领导者，做好了领导美国儿女的准备，他们拥有各种应有的工具，可以成功完成军队派下的各项任务。然而，有一小部分父母不会或不能'放手'，继续在成年孩子的头顶盘旋不去。"[4]

以下是现实生活中的例子，这些父母这样"照顾"上大学前和进入大学的孩子。[5]

◆ 新英格兰的戴维和苏。他们的女儿艾玛是高中毕业班的学生，已经拿到了美国东部一所著名公立大学的录取通知书。高中最后一个学期，艾玛有一门功课不及格，而且并非是生了重病那样的"好"理由。因为担心招生官可能取消录取，戴维和苏便写信为女儿做解释。

◆ 华盛顿特区的拉吉夫和帕鲁尔。几年前，他们的儿子阿尔俊是斯坦福大学招收的新生。新生培训次日，他们一家三口来见我。帕鲁尔帮儿子发言："阿尔俊对化工研究感兴趣，我们想和你谈谈相关选择。"我说："那很好啊。说说你的研究经历，让我帮你想想融入斯坦福大学的最佳途径。"阿尔俊望向爸爸，然后爸爸介绍了阿尔俊过往引人瞩目的研究经历。

◆ 洛杉矶的杰奎琳。她的女儿杰米是一所大型州立大学二年级的学生。杰米上高中时，杰奎琳总是确保她按时完成任务，至今也是如此；她每天打电话给杰米，叫她起床、提醒她随后要交的作业和即将到来的考试日期。

◆ 芝加哥的布鲁斯。他的儿子尼古拉斯是一所"十大联盟"私立院校的大三学生。布鲁斯是芝加哥的一位金融高管，他的手机每天都会多次响起尼古拉斯的短信铃声。为了暑期实习，尼古拉斯飞到肯尼迪机场，乘地铁去位于曼哈顿市中心的一处转租房。他在一个主要的街口出了地铁，这里一派喧嚣，出租车、汽车、行人熙来攘往。尼古拉斯不认识路，也不知道房子在哪个方向，于是给远在芝加哥的爸爸发消息求助。布鲁斯被尼古拉斯的信息给逗乐了，为了帮助儿子，他给一同开会的同事道声抱歉，起身离开了会议室。

◆ 加州北部的简和都乐。他们的儿子奥古斯特是美国西北一所精英大学的四年级学生。整个童年时期，写作对奥古斯特来说都是一场苦役，那些年里，简和都乐免不了会帮助他审阅、修改他的作文。奥古斯特进入大学以后，他们仍然继续帮他，而这也很容易做到：奥古斯特把论文草稿用邮件形式发给父母，他们直接在电子文档中进行修改。

我毫不怀疑这些父母一心想帮忙，或者担心如果他们不参与，可能会发生难以预料的结果。我也不怀疑故事里的年轻人都感激父母的帮助和参与，这让他们如释重负，甚至觉得父母救了自己。但是，一个人应该从什么时候开始自己做这些事？进入职场以后吗？

非营利组织"美丽美国"（TFA）成立于1989年，针对美国从学前班到高中毕业的K-12基础教育的公平问题，召募应届大学毕业生，把他们派到低收入社区的公立学校担任教师，为期两年。2013年，美丽美国是美国大学应届毕业生的第二大雇主，加入美丽美国行列的5 900名青年男女来自全美800多所不同的学院和大学。作为美丽美国的总顾问，特雷西-伊丽莎白·克莱（Tracy-Elizabeth Clay）遇到了一些非常投入的队员父母，他们热切希望帮助孩子进入工作世界。

家长会打电话给公司总部说："嗨，我的孩子将成为你们的队员，我感到无比兴奋和自豪。我到这儿来了，在给他找房子，你们有可以推荐的公寓房吗？"特雷西的同事回答说："没有，这种问题，美丽美国的队员一直都是自己解决的。"[6]

## 我们还是强制执行者

如果我们没有成功扮演积极主动的角色，发生了不好的事情而又解决不了时，很可能会考虑找相关权威人士理论。蒂姆·沃尔登博士遇到过一些中学生因没有入选学生会，他们的父母便找他申诉。这些父母不接受否定的答案。他们认为学校排斥他们的孩子，因为学校对学生会成员的资格提出了要求，如各科成绩和老师的推荐等，而他们的孩子不是最有竞争力的学生，甚至有过违纪行为。

他们有忧虑，却不找学生会顾问，也越过了校长，直接找到了沃尔登博士。"你肯定愿意听人们表达意见，做个民主的人。但是……"沃尔登博士在电话那头叹了口气。[7]显然，有些父母的行为已经越过了理性边界。

　　再说回西点军校。参谋长格斯·斯塔福德（Gus Stafford）上校跟我讲了西点军校学员家长介入程度急剧上升的情况，以及从中折射出的信任危机。当然，他也是以个人身份说话，而不代表美国国防部和军队观点。斯塔福德上校是参谋长，负责管理人员、预算和政策。他毕业于西点军校，妻子曾是空军护士，因此热衷于军事文化。他为人一本正经，但很有魅力，乐于助人。

　　"我们这个地方比较特殊，"他说，"有些特殊的规则。例如，我们有个所谓的"崩溃计划"。这个计划规定，如果你是最低年级的学员，也就是新生，当室友外出度周末时，你不能独自待在房间，你必须打包好你的行李跟其他寝室的同学共度周末。"制定这项规则出于各种原因，包括保护孩子免受性侵犯、保护患有抑郁症的孩子等。作为曾经的新生教务长，我觉得这些做法都很不错，但西点军校的学员家长显然不像我这么喜欢这些规则。

　　斯塔福德上校打了个比方："如果爸爸和妈妈听说乔尼要搬到另一个房间，他们会打电话给战术指挥官，询问'为什么'，我们解释原因后，他们会问：'你们是怕乔尼会自杀吗？跟我说说你们的性侵记录好吗？'"想听一个军官喊天吗？这就是有效的办法。对军事领导来说，这些父母对他们决定的质疑来得实在是太快了。

　　到了高年级，军校学员需要进行一项"军队个人高级发展"活动。每名学员要选一项希望发展的技能，但因每个人的条件禀赋不同，有的学员参加活动的条件可能"在红线以下"，也就是不够格。"乔尼可能想上空降兵学校，"斯塔福德上校告诉我，"但他的成绩和军事发展能力处于红线以下。乔尼心烦意乱，把情况告诉了爸妈。结果他爸爸打电话问战术官：'我想知道你们为什么觉得我儿子不行。'"同沃尔登接待的那些被学生会拒绝的学生的家长一个样，可这是美国陆军啊！

　　斯塔福德上校明确指出，质疑学校的政策和程序没有意义，他们不会对这些爸妈妥协，他也解释了原因："如果我们对乔尼的爸爸让步了，然后乔尼把这事告诉了他的朋友鲍勃：'我爸一打电话，局面就扭转了。'这相当于俗话所说的"放水"，或者别的什么比喻。西点军校不会让这样的事情发生。"

斯塔福德上校说，西点军校把学员家长视为重要伙伴。他们对学校的信任与善意会影响到学校在当地社区，乃至整个国家的声誉和地位。父母可以为发展中的年轻人提供有益的支持，但家长有时候不知道界限在哪里，包括那些想要了解项目的每个组成部分和各个方面的父母。斯塔福德上校说："那挺好，但并非必需。需要理解项目的人是经历项目的青年男女。"父母可能不完全信任西点军校，也不完全信任他们的孩子，甚至还不信任整个世界，所以想要时刻'在场'，想帮孩子，想确保理想的结果。不过，即便父母越界，西点军校也会坚持原则。至少现在是这样。

美国和平护卫队（Peace Corps）的情况也一样。50 多年来，和平护卫队把美国的年轻人派往国外两年，让他们既为世界做些好事，也能让自己获得相当程度的成长。在过去，虽然也会有担心的父母联络他们，但这种情况是很反常的，而现在却司空见惯了。

21 世纪初，凯特·拉夫特里（Kate Raftery）任和平队在东加勒比地区和秘鲁地区的总管，此外几十年来，他一直在和平队任职。有的和平队志愿者无法适应，作为总管，凯特只好决定送他们回家。"不止一个家长打电话给我，说：'你毁了我孩子的人生。他们希望做两年，现在你却要把他们送回家。'我的回答是：'我相信，等你的孩子回到家后，跟他一说话，你就会发现，并不是今天我叫他来，明天又把他送回家这么回事。我们已经花了几个月的时间同他交谈，设法帮助他提高。你需要和你爱的人去谈，而不是跟我闹。我以成年人的方式跟你的孩子沟通，我鼓励你也这么做。'"[8]

## 我们的孩子，我们的自我

有些父母一直都在为孩子而活，孩子长大了，进入世界了，他们也难以作罢。毕竟，现实世界中的风险可比孩子童年时代要大得多，如果我们之前一直待在孩子身边，等他们长大以后，行动又比以往任何时候都更加紧要，在这种情况下，如果我们撒手不管，那似乎太残酷了。其实，有些家长是欲罢不能，"陪着孩子"已经成了本能。那已经不只是我们如何做父母的问题，更是有关我们是谁的问题。而我们的孩子虽然在时间的意义上已经长大成人了，却似乎比以往任何时候都更需要我们"陪着"。

说真的，有时我们乐得"陪伴"孩子，因为他们的需要给我们的生活带来了目标和意义，无论这种需要是实际存在的，还是我们感知到的，抑或是制造出来的。一位叫乔纳森的父亲住在弗吉尼亚州的麦克莱恩，那是一个高压力、高成就人士居住的社区。他发现那里的父母定义自己的指标是：孩子是谁、孩子需要什么，以及孩子取得了什么成就。"孩子们事事依赖，而父母之所以投入这个角色，就因为他们觉得自己的自我价值与这种关系息息相关。"[9]我们想培养亲密的关系，而最终结果可能是，我们制造了一种需要，并需要那种需要。

我们已经不知道界限在哪里了。圣何塞教育家奥拉夫·乔根森曾谈到过度使用"霸凌"标签的现象。他发现，一些父母会出席学校的活动，观看并欣赏孩子们展现自我的经历。他们难以同孩子分离，而分离其实对孩子更有利。

乔根森所在的学校在组织中学生去约塞米蒂国家公园、卡塔利娜岛、华盛顿等地做夜间实地考察时，他注意到一个趋势：越来越多的爸妈会安排与学校相同的行程，住在孩子们参观地附近的旅馆里，不是作为旅伴，而只是待在附近，"以防万一"。这对乔根森来说不是问题，但对孩子的发展并不健康。"这传递给处于青春期早期孩子的消息是，他们没有准备好，还不能获得他们在那个年龄所渴望的独立。"这是会让你把头一歪，发出"嗯？"一声的那种事情。作为教务长，我也经历过类似的情形，比如有些仪式和惯例有着重要的作用，目的是帮助学生融入大学社区，可父母却硬要跑来凑热闹。

比如，斯坦福大学一年一度的乐队长跑（Band Run）。这项活动在新生训练第一天的深夜举行，著名的斯坦福乐队会吹着笛子穿过校园，沿途邀请每间宿舍的新生。跑步结束时，一年级新生和学长们都气喘吁吁，汗流浃背，相聚道内，在"一切都好"的校园战歌声中，找到自己恰当的位置。旁边停着高尔夫球车，以防有人受伤。近年来，我看到有些父母加入了这项活动。他们中有些人尽量不引人注目，靠着路灯或树干默默观看，有些则跟着学生队伍一起奔跑，体会其中的乐趣。

西点军校也会根据自己的仪式和传统，帮助新生融入这条"长长的灰线"，这是西点军校校友对他们自己的形容。斯塔福德上校告诉我，他加入"长长的灰线"近30年来，很多东西都变了，比如沿公路长跑20公里回学校的活动。这项活动本来是学员夏季基础训练胜利结束的标志，"他们背着40公斤重的背包跑步前进，很艰辛。终于回到西点军校时，他们会产生一种自豪感，'我成功了！'的那种自豪感。而今天，不同的是，有的父母会说：'我要和乔尼、苏茜一起走回去。我们要一起走回去。我们要成为他经历的一部分。'"[10]

我能感觉到上校在叹息。他自己也有孩子，他知道世界变了，他尊重学生家长。他说："我能理解父母的爱、承诺和支持。但无意之中，他们削弱了孩子作为个体的经验和成就感，原本人家是可以自己完成的。"我知道他说的在理。我心里感受到了这一点，我在自己家里看到了这一点，这一点也体现在我所在的校园中。

---

孩子们在约塞米蒂国家公园也好，参加斯坦福乐队长跑也好，长途跋涉回到西点军校也好，我们都要"在场"以防万一，无论那个"万一"发生的可能性有多小。我们是在极力重温我们的童年吗？还是说，我们一心用在孩子身上，

如果他们不在身边，不需要我们盯着，不需要我们教授和帮助，或者一旦没有机会宠爱他们，我们就觉得生活过于单薄、了无生气、乐趣全无？所以要观看他们的活动和经历，因为这构成了我们生活最大的意义？

2013年，在儿子上大学前夕，作家迈克尔·格尔森（Michael Gerson）在《华盛顿邮报》发表专栏文章，坦承了亲子之间这种根本存在的纠缠关系。关于儿子，格尔森写道："他在体验与生俱来的调整，他的生活真正开始了。我也开始了漫长的放手过程。换句话说，他会有一个美好的未来，在那个未来中，我的作用会自然地减少；但没有他在身边，我可能不会拥有更好的未来。"[11]

读这篇文章时，你会感觉到格尔森的痛苦。格尔森是在诉说，还是在夸耀他作为父亲的奉献精神？从小到大一直与孩子比肩而行，把他们作为我们世界的中心，这就是衡量我们爱他们的标准吗？如果是这样，那我们是在标榜我们的爱，还是在表明我们对孩子的依赖？我们有责任保护孩子，让他们不受这种原始需要的伤害吗？

六年级的约塞米蒂国家公园之行，斯坦福乐队长跑，以及跑步回到西点军校，所有活动都是为学生好，父母不必为了孩子而"在场"。如果父母与孩子共同经历，那孩子还能获得真正的经验吗？我们能不能压抑自己"在场"的需要，好让他们在将来告诉我们，当时是多么快乐，或者，根本就不告诉我们？我们可以相信，我们已经和孩子建立了良好的关系，不必一直"在场"吗？

# HOW04
## TO RAISE AN ADULT
### 屈从于大学录取的军备竞赛

　　一旦孩子上了中学，任何一个学期的任何一个下午，我们都不免心神不宁，担心孩子考试得 B 啦，没有入选优秀运动队啦，或者没有完成童年任务清单上的其他项目啦……因此进不了我们为他们设想的大学。其实，我们为他们设想的东西都受到了自身经历的影响，与自身的信念有关，比方说，我们相信哪些大学能提供"最好"的教育，觉得哪些大学的毕业生会拥有"最好"的工作机会，或者在和朋友喝咖啡、参加鸡尾酒会时，我们希望拥有最值得夸耀的理由，等等。我们觉得必须做得像隔壁的父母一样多，甚至略胜一筹，才能促使孩子取得我们想要的大学录取成绩。所以，在面对是否帮孩子做作业的道德困境，或者为所有的安排、忙碌及做好所有事情疲于奔波时，即使直觉告诉我们该停下了，我们也欲罢不能，因为相比之下，我们更害怕的是，如果不介入，事情可能会出差错。

　　大学招生军备竞赛式的心态是这样的："如果让孩子自己写这篇论文，他可能写不好，甚至写得很差。虽然我的确希望他能吸取教训，下次写好些，但他要与满教室的其他孩子竞争，那些孩子的父母可能会大刀阔斧地修改他们的论文，甚至越俎代庖。我的孩子可能会学到东西，但人家的孩子会得到更好的成绩，进而学习到优质的课程，接触到更好的东西。而且，他们的孩子将去我希望我的孩子上的大学。"

> 如果我们面前摆着一台摄影机，呈现孩子如何一步步学会走路的历程，那么我们就能意识到，正是通过尝试新事物、失败、重新站起来、再次尝试的过程，孩子才能学习和成长。但是大学录取的圣杯蒙蔽了我们的心智。高选择性的大学录取显然拒绝承认，跌跌撞撞会使聪明人犯错，而犯错会使人变得聪明。

艾米的女儿就读于弗吉尼亚州北部的托马斯·杰斐逊高中（Thomas Jefferson High School），这是一所非常严格、极具吸引力的公立中学。她对我说："我本以为女儿会更加独立。我希望她自己做早餐、自己打包午餐、自己洗衣服，但她的生活非常紧张。如果我想让她多睡会儿觉，就只好帮她做些事情。她不需要妈妈，她需要一个助手帮她维持生活运转。"[1]艾米的女儿乘校车上学，往返路途需要 90 分钟。除了上学放学的路途、写家庭作业、上课、吃饭和睡觉，除了完成会对高中成绩单有影响的各项任务，她的女儿再没时间做其他事情了。

我们想让孩子上的那些大学录取名额非常有限，而想去的人如过江之鲫，因此导致了"军备竞赛"。为什么我们只对少数学校感兴趣？这种分析有什么问题？我们可以采取什么措施？后面的章节会谈及这些问题。

我想说，为了确保孩子完成童年清单上的所有项目，并且拥有一份完美光鲜的记录予以证明，我们可能要走很长很长的路。

## 向家庭作业开火

从录取结果可知，最抢手的那些大学录取了所有功课都是 A 的学生。 所以，我们千方百计要让孩子得到这个成绩。

有些家长采取预防措施，让孩子学习比较轻松的课程。一位叫劳拉的妈妈家住曼哈顿一个富裕社区，她告诉我："如果得知某位老师不会给学生 A，父母就会让孩子放弃他的课。父母让孩子选轻松的课程，这样就有机会得 A。"这与育儿书上的观点恰好相反，而且针对好大学的招生策略，这种做法也可能适得其反，因为招生官会问学生是喜欢成绩单上的 A，还是喜欢最具挑战性的课程，正确回答是："都喜欢！"

不管孩子学习什么水平的课程，在他们做家庭作业时，我们总会情不自禁地想帮助他们。比较好的方法是询问他们有多少作业，检查他们是否完成，当他们做作业时在旁边陪着，在他们焦头烂额时出出主意；而另一种方式则属于严重的干预，比如帮他们重写、修改，或者干脆帮他们完成作业。如果你经常帮孩子做作业，那么，你并不缺少同路人。

## HOW 成长观察室
TO RAISE AN ADULT

我们担心孩子完成作业的质量，但在许多社区，家庭作业的数量问题才更加紧迫。2014 年，斯坦福大学讲师丹尼丝·波普发表了一篇研究家庭作业的论文，该研究采用了加州 10 所高水平高中 4 317 名学生的作业样本，这些学生来自中高级社区，家庭年收入平均超过 9 万美元，93% 的人去了两年制或四年制大学。研究范围内的学生每晚平均要做 3.1 个小时的作业。你会纳闷：才 3.1 个小时？而我们许多人看到的是学习时间最长的情况。

马萨诸塞州安多佛菲利普斯学校（Phillips Academy Andover）的一名学生告诉我，高三那年，他每天晚上要做 5 个小时作业。帕洛阿尔托高中的一位新生说，开学第一天，她的生物老师就吹嘘说要让她准备学习大学水平的科学课程，还有相应的作业。我儿子索耶在高中一年级的时候，晚上经常要做 3 个小时的作业，有时会超过 5 个小时。完成作业本身已经不轻松，更不用说还要兼顾孩子想做和需要做的其他事情了，如课外活动、吃晚饭、稍微放松一下，以及达到儿科医生说的青少年应有的 9 小时睡眠。这种情况下，父母该怎么办？

斯坦福大学的一位教授有 3 个孩子，2012 年时，我们一起参加过斯坦福大学招生和经济援助政策委员会的会议，高中生的压力和紧张是议题之一。这位教授侧头对我说，有天晚上，早就过了就寝时间，他的 3 个孩子都还有堆积如山的作业没完成。他的解决方案是什么？他叫还是小学生的孩子上床睡觉，让读初中的孩子完成小学孩子的作业，让读高中的孩子完成初中孩子的作业，自己则完成高中孩子的作业。当然，这么做是有问题的。但是，在教育系统本身千疮百孔的情况下，为什么要指责这种临时修补措施呢？

●------------------------------------------------------------------

老师们知道我们帮孩子做作业的情况，也会想方设法予以阻止。为写作本书，我对弗吉尼亚州费尔法克斯县的一些家长做了小组访谈。这是美国的一个顶尖学区，我的交谈对象霍利本人就是一位教学助理。他说："老师希望孩子们在课堂上写作业，因为他们知道，如果带回家做，那交回来的就不是学生自己的成果了。"[2] 他认为这不仅是个道德问题。家庭作业的目的是让老师了解学生对课程的理解水平，而父母帮孩子做家庭作业，老师就云里雾里了。

我的朋友埃伦·诺德尔曼是纽约洛克兰德中学的英语老师，在过去 15 ~ 20 年间，她见证了家长帮孩子做作业情况的飙升，"现在的父母对每项家庭作业都很警惕，很多家长都在为孩子做作业。他们借口是在协助孩子，因为孩子们感到无能为力。如果父母不帮孩子做作业，就会请家教帮他们做，结果还不是一回事。这些做法培养了孩子们的依赖感和无助感，让他们觉得自己不能独立完成作业。"[3] 是的没错，可家庭作业太难，又太耗费时间了，学生还需要时间进行其他重要的活动，而且老师要给家庭作业打分，学生在家庭作业上的表现会影响绩点分数，而斯坦福大学只招收成绩最好的学生。再说了，这只是军备竞赛的起点，其他父母也都在帮助他们的孩子。

## 那些拿着喷胶枪的富人家长

学校项目是那种会展示给大家看的家庭作业，它们赤裸裸地表明，为了确保孩子成功，我们可以走多远。

在社会科学课上，加州每个四年级的学生都会学到西班牙人的传教活动。从18世纪末到19世纪初，西班牙殖民者从墨西哥北上来到现在的加利福尼亚州，沿途修建了名为布道所（Mission）的大型土坯建筑。这个单元的教学高潮是一项叫作"布道所项目"的作业，要求孩子们制作一个三维复制品，呈现这种土坯砖和红瓦片屋顶组成的建筑。

与所有类似的学校项目一样，这个项目的目的是评估孩子对该主题的了解，以及在执行任务过程中所体现的创造力和精确性。孩子们用各种材料制作这些大型建筑：有人用乐高积木，有人用面团，我甚至见过一个现烤的蛋糕房子，白色糖霜代表土坯砖，红色糖霜代表屋顶，标志性的天主教十字架用蜡烛表示。就像任何类似的学校项目一样，布道所项目让家长们有机会展示，自己是多么擅长当孩子，在这个案例中，他们就充当了四年级学生。

我去参观索耶和埃弗里的布道所项目时，发现他们班上至少有一半的设计达到了建筑工程学的精确水准，只可能是出自父母之手。我扬起眉毛，手指项目，对着我丈夫哼了哼鼻子。他就是设计师，但他保持了令人钦佩的克制，没有参与孩子们的项目。每次我都不禁想，这些家长觉得是在糊弄谁呢？我希望老师明确指出父母的参与完全不合适，如果父母违反了规定，就该取消孩子的等级。但事实证明，除非是经验最为丰富的老师，一般老师很难对抗拿着喷胶枪的富人家长。

希拉里·考斯坦（Hillary Coustan）家住芝加哥北部伊利诺伊城的埃文斯顿，这里是西北大学的所在地。她是律师，兼任芝加哥洛约拉大学和西北大学的法学教授。她先后毕业于密歇根大学和斯坦福大学法学院，为人聪明、体贴、坦率，有两个年幼的儿子。有一天，我在电话里跟她谈起在小学学校项目方面的经验，尽管孩子们都还很小，但对于父母过分介入的情况，她已经很熟悉了。[4]

她的儿子艾利4岁那年参加了当地的一个儿童项目，项目要求孩子们介绍一种海洋生物。考斯坦告诉我："项目的关键是能独立完成，并在一群爱你的人面前进行讲解。艾利负责介绍鲨鱼，我想帮他想一个他自己可以做的项目，让他可以为完成这个项目感到骄傲，而不需要我帮他做任何事情。"在这个年龄，艾利的精细运动技能还不够发达，所以不能画画，但是他会用剪刀。于是考斯坦决定画一条鲨鱼的正面和背面，然后让艾利把它剪下来、上色，里面再用报纸填充。

几天后，演讲时间到了。大约有15个5岁左右的孩子参加，他们大多都带来了令人印象深刻的作品，有三折页的海报板、虫胶照片和打印精美的研究分析。艾利骄傲地站在那儿，手拿小小的填充鲨鱼。当晚演讲过程中，有的听众窃笑不已，也许有些人在笑可怜的艾利表现不佳，而其他人则指出有些项目明显是家长完成的这一事实，小艾利不为所动。直到今天，那条填充鲨鱼还挂在他卧室门上的显眼位置。

艾利想参加幼儿园的科学展览。像鲨鱼项目一样，考斯坦想让他做一个真正能够自己完成的项目。艾利那时能够理解摩擦概念，并且十分感兴趣，于是定下来做这个项目。他找来一些小玩具车放在斜坡的顶部，又找来浴巾、锡纸和木头等材料，做了许多条跑道。他明白，项目的要点是测试汽车在不同材料表面滑行的距离。考斯坦想知道他准备如何处理这些数据，由于艾利还不能理解平均数的概念，毕竟他还只是幼儿园小朋友，于是考斯坦建议他画一幅彩色条形图，用不同的颜色表示汽车行驶的不同距离。艾利照她的建议做了。

艾利和父母在科学展览上看到旁边小学生的作品是一座精心制作的火山，展示了各种化学物质的不同喷发方式，还标出了化学物质的科学名称。孩子的爸爸忙着安装作品，孩子则像个没事儿人一样站在一旁。人们前来参观火山时，那孩子对他的项目无话可说。

第二年，考斯坦成了科学展览的组织者之一。她希望这场展览能给孩子们一个更好的机会，让他们讨论各自的项目、想法和结论，真正扮演科学家的角色，而不是懒洋洋地站在三折演示板边。因此，她和其他组织者从外面请来了科学家担任评委。

展览在晚上举行，对家长和公众开放。评委们第二天上午来到会场，参观了每一个项目，还花了很多时间与每一位小科学家进行与其水平相宜的交谈。根据对自己项目的熟悉程度，有的孩子回答了评委的问题，有的则答不上来，而学校明确规定家长不可以参加评审会。评委的评审标准之一是作品是否由孩子独立完成，在最初发布科学展览的消息时，这一点就已经告知家长和学生了。

## 时刻把手放在按键上

父母和老师围绕成绩的争论变成了网络迷和漫画家的素材。我们把技术当成间谍，也当作武器。

大多数学区在使用某种类型的学生信息软件，比如家长门户网站，家长可以登录上去，查看学生的出勤记录、成绩等。我从来没有去网上查看过我家孩子的记录，我想减少而不是增加在这方面的参与，希望儿子和女儿在需要的时候，告诉我发生的情况，正如过去我向父母报告一样。他们当然也有可能不报告，我意识到了这其中的风险。坦率地说，我只是没办法处理这些额外的信息，也许是精力有限，我没有时间顾得上；也许是情感上的原因，我需要想清楚如何处理那些资料。有人说我异乎寻常，因为很多父母经常登录网站。

前面我提到过的那位亚特兰大的妈妈告诉我，她儿子考试结束几个小时后，她上网查到他考砸了。当时她儿子还没放学，他自己还没得到通知呢。她发短信把消息告诉了孩子，结果孩子回答说："妈妈，我觉得我考得很好，我不知道怎么回事。现在我得集中注意力上另一门课了。"几个月后，这位母亲和我交谈时，烦心的已不是孩子考试失败的问题，而是家长门户网站如何干扰了她和儿子的关系。

简·莱思罗普·斯坦福中学（Jane Lathrop Stanford Middle School，简称JLS）是帕洛阿尔托地区的 3 所公立中学之一，该校许多家长都会频繁登录网站检查孩子的学习成绩。身为校长，莎伦·奥菲克（Sharon Ofek）需要在家长及时了解情况的需要与教师维持教学的需要之间寻找平衡。例如，如果父母从家长门户网站上得知孩子因没交作业而得了零分，可能会给老师写邮件说："孩子没交作业，你应该告诉我啊。希望你以后每次都通知我。"[5] 对家长而言，这是一个善意的要求，但如果老师每天都得给所有没交作业的学生家长发电子邮件，那老师花在家长身上的时间就增加了，而花在学生身上的时间就减少了。"那个看似不算唐突的要求其实非常具有挑战性，对于一周看几百个孩子作业的老师来说，尤其如此。我们该如何将学习的责任转移到学生身上？"奥菲克为此感到困惑。

蒂姆·沃尔登所在的学区发生了一场令人厌烦的儿童监护权争夺战，却由此揭示出学校收到家长电子邮件的数量有多么庞大。作为负责人的沃尔登收到一位父亲的来信，要他提供所有与他孩子相关的电子邮件。孩子的父亲想利用他前妻的电子邮件内容打击她，结果却揭示了另一个事实：孩子在一年级和二年级期间，这位父亲总共给老师和管理人员写了 200 多封邮件，可笑的是，妈妈只写了 10 封。[6] 技术发生了多番变革，但学校的工作时间每天还是六七个小时。老师和管理者该如何处理因与父母互动而增加的巨大工作量？

# 交叉火力下的学校

沃尔登博士认为，家长细致入微地介入教学和学生成绩的评定，"影响了教学工作"。他在几个学区工作过，大部分学区的教师使用电子成绩册录入学生每天的家庭作业、测验和考试成绩。根据每个学区选择的门户网站类型，家长可以访问孩子的电子成绩册。学校给了家长成绩册的访问权限，也就给那些觉得需要随时了解孩子情况的父母提供了动力。然后呢？如果老师在学期中修改成绩，家长就会强烈关注。他们会发电子邮件或者打电话询问："你为什么要做这个评估？你为什么要改变这个？为什么还没有纠正或评估这个？"家长这种日复一日、周复一周的猜测让一些老师疲于应付。

"我们好像是在走钢丝，"沃尔登博士说，"我认为学校应该透明，教师的评价应该公平、真实、可信，甚至可以说，应该对我们的做法去隐私化；可另一方面，教师需要一定的学术自由和灵活性，如果想让他们对孩子加以区别，针对孩子的长处满足他们的需要，那么，并不是所有东西都需要放在显微镜下。"

沃尔登博士看到，在使用在线电子成绩册时，有些学校实现了平衡。他们采用严格的参数，并将参数传递给家长，比如说，"这是更新的频率，这是通知你的方式"，等等。如果没有严格的参数，最终学校会在一些父母身上耗费太多的时间和精力，从而无法关注其他孩子和家长。这类控制也使教师的生活更加健全。沃尔登博士神疲倦怠地说："在访问成绩册这件事上，一些老师感到有些家长相当偏执。"

学校如果没有在教学和家长之间建立明确有力的界限，就可能产生严重的后果，当然，这意味着学生的学习会受到影响。10年前，纽约附近一所小型独立学校的校长认为，安抚家长比维护学术诚信更重要。他的解决方案是什么呢？他鼓励老师不计后果，给孩子奉送 A 和 B。这下家长开心了，学校的气氛也轻松了。在被人抓出来之前，这位校长因为不相干的原因出了事。新的领导团队发现，学生的绩点和美国学术能力评估测验（SAT）成绩严重脱节，于是着手纠正了前任校长的打分"政策"，事情才回到了正轨。他被误导了，但是有一帮有钱的父母盯着，我想他在决定溜之大吉时，大概也感到如释重负吧。

## 战略性的防御保卫战

在精英大学的招生军备竞赛之下，有些家长在采取秘密策略，在学术竞争激烈的群体中尤其如此。谈话中一旦涉及自己的孩子在做什么，特别是涉及课外活动方面，家长们可能会觉得，最好对其他家长撒谎。我们会说："哦，乔尼放学后没做体能训练。"而事实上呢？乔尼每周都要参加两次体能训练，因此他更有可能入选精英运动队。我们会说："哦，詹妮放学后没做什么。"而事实上，她参加了她那天才爸爸组织的超级秘密机器人俱乐部，因此有更大的机会入选极其著名的学校机器人俱乐部。好的资源似乎比较稀缺，为确保乔尼和詹妮在申请大学时拥有竞争优势，我们可不想把好事告诉别人。

如果孩子做了不好的事，像是偷窃、损坏财物、弄伤别人、把自己或他人置于危险之中等，父母也会表现得相当防卫。当然，私下里，我们可能恨不得亲手扭断他们的脖子，但面对孩子被逼到墙角的情况时，爸爸妈妈会表现出很强的保护本能。有时我们找到了能摆平事情的办法，于是就可以长出一口气，然后采取正确的行动：听取事实，与当事人谈话，跟孩子一起坐下来，谈一谈价值观、行为和后果，然后实施惩罚。但有时候，因为担心事件会成为孩子的"永久记录"，我们便不惜一切代价予以阻止。我们出面斡旋，孩子却乖乖地，或者自鸣得意地置身事外。我们不能让这件事妨碍他上大学。

HOW 成长观察室
TO RAISE AN ADULT ------------------------------------------------- ●

　　在孩子们陷入的各种麻烦中，酒精和毒品是要害。在这方面，许多学区施行"严厉的爱"，即对未成年人饮酒、吸毒采取全天候防范措施，如果警察抓到一个学生饮酒或吸毒，学校就要承担后果，比如丧失体育比赛或课外活动的资格，即使事情并不发生在学年期间。

　　在成为学区主管之前，沃尔登博士是马萨诸塞州一所学校的校长，对于是否要应用这种"全天候哲学"，他的学校进行了激烈的辩论。"有些孩子积极参与体育运动，加入了学生会，上了荣誉榜，可是他们也可能会做一些非常过火的事情，比如在聚会上喝得不省人事，必须住院治疗。我们会实施惩罚，如停止参加部分赛事，或者剥夺队长资格，而这时，有的家长就会带着律师来学校反对我们的决定。"最终沃尔登博士的学校董事会拒绝采用全天候哲学，认为这种做法逼人太甚。但是做这个决定的部分原因是，董事会成员非常清楚，学校里的有些孩子是聚会大王，如果他们被发现喝得酩酊大醉而受到学校的任何处罚，那他们的父母可不会善罢甘休。

● ------------------------------------------------------------------

　　作为人类正常发展的一部分，孩子们，特别是青春期的男孩，往往会做出不明智的选择。他们内心有一种冲动，想做些破坏性的事情，或做出疯狂的举动，但他们的前额叶皮层仍在发育中，这意味着，他们还不能理解其中的危险，所以不能应用我们所说的"良好判断力"。我们睁大眼睛，为他们的冒险行为胆战心惊，不管那是否会导致不良后果；而他们想的只是："嗯，这似乎是个好主意。"对孩子来说，实施惩罚是必要的，唯有这样他们才能学会不做那些事情。

　　相反，如果请律师为孩子的不良行为辩护，我们可能会获得某种短期的"胜利"，确保他们进入好大学的机会不遭破坏，但是，该教育的时候不教育，孩子得到的就是不良行为得逞所带来的道德或伦理缺失。

## 为他们冲上前线

许多大学老师拒绝接受这一预设，即学过大学预修课程（AP）的学生就掌握了大学"同等"课程的知识。这些学生在大学主修这些课程时，老师们不会给他们"学分"，也不会让他们学习更高级的课程。至少在最早有公开记录的 2006—2007 学年，斯坦福大学英语系、历史系、心理系和生物系都不接受 AP 学分，而且很可能在之前的很长时间里也都不接受。这一年也是斯坦福大学经济系最后一年接受微观经济学或宏观经济学的 AP 学分。

然而，不管这些课程替代大学课业的价值如何，学生们之所以修读，只因大学招生官会瞄准高中阶段选修了最具挑战性课程的学生。招生官们青睐这些课程，它们严谨程度较高，在绩点中占的分量较重，通常会给总成绩增加一分，B 会被视为 A。因此在高中阶段，要说学术赌注，最高的莫过于 AP、国际文凭课程（IB）等预修课程和荣誉课程，它们也是学校成绩单军备竞赛争夺最激烈的地方。

学校官员私下说，在家学习与课堂学习之间最大的质量差距体现在荣誉课程、AP 课程和 IB 课程中，这也是父母为孩子做作业的情况最常见、最令人震惊的证据。我们也许不会为此感到吃惊，家庭作业与课堂作业的质量差异在这些课程中表现得最为突出，原因是赌注太高，所以许多人都在帮孩子做家庭作业。孩子在高中阶段面临最大的学业障碍时，有些家长不会甘冒让他们失败或苦恼的危险。怎么办呢？只好站在他们的位置上，替他们面对挑战。

学校为了防止学生把第三方的成果据为己有，也就是抄袭，会让他们通过论文查重网站提交论文，这些网站会扫描学生提交的材料，报告作者是否抄袭了别人已经发表的作品。但是，当涉及父母时，揭露剽窃的软件程序就无能为力了，而且，这些过度介入的父母很难接受自己是"第三方"的观念。

贝丝·加尼翁（Beth Gagnon）看到不少父母难以划清界限。她是一名儿童心理治疗师，家住新罕布什尔州的波士顿郊区，已经结婚，有自己的家庭。很多父母访客都在竭尽全力帮助孩子逐项完成清单上的项目。他们向加尼翁坦陈，孩子申请私立高中时，论文出自他们之手。加尼翁以幽默的方式请父母考虑一下是否可以，或者是否应该坚持这种支持孩子的冲动。请注意，这些父母来做心理治疗，是为寻求解决问题的方案。她的标准程序是这样的：

加尼翁问："如果这些事情你都为孩子做了，那他们上大学后怎么办？他们怎么融入大学呢？"

家长回答说："我还会继续帮他写的！"

加尼翁问："那什么时候是个头呢？我相当确定宿舍管理员会把你赶出去的。你的年龄不太合适。"[7]

可以想象，家长大约嘿嘿地笑了。如果事情顺着加尼翁的思路发展下去，家长也许会有所反思，然后做点现实考虑，答应会努力改变。但是不管加尼翁的方法在治疗过程中多么有效，在现实世界的无情压力下，来访者往往还是会退回到现实世界。

许多大学招生官希望录取对他们学校抱有真正兴趣的学生。由于孩子们普遍忙碌而羞涩，或者根本就缺少兴趣，所以这也成了家长普遍参与或者假冒顶替的领域。2013 年,芝加哥公共传媒（Chicago Public Media）《美国生活》（*This American Life*）栏目的主持人艾拉·格拉斯（Ira Glass）采访了佐治亚理工学院本科招生官里克·克拉克（Rick Clark）。克拉克说，他和他的团队经常碰到这样的情况：家长假冒孩子的名义给他们写电子邮件或打电话。比方说，邮件可能是以某个男孩的口吻写来的，内容是为最近到学校访问的事感谢学校，可使用的却是母亲的邮箱地址，或者邮件中使用了"真棒"和"酷"这样的词，但克拉克和他的团队几乎从没见过高中生使用这类词汇。再比方说，母亲假冒女儿的名义打来电话，讲了大约 15 分钟后，她说："如果她，我是说，如果我想在申请表上列出更多的活动，那该怎么办呢？"[8]

# 给他们搬来救兵

我们花钱请人帮孩子做作业时，内心的道德晴雨表可能难免失控，但在孩子的高中阶段，我们仍然不介意雇人帮他们取得尽可能多的成就，还要尽可能帮孩子润色个人陈述，充分体现他们的成就。孩子可以接受任何一门功课，甚至是每门功课的辅导，不仅是为了弥补 C、D 和 F 之类的成绩，还要把 B 变成 A，把 A 变成 A+。如果家庭负担得起，孩子可能会花几年的时间准备 SAT，包括参加昂贵的备考课程，以及多次参加考试。听说有个高中生的家长出了 10 万美元请人辅导孩子的 AP 课程及所有 SAT 考试科目。

如果孩子就读于公立学校，那么，在孩子申请大学时，我们可能想雇一个"私人升学顾问"，以给他足够的关注，因为公立学校的升学指导顾问通常要面对 150～400 名学生，相比之下，私立学校升学指导顾问的工作量只是他们的一小部分。私人顾问能提供一对一的咨询，也能提供诸如周末写作训练之类的指导。私立高中的学生家长有些也会雇用这些顾问。有些顾问会提供道德上不可靠的保证，比如声称对某些名校具有"影响力"。2013 年，26% 的大学申请者报告，使用这种服务的孩子比 10 年前多出了 3 倍。[9]

2014 年夏天，硅谷的一位女士在斯坦福大学的求职版上刊登广告，招募一位学生来辅导她 14 岁的儿子，她夸自己的儿子"智商高，多才多艺，没有特别的需要，能够谈论成人层次的复杂话题"。这份工作要求应聘者在工作日的下午陪伴这位年轻人，"确保他锻炼、整理文件夹、提前做好计划，讨论正常的青少年问题……并帮助他提高对责任、后果和智谋的理解。"这位妈妈要求候选人在大学的绩点不低于 3.5 分，愿意支付每小时 25 ~ 35 美元的工资。即便是对研究生和有教学或辅导经验的老师来说，这也是较高水平的薪水了。

当然，我不知道这位家长为什么觉得有必要为她的孩子提供这样的辅导，但有理由推测，大概与大学的准备工作有关，或许也跟孩子的未来生活有关。我的问题是，为什么童年本身还不是充分的准备？为什么孩子需要特殊的帮助？我们如此热烈地为他们准备的伟大未来是什么？如果让这个孩子依靠自己的能力会怎么样？他貌似很成功啊？虽然我不赞成这类事情，但读这位母亲的广告时，心里还是涌起了淡淡的恐慌感。看看这位家长为孩子提供了什么，我是否也该照此办理呢？

这种恐慌感深深植根于参与这场学业军备竞赛的家长内心。一个纽约人这样解释他对这种恐慌的理解："我们感到生活在一个匮乏的时代。我们不再活在'美国梦'中。如果你的孩子得到了那份工作，或者那个大学的录取资格，我的孩子就得不到了。在这种环境下，父母会不惜采取一切措施，确保孩子进入某所常春藤盟校。"[10]

是的，斯坦福大学、麻省理工学院和其他常春藤盟校的录取名额实在太少了。然而我在后面的章节会谈到，进不了这些学校也并不表示学生的未来就会被局限。2014 年，美国前总统奥巴马陪他的大女儿马莉娅参观大学，引起了人们对这一事实的关注。"我们告诉她：'别以为有 10 所学校是你必须去的，如果去不了那 10 所学校，情况就会很可怕。学校多得是。'"[11] 当然，美国总统很容易用长远的眼光去看待女儿的未来保障，不过对我们其他人来说，面对不合理的情况，他的观点也仍然是合理的。

## 跟他们一起冲锋陷阵

就像 21 世纪其他形式的溺爱一样，为孩子储备学术武器的做法并不会随孩子的高中毕业而告终。在大学录取过程中，父母为孩子战斗；等孩子进入大学后，父母还得继续为他们战斗。在斯坦福大学及全美大学排行榜上各个层次的大学都会发现，有些家长出没于大学校园，像大学生一样做作业，他们会选择那些自认为能促使孩子成功的课程，帮孩子选专业、修改论文、打电话给老师询问成绩，当孩子受到行为方面的指控时，请律师为孩子辩护。与大学生并肩学习的父母越来越多地介入到学校生活中，有时我不由自主地想，到底是谁在上大学？

一旦孩子进了大学，研究生院或就业市场就成了下一个战斗前线。如果孩子习惯了接受我们的帮助，那到了找工作的时候，他们会比以往任何时候都更想要，也更需要我们。

2014 年，美国经济终于开始从始于 2008—2009 年的大衰退中复苏。从获得全职工作的角度来讲，经济衰退给千禧一代的打击之大，超过了之前任何一代人。[12] 20～24 岁的大学毕业生遭遇了最大的失业率增幅，[13] 他们等待数年之后才慢慢进入就业市场，由此造成的不只是短期伤害，对于毕业于经济衰退期的大学生，他们一生的总体长期收入将减少 10%。[14]

此外，这一代年轻人毕业时，背负的学生贷款也高于以往任何一代人。他们在寻找有偿工作，可在这个时代，雇主不提供有偿工作，只提供无偿的实习机会。他们是在美国有史以来本科学位持有人数最多的情况下，和其他人竞争工作机会。1975—1995 年这 20 年，年龄在 25～29 岁，拥有本科学位的美国人仅增加了约 3%（从 21.9% 到 24.7%），而 1995—2012 年这 10 年，这个数字跃升了近 10%（从 24.7% 升至 33.5%）。[15] 现代历史上，在财富和个人收入水平方面，千禧一代首次低过了处于同样生命阶段的前两代人。[16] 简而言之，情况不容乐观。读到这些头条新闻时，很多人会想，怎么可以让孩子堕入那种境地呢？于是我们为了争取短期胜利，开始手把手地指导孩子，却没有意识到长期成本，即他们还能否为自己做些什么事情？

　　密歇根州立大学的大学生就业研究所（CERI）进行过全美劳动力市场调查，重点关注毕业生在事业初期阶段的情况，以及雇主如何能更成功地实现让年轻人从大学到工作的过渡。CERI主任菲尔·加德纳认为，在21世纪初互联网泡沫破灭和"9·11"事件导致经济衰退之前，父母并不会认真参与孩子的工作生活。

　　但从2005年前后开始，加德纳听到了一些耸人听闻的消息，报道家长参与大学生求职和工作的情况。作为研究者，他想从奇闻逸事转换到具体数据。所以，2006—2007年，CERI的年度雇主调查问题包括家长参与招聘和录用过程的情况，以及家长参与的活动类型，[17] 共有725家雇主做出了回应。请注意，这项调查是在大衰退爆发之前、经济增长的情况下做的，也是在家长和孩子开始通过大量发短信和打电话保持联系之前，据说这两件事都极大地加剧了父母介入年轻人生活的情形。

　　在725名雇主中，有23%的人说，招聘大学毕业生时，看到有父母陪同的情况为"有时"和"经常"。小公司几乎没见过父母，而有1/3雇用人数超过3 700人的大公司见证了家长的参与。之所以有这种区别，可能是因为大公司更有可能参加校园招聘活动和招聘会，在这两个场合，家长都是人头攒动。

　　通过CERI的调查，加德纳了解了家长参与大学生求职的多种方式，并对每一种发生的频率做了测算。调查结果如下：获取公司信息（40%），代表子女提交简历（31%），促进子女获得职位或增加起薪（26%），参加招聘会（17%），如果公司没有雇用他们的子女，就发出怨言（15%），安排面试（12%），就工资和福利进行谈判（9%），要求给他们的孩子晋升职位或涨工资（6%），参加面试（4%）。

●--------------------------------------------------------

母亲通常会负责前期工作，如收集公司信息、安排面试和造访公司，父亲则更可能出现在谈判时，以及子女受到纪律处分时。CERI 的调查报告显示："有个雇主建议提交简历的父母：'请告诉他，你已经把他的简历递到我们公司了。可我们根据简历库的信息致电过一个学生，发现他对我们公司一无所知，而且对我们的职位也没兴趣。'"[18]

加德纳说："有些父母会为孩子提供有益的帮助，他们帮孩子搜寻工作机会、鼓励孩子、为他们提供情感支持，有时候还提供暂时的经济支持，但他们做这些事并不是为了孩子。10 年或者 20 年前，你不会见到任何父母参与起薪和就业条件的谈判，但现在会。"[19]雇主告诉加德纳，过度参与招聘过程的父母不会到此为止，他们还会继续参演"第三季"，即在工作场所帮孩子完成工作任务。"我们采访了一些家长，他们说：'也许我们犯了错误，因为孩子都 30 多岁了，可还想让我们帮他找工作。'"加德纳说。

**这里的教训是，当有一天父母认识到成年子女应该自行处理各种事情，迫切希望退出军备竞赛时，却为时已晚，难以抽身。孩子已经习惯了我们的全程参与，如果我们撒手，他们就没有能力处理任何事情了。**

## 曾经的童年

作家凯蒂·洛芙（Katie Roiphe）在《赞美混乱》（*In Praise of Messy Lives*）一书中写道：

> 我们能否回想一下 20 世纪 70 年代末和 80 年代时那种良性的忽视？那个时候，孩子们早餐时自己啃三片蛋糕，吸入二手烟，还要把鸡尾酒端给喝多了之后口齿不清的大人。在那些不被注意的夜晚，他们体会到了大人的爱，却没有受监视的感觉。而且我记得，那些没人管束的温暖夏夜是多么自由自在啊！在百无聊赖、汗湿黏腻的漫长时日，在孤独且无人监督的散漫时光里，某些东西花儿似的开放了。正是在那样的边缘地带，我们成了自己。[1]

直到不久之前，美国孩子的童年都满是缤纷的自由。孩子们不仅能幸存下来，而且苗壮成长，带领美国成为世界历史上最强大的经济体。学校很重要，孩子们学习很努力，甚至可以说是非常努力，但学校并非唯一的因素。孩子们可以在自己的世界里自由地徜徉，探索他们感兴趣的东西。运动就是为了运动，玩就是玩。这些活动都有助于孩子的认知、心理和社交能力的发展，而且大都发生在成年人的视线之外。如果你是像凯蒂·洛芙那样的 X 一代，这种情况你应该是了解的；如果你是千禧一代，那这听起来可能像是过往之事，或者编造的故事。

像洛芙一样，有时我也渴望孩子们拥有我记忆中的那种童年，可他们是在我们的恐惧和期望结构中长大的，而不是生长于我们记忆中的那些自由条件下，为此我感到相当难过。多么希望我的孩子也能体会过去的那种童年，我感觉他们，还有我们，都会因这样的自由而变得更好，尽管我的日常选择也常常有悖于这一愿景。不知道那样一种童年在美国是否依然存在，存在于那些生活不像跑步机，而更像是可以自由奔跑的地方；存在于生活不是一个目的地，而更像是一段旅程的地方。不知道对我们来说，那种生活是否还回得去，就像恢复某种旧时尚或使用某种旧家具那样。**当我们解开头发，任其披散，释放最真实的自我时，真正看重的是什么？我常常想，孩子的童年的确与我们有关，但更与他们自己有关。**

2008 年的一天，我穿过斯坦福大学校园时，遇到了一对迷路的母女。我问她们是否需要帮忙。"是的，"母亲回答说，"我们在找电气工程大楼。""哦，沿着这条路一直往那边走。"我一边说，一边用手指着她们要去的方向。我总是渴望与潜在的新同学接触，于是试着跟她的女儿说话，但不太成功。那位母亲却和我聊开了女儿的学业计划。我们聊完后，她们也到达了目的地，她的女儿略有些紧张地轻轻挥手道谢，并向我道别，然后我们各自朝不同的方向走去。

我在交谈过程中了解到，这个年轻女孩不是十几岁的访客，而是 20 出头的大学毕业生，准备攻读博士学位。她妈妈几乎包揽了全部谈话。

在 2014 年的一篇评论文章中，《纽约时报》撰稿人乔恩·格林斯潘（Jon Grinspan）对比了当下与过去的两种养育方式，质问当今过度养育的方式是否表达了美国人为之骄傲的价值。"当代美国文化的一个侧面是害怕、好辩、控制欲强，这一面不值得吹嘘，但却体现在了儿童养育中，这不符合一个开放、乐观民族形象的自我认知。"[2] 我们扬扬得意于孩子是多么完美，同时却表示，对他们靠自己生活的能力没有多少真正的信心，而这种能力，之前的每一代人都具备。我们对他们没有信心，自己却满怀信心地认为，我们的能力、计划和梦想是构建他们生活的正确工具。

> **HOW** to
> **成长的力量**
> RAISE AN ADULT
>
> "孩子应该从父母那里得到两样东西：根和翅膀。"这是德国作家、诗人、哲学家歌德的名言。是时候思考给孩子插上翅膀意味着什么了；是时候想象一下，等他们长大成人，离开父母的巢穴，随风飘落到某个地方时，他们能成为什么样的人，又能做些什么；是时候接受这个事实了：父母和孩子可以永远相爱，但各有各的生活。

母亲有时间，也愿意和已成年的女儿一起了解她的研究生项目，那是相当美妙的，更妙的是，女儿也欢迎母亲的参与。我遇到这对母女时，埃弗里大约7岁。我继续前行，在去开会的路上，我想的是，等到埃弗里20多岁时，我会在她的生活中扮演什么角色。可以想象，在她进行激动人心的冒险时，我希望能在她身边，也许可以帮上忙，但更多的是想欣赏我可爱的姑娘，看着她在这个世界上昂首前行。

然而，另一部分的我停顿了一下。我希望埃弗里能够独自一人去考察她的研究生项目，在电话中跟我讲述她的感受，声音中洋溢着抑制不住的热情，当然，她也要独自体验这趟旅程中的细节、挑战和快乐。看着那对母女转过拐角，向工程大楼走去的背影，我疑惑着，作为一种童年的特征，家长无处不在的情况如果延伸到孩子的成年时期，那我想象中的那种分离还是否现实？

　　回想我在斯坦福大学和社区中认识的成千上万个年轻人，以及正在养育着的两个孩子，我明白父母希望孩子一切都好，希望他们舒适安逸，但这不是他们将要进入的世界的现实。他们不会在无聊的真空中学会做出选择和构建可能性；他们不会学到对自己的行为负责，并承担责任；他们没有机会摔倒在地，从而培养出抗挫力；他们所感受到的巨大成功并非他们自己一力所为；他们相信，如果没有我们，他们就做不成什么事情。没有压力缓冲带，没有自由，没有玩乐，拼命消除生活中的所有风险，把他们发射到品牌正确的大学里去。我们剥夺了孩子构建自我和认识自我的机会。可以说，为了换取我们为他们想象的未来，我们抵押了孩子的童年，这笔债将永远无法偿清。

# 第二部分

# 为什么必须停止过度养育

总有一天他们得自谋生路，这一天会不可避免地到来，如果我们没有帮孩子和我们自己做好准备，那双方都会追悔莫及。

HOW

TO

RAISE AN ADULT

## 测一测，你是理想的权威型家长吗？

**想象一下，你家孩子年满 18 岁的时候，作为一名成人，你认为他应该可以独立完成以下哪些事情？**

A 独自去外地上大学，安排好自己的学业和生活，不需要你的陪同。

B 在大学，无论用什么方法，都要保证学业优秀，出类拔萃。

C 有赚钱能力，可以养活自己，如果家庭需要，也能够为家庭做出贡献。

D 能够成熟自如地跟其他社会人员打交道，处理日常事务，比如房东、银行柜员、人事经理。

E 利用假期自己安排些有意义的事，比如志愿服务、外出打工等，而不是窝在家里。

你是理想的权威型家长吗？

扫码查看测试题答案。

# HOW 06
## TO RAISE AN ADULT
# 孩子们缺少基本生活能力

1999 年，社会学家、资深教会青年工作者吉姆·汉考克（Jim Hancock）在《培养成年人》（*Raising Adults*）一书中指出，如果我们认为自己在养小孩儿，那最终得到的就是个小孩儿；相反，他极力主张，我们的任务是培养成年人。[1] 听起来这好像再明显不过，但我问自己，我，或者任何人，是否知道"作为成人立足于世"的真实含义？是否知道孩子如何能成长为那样的人？

从法律的角度讲，我们以各种方式定义"成人"，用年龄来界定的，比如不经父母同意就可以结婚的年龄，在美国大多数州都是 16 岁；可以为国战斗、为国捐躯的年龄是 18 岁；可以饮酒的年龄是 21 岁。但在成长水平上，像成人一样思考和行事意味着什么呢？

几十年来，社会学对成年的标准定义完全符合社会规范：高中毕业、离开原生家庭、经济独立、结婚生子。1960 年时，美国 77% 的女性和 65% 的男性在 30 岁时能够完成这 5 件里程碑式的大事，而在 2000 年，在同样的年龄，只有一半的女性和 1/3 的男性能够做到。[2]

这些传统的里程碑事件显然已经过时，婚姻不再是妇女经济安全的先决条件，孩子也不再只能产生于性行为；成年人不一定会结婚生子，他们可能会做其中的一件事，而不一定做另一件事。这些里程碑事件也只属于异性恋规范，男女同性恋者也能建立有意义的忠诚伴侣关系，虽然美国许多州的法律仍将他们排除在婚姻制度之外。年轻人已经不再追求这些里程碑了，如果我们仍然以这些标准衡量他们是否"成年"，那并不明智。我们需要更契合当下这个时代的定义，也许可以听听年轻人的看法。

## HOW 成长观察室
TO RAISE AN ADULT ----------------------------------------------------

2007 年，《家庭心理学》（*Journal of Family Psychology*）杂志发表的一项研究中，[3] 就成年的主要标志，研究人员询问了 18～25 岁的年轻人。按重要性排序，他们的标准依次如下。

- ◆ 接受行为的后果，承担责任。

- ◆ 以平等的成人身份与父母相处。

- ◆ 财务上独立于父母。

- ◆ 不受父母与他人影响，自己决定信念和价值观。

接下来，研究人员询问这些年轻人："你认为自己已经成年了吗？"结果只有 16% 的人回答"是"。他们也访问了年轻人的父母，询问他们觉得自家 18～25 岁的孩子是否已经成年，绝大多数父母的回答与孩子们一致。担任新生教务长期间，我观察到两万个 18～20 岁学生的情况，以此为据，我认同他们的看法。我觉得这是有问题的。

----------------------------------------------------

最近一个秋季学期开学时，斯坦福大学的校园里发生了这么一件事：一个大一新生到校几天后，UPS 快递公司把他从家里寄来的箱子送到了他宿舍外面的人行道边。这位年轻人就任箱子搁在那儿，因为箱子又大又重，每个箱子都

要两个人才抬得动，他不知道怎么把它们弄到自己的房间去。他妈妈给宿舍管理员打电话求助，管理员才找人把箱子搬进了他的房间。他告诉宿舍管理员，他不知道如何找人帮忙。

这是养育的失败。

孩子们不会在第 18 个生日的午夜时分，魔术般地获得生活技能。童年应该是训练场。父母帮助孩子的方式不是寸步不离事事代劳，或者通过手机遥控指挥，而是闪到一边，让孩子自己想办法解决问题。

心理治疗师贝丝·加尼翁赞同这个观点。她的私人诊所挤满了焦虑的家长，焦虑之下，他们的反应是过度帮助。

"有些妈妈每天开车送孩子上学，因为'天那么冷，路上都结冰了'。"她的声音中流露出明显的沮丧。如果加尼翁知道，在加州明媚的阳光下，家长们干着同样的事情，她会怎么看？我不敢设想。"在特定的年龄，孩子们应该获得相应的成长机会，完成某些发展任务，"她说，"尽管许多父母很聪明，也受过良好的教育，但对于哪些行为与成长阶段相吻合，他们缺少良好的理解。"[4]

加尼翁非常担心父母干扰孩子学会生活技能，她为初中新生的家长开办了工作坊。她会说："不用你来动手，如果孩子都 12 岁了，你还在帮他切肉，那你应该住手了，"她补充道，"有的爸爸妈妈给我发来电子邮件说：'谢谢你的工作坊，我刚才让我儿子自己切肉了。'"

独自一人上学、请陌生人帮忙扶门、找人帮忙搬箱子、自己切肉，在日常生活中，这些都是一个长大了的人能够自己做到的事。当事情出现状况时，他们也需要做好准备。

考虑一下这么两种情形，这也是一个长大了的人需要有足够能力应付的情况，这种能力本身就是一项生活技能。

◆ 在远离父母的情况下，生病了。

◆ 汽车抛锚了。

当然，我们希望成年子女永远不要遭遇这类事情，但既然我们无力阻止这些事情发生，那是不是应该帮他们做好应对准备呢？

可惜我们没有。

苏珊是华盛顿市中心一家医院的急诊科医生，她"最不喜欢的病人"是那些19岁的女大学生。苏珊善良、慈爱，有两个亲生子女和一个继子，3个孩子都不到18岁，所以，她责备的口吻令我感到惊讶。"一般来说，大学生是一个健康的群体，在家的时候，得到了爸爸妈妈无微不至的照顾。而大多数学生因上呼吸道感染来到急诊室时，你会觉得他们好像遭遇了世界末日。如果你不给他们吃抗生素，不让他们住院，他们就会沮丧不安，尽管他们只是感冒了，只需要摄入水分、躺几天就够了。"[5]接着，苏珊描述女大学生如何眼泪汪汪地瘫坐在急诊室冰冷的油毡地上看着手机，想必是在向朋友和家人倾诉她巨大的不幸。

苏珊认为"她们完全没有应对能力"。

如果索耶和埃弗里19岁时，在急诊室表现出这副德行，我会感到羞愧难当。急诊室的确很吓人，环境又陌生，官僚气息往往也令人恼怒。但有时，那是一种必需。再过几年，等他们大学毕业、结婚以后，也会有自己的孩子。他们应该振作精神，让自己能够在这个世界上以负责、自信、受人尊重的方式立身行事。

如果你准备驾车旅行，那么抛锚就是一个生活现实。托德·伯格（Todd Burger）是美国汽车协会（AAA）西部山区的首席执行官，他负责的地区包括阿拉斯加州、蒙大拿州和怀俄明州。千禧一代司机的予取予求都快把他逼疯了，他指出："今天的孩子缺少为未来生活所做的准备。"伯格来自蒙大拿州，他的几个孩子都是在自家牧场上长大的。谈到如今他接触到的一些年轻人缺少生活能力的情况，他的声音中流露出一种坚韧和疲惫感。

美国汽车协会的任务是提供紧急道路救援服务，但并不提供全方位的解决方案。他们会给你换备用轮胎，帮你给汽车点火，或者把你的车拖到某个地方，但不会为你的汽车问题提供全面、长期的解决方案。然而，现在的年轻司机要的就是全方位服务。伯格说道："他们摆出一副这样的姿态：我什么都不知道，快帮我修好，反正我爸妈会给钱。还有，最强烈的感觉是，他们不信任我们，我们就在旁边，他们却掏出手机向 Facebook 上的朋友求助。我们不知道该怎么跟他们相处，真的不知道。"[6]

同我交谈的父母来自全美各地，大家都知道孩子们存在生活能力上的问题，谈到的一些情况也着实令人讶异，例如："我的孩子上高三了，可还不知道如何乘坐地铁。""如果我把我家十几岁的孩子带到市区，告诉他们'自己回家'，他们会哭起来的。""我的孩子从来不会做饭，因为她每天晚上都要做作业。""我最担心的是，我女儿还有一年半就要上大学了，不知道她以后早晨怎么起床。"最后发言的这位家长告诉女儿"你要自己做早餐"，女儿问为什么，她回答说："我需要知道你知道怎么做。"

这正是我想讨论的重点。我们需要知道他们知道怎么做。问题是，我们怎么可能一步到位呢？谁也没法把生活技能直接给到另一个人。每个人都得自己去做才能获得生活的能力。

HOW TO 成长的力量 RAISE AN ADULT

总有一天他们得自谋生路，这一天会不可避免地到来，如果我们没有帮助孩子和我们自己做好准备，那双方都会追悔莫及。

是的，为了确保孩子成功，我们有很多事情要做，日程这么紧张，很难有空间和时间为他们提供生活技能课程。但是非这么做不可。很大程度上，他们仍然是孩子，虽然已经过了法定的成人年龄。等他们上了大学或者进入了职场，我们真的愿意他们站在阳光闪耀的路边，不知道如何把快递箱弄进宿舍，唯一的办法就是给我们打电话，让我们帮着想办法吗？

## 别样的清单

如果我们希望孩子在 18 岁时可以在世界的舞台上施展拳脚，那么"手机脐带"并非帮他们解决各种问题的途径，他们需要具备一套基本的生活技能。根据我 10 年来作为教务长的观察，参照全美各地家长和教育工作者的建议，我归纳出上大学之前，孩子需要知道该怎么做的一些实际事情，这些都是目前阻碍他们靠自己双脚站立的拐杖。

HOW 18岁清单
TO RAISE AN ADULT

### 18 岁，需要掌握哪些基本技能？

❶ 18 岁的人必须会和真实世界中的陌生人交谈，包括教师、学院院长、顾问、房东、店员、人力资源经理、同事、银行出纳员、医疗保健提供者、公交车司机及修理工。

拐杖 我们教孩子不要跟陌生人说话，而不教他们掌握更微妙的能力，比如学会识别少数居心不良的陌生人，因此，孩子们进入世界后，不知道如何礼貌地、用目光接触的方式接近陌生人，寻求帮助、指导和指引。

❷ 18 岁的人必须认识校园的道路，必须认识暑期实习所在城市的道路，以及在国外工作或学习时所在城市的道路。

拐杖 孩子去哪儿，我们都开车接送或陪同，哪怕他要去的那个地方坐个公交车、骑个自行车或者走路就可以到达，因此，孩子不知道从这儿到那儿的路线，不知道如何选择交通工具，应对交通混乱，不知道如何制定交通出行方案。

❸ 18 岁的人必须能够管理好自己的作业、任务和截止日期。

**拐杖** 我们每天提醒孩子什么时候该交作业，什么时候该做作业，有时候协助他们做，有时候替他们做，因此，如果不经常提醒，孩子就不知道如何确定任务的优先顺序，不会管理工作量，不能按时完成任务。

❹ 18 岁的人必须为家庭的运转做出贡献。

**拐杖** 我们不让他们参与家务劳动，因为除了学习和课外活动，清单式的童年每天余留的时间不多，因此，孩子不知道如何照顾自己的需要，不懂得尊重别人的劳动，不善于为整体利益承担自己的一份责任，或者为家庭的运转做出贡献。

❺ 18 岁的人必须能够处理人际关系问题。

**拐杖** 我们为他们解决误会，抚慰他们受伤的心灵，因此，如果我们不干预，孩子就不知道如何应付和解决冲突。

❻ 18 岁的人必须能够应付课程压力和工作量的起伏变化，能够应付大学水平的工作、竞争，以及态度强硬的老师、老板和其他各种人。

**拐杖** 每当孩子遇到困难、需要延长任务期限，或者需要和成年人交谈时，我们就插上一脚，因此，孩子不知道，在正常生活中，事情不会总是按照他们的意愿进行，但不论怎样，他们都会安然无恙的。

❼ 18 岁的人必须有能力挣钱和打理财务。

**拐杖** 他们不从事兼职工作，想要什么或需要什么了，就直接伸手向我们要钱，因此，他们没有培养出完成工作任务的责任感，没学会对不会发自本心爱他们的老板负责，也不了解各种东西的成本，不知道如何管理金钱。

**❽ 18 岁的人必须能够承担风险。**

拐杖 我们为他们铺平全部道路，避开所有陷阱，防止他们跌倒，因此，孩子没能理解，只有经过尝试、失败、再尝试，让自己拥有坚毅的品格，才能取得成功，也不理解在事情出错时，只有想办法应对才能变得结实，具备抗挫力。

> ⚠ 记住：他们必须能够在不打电话给父母的前提下，完成上述所有事情。如果他们打电话找父母拿主意，那就表示他们不具备生活能力。

## 以孤儿为榜样

我之所以选择担任大学教务长，是因为我乐于支持他人成长，帮助他们成为他们注定要成为的那种人，不受环境或他人期望的约束。我本来预计最需要我帮助的是家庭中的第一代大学生，或来自低收入家庭的孩子。这些孩子当然会受益于教务长提供的指导和支持，可事实上，表现得最为困惑的，反而是那些来自中产阶级家庭的学生，不管发生什么状况，只有当爸爸或妈妈出面处理时，他们的表情才能轻松下来。这些家长介入大学生子女生活的方式似乎不是促进孩子成长，而是把他们往相反的方向拽。

2012 年，英语教授特里·卡斯尔（Terry Castle）发表在《高等教育纪事报》（*Chronicle of Higher Education*）上的一篇言辞激烈的文章深深地吸引了我。她把孤儿视为受到过度养育之害的年轻人的榜样。

30 多年来，卡斯尔在斯坦福大学给本科生上英国文学课。2012 年的时候，大学生在课前课后不断与父母联系还是一个新现象，她为之困惑，学生们如此频繁的沟通愿望也令她不解，因此她写下了那篇文章。[7] 她把孤儿作为她英语文学课的主题、主角，学术界称之为"孤儿比喻"，你可以想想简·爱、"雾都孤儿"奥利弗·崔斯特、长袜子皮皮和哈利·波特。在她看来，从那些虚构的孤儿角色身上，我们这些真实的人可以学到一些东西。毕竟，小说中，在没有父母帮助的情况下，孤儿们过着自我指引的生活，有险象环生的冒险、来之不易的坚毅、令人满意的成就，卡斯尔暗示，那也许正是因为他们的父母不在人世了。

这不只是从虚构的小说人物生活中提炼出来的理论，美国国家公共电台最近指出，美国的领导人，如曾任总统的奥巴马和克林顿，以及法官索尼娅·索托马约尔（Sonia Sotomayor）和纽约市长比尔·德布拉西奥（Bill de Blasio），都是幼年丧父或丧母，但他们都抵达了职业的最高境界。[8]马尔科姆·格拉德威尔（Malcolm Gladwell）把他们称作"杰出孤儿"，说他们面对的是"猛然把他们抛进生活的马刺和推进剂"。[9]

"无论好坏，"卡斯尔写道，"早期小说中蕴含着这样残忍而有解放意义的观念：父母就是拿来愚弄和蔑视的……即使是最受尊重的传统也是用来突破的；创造力理所当然存在于个体而不是群体之中，存在于青年而不是老年人身上；思想是自由的。在象征意义及其他方面，个人权利的伸张不可避免地始于孩子最初对家长的反叛。"[10]对照当今美国儿童的童年，关于卡斯尔所说的"反叛"，我没有看到任何蛛丝马迹。我的学生似乎并没有"伸张他们的个人权利"，相反，他们似乎处于平静、温顺的状态，裹足不前，等待家长进一步的指点。

根据皮尤研究中心（Pew Research）2009年的一项调查，今天的父母报告说，十几二十岁的孩子与他们发生严重争论的频次，不及他们当初年轻时与父母的争执。在16～24岁孩子的父母中，与孩子有过重大分歧的只有1/10，而在30岁以上的成年人中，年轻时与父母有过重大分歧的人数是这个数字的两倍（19%）。[11]

然而，卡斯尔写道："孤儿的生活教导我们，或者说至少让我们明白，正是对传承的自觉废除，对他人的观念怀着质疑的态度，才由此培养出了反抗、揭穿或者辜负长辈期望的意愿。这是知识和情感自由的绝对前提，在当今时代，尤其如此。"

环顾四周，包括我所在的小镇，我的孩子们就读的学校，甚至在自己家里，我不知道孩子们如何能有机会形成智力和情感自由，因为父母和孩子共度童年，甚至安排他们的童年，为了确保安全，他们按计划进行，随时陪在孩子身边。是的，大家似乎都相处得好得不得了。孩子们喜欢我们，天呐！他们岂止是喜欢我们！

在 2009 年举行的一次全美大学生调查中，问到谁是他们心目中的英雄时，多数学生回答是父母（54%），上帝和耶稣远远落后，屈居第二（8%）。[12] "选择父母的原因主要是他们所做出的牺牲，他们给予孩子的机遇和鼓励，以及他们取得的成就。"[13] 1993 年，同样的调查发现，只有 29% 的学生把父母视为英雄，政府、娱乐界、体育界的许多公众人物及教师、教授都曾被当作英雄，而在今天的名单中，见不到这些人的身影。

瞧，父母和成年子女经常互道"嗨，你好吗，我爱你"，交谈是一件温馨而珍贵的事。谁不想要这种感觉呢？手机并不是导致过度养育的元凶。早在大多数父母学会发短信之前，我就在写关于过度养育的文章、发表相关谈话了。但总的来说，在一学期中的那么多个小时、那么多个日子、那么多周、那么几个月里，我看到学生们不断地向父母求助，他们把父母当作首要求助对象和首要资源，是第一个要询问的人，对他们来说，这完全是一种冲动或条件反射，就像呼吸空气一样自然而然。

今天的童年有反乌托邦的意味，像未来主义故事所表现的那样，父母的过度保护、过度指引和手把手指导会导致貌似符合逻辑，实则相反的结局。

一位成功的企业家爸爸向我坦陈，他自己的人生是冒险带来成功的最佳范例，然而他没法阻止自己为孩子规划人生道路，铲平沿途的沟沟坎坎。我想起了 1972 年的小说《复制娇妻》（ *The Stepford Wives* ），这是一个寓言故事，故事里的女权主义妇女变成了温婉、恭顺的妻子。我们是在培养"复制娇妻"式的孩子吗？ [14]

卡斯尔的文章归纳说："可以预料，我个人的观点仍然曲折、复杂、不孝。在我看来，即便我们爱父母，也要以有所保留的态度对待并质疑他们，在很多重要的事情上，他们都大错特错了。这里的悖论是，即使他们没错，即使他们百分之百正确，但当务之急仍然是：为了过有意义的'成人'生活，必须把自己当成象征意义上的孤儿。"

卡斯尔既不是心理学家，也不是人类学家，更不是育儿专家，她是英国文学教授。她赞美那些必须照顾自己生活的孩子，对此观点，我不做字面上的理解。无疑，家长需要参与孩子的生活，与我所担忧的过度养育比起来，父母的忽视是更严重的问题。但她从虚构世界中带给了我们洞见，那些孩子蓬勃生长，恰恰是因为他们没有得到安全的养育。在思考孩子如何能在完全依赖我们的情况下成长为独立的成人时，这是一个有价值的角度。

**不依赖我们，拥有独自生活的能力，这是孩子必须培养的关键生活技能。**

# 他们受到了心理伤害

2013 年，美国新闻纷纷报道了大学生精神健康危机的统计数据，其中，服用抗抑郁类药物的学生人数之多，尤其令人揪心。芝加哥拉丁学校（The Latin School of Chicago）是一所私立中学，在校学生大约 1 100 名，这所学校的退休董事长查利·戈芬（Charlie Gofen）把数据以邮件方式发给了另一所学校的同事，并提出这样一个问题："你觉得你们学校的家长是宁愿孩子在耶鲁大学过得郁郁寡欢呢，还是在亚利桑那大学过得开开心心？"那位同事不假思索地回答："我猜 75% 的家长宁愿孩子在耶鲁沮丧压抑。他们认为孩子可以在二十来岁时理顺情绪方面的东西，但不可能倒回去拿到耶鲁大学的本科文凭。"[1]

我们的意图太合情合理了：因为我们太爱孩子了，巴望他们得到最好的一切。然而，由于对安全的恐惧，由于军备竞赛式的大学录取，也许还因为我们的自我太过贫乏，在对孩子来说什么是"最好的"这一问题上，我们的认知完全失去了平衡。我们不希望孩子碰得头破血流，不想让他们情感受伤，却甘冒让他们心理健康出问题的真实风险吗？

HOW 成长观察室
TO RAISE AN ADULT ------------------------------------------------------

2013 年，一项针对大学心理咨询中心主任的调查显示，[2] 95% 的受访者认为，有显著心理问题的学生数量庞大，是大学校园中日益令人忧虑的现象。70% 的人表示，在过去一年里，所在学校中存在严重心理问题的学生人数有所上升，24.5% 的学生来访者在服用精神药物。这类药物会改变大脑中的化学物质，影响情绪和行为。最常用的是抗精神病药、抗抑郁药、抗焦虑药，还有注意力缺陷多动障碍药物及情绪稳定剂。

2012 年，同样的调查显示，自 2000 年以来，学生心理健康中心的访问量增加了 16%，此外，抑郁和焦虑等严重精神健康问题取代了情感关系问题，成为在校大学生寻求心理健康服务的主因。

2013 年，美国大学健康协会（American College Health Association）调查了 153 所学校中 10 万名大学生的健康状况。[3] 当问及受访者在过去一年中的经历时，得出了以下结果。

◆ 84.3% 的人在为必须要做的事情感到不知所措。

◆ 79.1% 的人感到精疲力竭（不是因为体力活动）。

◆ 60.5% 的人感到非常难过。

◆ 57% 的人感到非常孤独。

◆ 51.3% 的人感到极度焦虑。

◆ 46.5% 的人觉得毫无希望。

◆ 38.3% 的人感到极度愤怒。

◆ 31.8% 的人感到非常沮丧，力不从心。

◆ 8% 的人认真考虑过自杀。

◆ 6.5% 的人曾有意割伤或者弄伤自己。

接受调查的 153 所学校涵盖全美 50 个州的小型文理学院、研究型大学、宗教型大学和小型、中型及特大型非高校。心理健康危机并不是耶鲁大学、哈佛大学或斯坦福大学特有的问题，而是发生在各地的孩子们身上。大学生心理健康问题的增加反映了我们逼迫孩子获取学术成就的严重程度，但由于问题发生在各层次学校的孩子身上，因此这似乎不是进入精英大学的成本，而是产生于美国式童年本身的某些方面。

## 过度养育与心理健康

结论是没错，可为什么过度养育会导致心理健康问题的增加呢？你这么怀疑是有道理的，因为还没有研究证明这两者间有明确的因果关系，但最近的一些研究显示，它们之间的确有相关性。

2010 年，得克萨斯大学奥斯汀分校的一项研究开宗明义，[4] 承认迄今为止对这一课题的研究不足，强调从逸闻趣事转变为实证研究的重要性。该校研究者帕特里夏·萨默斯（Patricia Somers）和吉姆·塞特尔（Jim Settle）采访了全美 190 所大学和学院的学术与学生事务专业人士，他们估计所在大学的直升机式父母比例介于 40% ~ 60%。萨默斯和塞特尔试图区分有益与有害这两类父母行为。

HOW TO
成长的力量
RAISE AN ADULT

以下情况会导致积极结果：父母的直升机行为与孩子的年龄相适应；家长和学生进行对话；父母授权学生采取行动；只有在学生需要额外帮助时，父母才介入。

与积极的参与相反，"负面的"直升机行为则包括"不当地甚至有时候偷偷摸摸地涉足孩子的生活和人际关系。"

同样是在 2010 年，新罕布什尔州基恩州立学院的心理学教授尼尔·蒙哥马利（Neil Montgomery）调查了全美 300 名大学新生，发现如果父母有直升机式养育行为，学生对新思想和行动的态度便较不开放，也更容易受到伤害，常感到焦虑和不自在。蒙哥马利发现，"如果父母赋予孩子责任，不老是监督他们，让他们成为所谓的'自由流浪者'，情况就恰恰相反"。[5]

2011 年，田纳西大学查塔努加分校的特里·勒穆瓦纳（Terri LeMoyne）和汤姆·布坎南（Tom Buchanan）考查了 300 多名学生，发现有直升机父母的学生更有可能服用抗焦虑和抗抑郁药。他们之所以进行这项研究，[6]与他们在自己的教室里看到的情况有关："开始的时候，我们接触到的一些学生非常优秀，他们很能干，交作业的情况非常好……但一旦涉及独立决策，如果不给他们具体的指示，他们就会感到不安。"

2012 年，《青春期杂志》（*Journal of Adolescence*）发表了一项针对 438 名学生的研究报告，称发现了"初步证据，证明这种养育方式与成年后出现的发展问题相关，因为它限制了孩子在成人过程中练习掌握重要技能的机会，使他们无法独立。"[7]2013 年，《儿童与家庭研究杂志》（*Journal of Child and Family Studies*）刊登了一项针对 297 名大学生的研究，发现在抑郁水平和对生活感到不满方面，有直升机父母的大学生数量显著高于其他同龄人。研究者认为，学生幸福感低下的原因在于，"对自主和能力的基本心理需求受到了妨碍"。[8]

2014 年，科罗拉多大学波尔得分校的研究人员率先指出，高度结构化的童年与较低的执行功能相关。[9]执行功能指的是确定在什么时候执行什么目标行动的能力，有注意力缺陷障碍或注意力缺陷多动障碍的孩子缺少这些能力。儿童参加结构化程度较低的活动机会越多，自主执行功能越强；反之，则预示自主执行功能较差。

洛杉矶的拜特·舒瓦戒毒中心（Beit T'Shuvah treatment and recovery center）的研究者近期有一项研究发现，在富裕家庭长大的青少年和年轻成人中，抑郁和焦虑的发病率与监禁中的青少年相当。[10] 哈丽雅特·罗塞托（Harriet Rossetto）主任说："如果你一出生，父母就已经为你做好了所有的选择和决定，然后把你丢进大学，这就像殖民统治下的国家一样，一旦独立，立刻分崩离析。他们进了大学，可是不明白为什么去，也不知道该做什么，茫然无措。在这样痛苦的境地下，他们通过毒品和酒精、赌博、自残之类的有害方式麻醉自己，这些事情表达了他们的空虚感与绝望感。他们之所以吸毒，往往是因为不知道还有什么事可做。"[11]

## 生活能力缺陷与心理健康问题

如果父母习惯于帮孩子处理生活琐事，诸如叫醒、接送、提醒最后期限、课业、付账单、提问、决策、承担责任、同陌生人交谈，乃至对抗当权者，那么等到上了大学或工作后，父母放手让他们独自面对世界时，他们可能会相当震惊。他们会经历挫折，对他们来说，挫折就等于失败。而且悖谬且讽刺的是，他们无法很好地应对失败，因为他们在这方面也没有太多的实践经验。

一个孩子看似健健康康，却是在过度养育中长大的，那么等他上大学后，往往难以应付遇到的各种新情况，比如室友对"清洁"有不同理解，教授要求修改论文却不明确指出"错误"何在，朋友不再那么友好，暑期学习班和服务项目只能二选其一……这些时候，他们会觉得举步维艰，不知道如何处理分歧，何况还要面对不确定感、伤心感，以及决策过程。不同于忍受某种程度的不适以及琢磨各种选项、找个人好好讨论然后做出决定，这种应对事情的无能感本身就可能成为一个问题。

心理学家卡伦·埃布尔博士（化名）在美国中西部一所大型公立大学的心理咨询和心理服务中心任职，她在工作中也遇到过这类孩子。这所大学约有90%的学生住在校园及周边几公里内的地方。因工作性质敏感，她要求匿名。

根据自己的临床经验，埃布尔指出："**过度介入的养育方式严重损害大学**

**生的心理健康，他们无法在父母和独立做决定之间达到平衡。"**[12]

她跟我解释，自己和学生们的谈话，是这样展开的："开始的时候，一旦觉得需要帮助，他们会立即联系父母。从心理学角度讲，他们并不是真的需要帮助，如果可以挺过不知该怎么办的那段不适期，基本上就等于是在操练技能，他们早晚会学着自己动手。学生们还不具备批判性思维、自信和独立能力，我就和他们一起操练。但是，如果他们最终还是给父母打电话、发短信，那就没有按照我希望的方式练习这些技能，也就意味着还是没有掌握。"[13]

埃布尔和我并不是说成年的孩子永远都不应该给父母打电话。"魔鬼"存在于谈话的细节。如果他们打电话谈一个问题，或者需要做一个决定，我们会告诉他们怎么办吗？还是说，我们可以若有所思地倾听，根据对情况的感觉提一些问题，然后说："好的。那你认为可以怎么处理呢？"埃布尔补充说，社交媒体加剧了这一倾向：学生会首先找父母，而不是自己想办法，而父母则立即作出回应："这一切发生得太快了，没有给他们自己去弄清楚该怎么办的时间。"

年轻人无法将自我与父母分开，这是需要处理的问题的实质。有些年轻人可以培养出这种自我意识，但对于另一些年轻人，无法区分可能会导致更严重的心理健康问题。

HOW
成长的力量
RAISE AN ADULT

不给孩子独自奋斗的空间，孩子就不能学会很好地解决问题。他们不会形成对自身能力的信心，因此自尊心会受到影响。从来不必奋斗还会带来另一个问题：你永远不会经历失败，因此可能会极度恐惧失败，害怕令他人失望。无论是缺乏自信还是害怕失败，都会导致沮丧或焦虑情绪。

从幕后一瞥孩子离开我们的视线后可能遭遇的情形，做父母的可能就会感到好像穿上了一件紧身衣。我们还应该做些什么？当孩子远离家人，独自感到迷乱、困惑、恐惧、难过时，除了我们，谁还能来帮他们？

要点在此。直到近期数据开始出现时，我才意识到这一点是多么重要。研究指出，**"自己想办法解决问题是精神健康的关键因素"**。孩子身处问题甚至危机当中时，这个事实令人难以接受，但从长远来看，这是他们最好的药物。如果你的孩子还年轻，那么你有足够的时间正确做到这一点。

## 造成心理伤害的三种过度养育方式

心理学家、作家玛德琳·莱文（Madeline Levine）博士在加州马林县开了一个诊所。这个地方在金门大桥以北，以风景秀丽著称，周边有很多葡萄酒庄园，是个富饶之地。凭着《纽约时报》畅销书《给孩子金钱买不到的富足》(*The Price of Privilege*) 和《给孩子软实力》(*Teach Your Children Well*)，莱文享誉全美。她在书中详细阐述了中产阶级年轻人的压力与紧张情绪。她应全美各地的家长教师协会、学校董事会、社区中心邀请发表讲座，劝诫各地家长冷静、撤退。[14] 正如莱文所说，**孩子生活中潜伏的最大危害，并不是街上有陌生人从天而降之类的偶然事件，而是父母为孩子做得太多，结果导致他们心理健康水平下降。**

近年来，莱文向数以千计的社区中的上万名家长宣讲了这个话题。2014年1月一个寒冷的夜晚，我听了她的演讲。自从我加入由她和丹尼丝·波普共同创立的"挑战成功"（Challenge Success）组织的董事会，我们就成了朋友，这个组织主要关注孩子面对的压力。所以我参加她的讲座，主要目的是欢迎她来我们社区，以示支持她题为"养育孩子，实现真正成功"的讲座，同时，我也是为本书而去。我想看看，对她有关过度养育危害的研究，爸妈们反应如何。

讲座在甘恩中学举行。这所学校是全美顶尖的公立中学之一，我儿子索耶在这里上学，女儿埃弗里很快也会成为这里的学生。因此我出席这次活动不仅是作为演讲者的朋友和对演讲主题感兴趣的写作者，同时还带着家长的身份。我丈夫也去了，与会的还有其他几百位父母。莱文博士以一段有关父母认知的开场白，点燃了我们的热情。她的话大致如下：

"当前，一个说服力极强的流行故事说，成功是一条直线，从正确的中学，到正确的大学，到正确的实习，到正确的研究生院，到所选的职业。如果这是你走过的道路，请举手。"大约有 5% 的人举手。

"没错，"她说，"在所有人群中，走直线的人只占 1% ~ 10%，大多数人的道路都是迂回曲折的。"

"但孩子们不知道这个故事，"莱文继续说，"你的孩子以为你是天才。他们不知道你挣扎过、失败过，这是我们不让孩子知道的最大秘密。孩子需要了解我们面对的日常挑战，我们应该把我们的人生道路告诉他们，尤其应该讲讲我们的失败。"

在场的爸爸妈妈们面对经验和态度之间的失调，发出了紧张的窃笑。莱文任重道远。她讲了大约 1 个小时，接着是提问和回答问题时间。

莱文传达的信息是：**我们应该提供适合孩子的机会，支持他们成为他们自己，而不要试图让孩子成为我们认为他们应该成为的那种人，并接受尝试和犯错的好处。**这个观点令我感到安慰，我觉得当时在场的许多人都有同感。然后莱文分享了自己的发现，她认为有三种可能造成心理伤害的过度养育方式。

◆ 为孩子做他们已经可以自己做到的事情。

◆ 为孩子做他们几乎可以自己做到的事情。

◆ 教养行为的动机基于我们的自我。[15]

一旦开始以这三种方式养育孩子，我们就剥夺了孩子的机会，使得他们没有机会去表现创造力、尝试解决问题、培养应对技巧及形成抗挫力，没有机会探索什么能给自己带来快乐，更无从了解自己是谁。简而言之，我们剥夺了他们成为人类的机会。虽然过度养育的目的是保护孩子，而且可能带来短期的收益，但事实上，我们的行为所传递出的信息对他们的灵魂极具毁灭性："孩子，没有我，这些事你一样都做不成。"这增加了孩子患抑郁症和焦虑症的概率，使他们把刀锋对准自己，甚至意图结束生命。[16]

莱文博士的演讲结束后，房间里的气氛从紧张变成了"我们共同经历了这一切"的感受，我感觉到，也许有些人会找到勇气，改变我所谓的"在当地水平下的自家饭菜水平，从而对自家孩子的生活质量带来一些影响，即使我们对屋子外面的规则无能为力。

然后，莱文请大家提问。家长们提了几个问题。有人问如何激励考试得 C 的学生；有个家长说自己还在上幼儿园的孩子在大家围成一圈时不能安静坐好，他希望知道该怎么办；还有个家长想了解如何激发她四年级孩子的学习热情，她说："我女儿真的热爱写作，老师说她有罕见的才华。我一直鼓励她参加写作比赛，但她不肯。她说她不会赢得比赛，她就是自己写着开心。但我认为她可以做得很好。怎样才能让她参加比赛呢？"

我丈夫和我扬了下眉毛，相互对视了一眼。屋子里响起翻阅节目单的沙沙声，有人左顾右盼，好像在说："她没听懂。"但莱文接受了提问，满面微笑着说："你女儿喜欢写作，那太棒了！别干扰她，让她写。"一小部分父母鼓掌赞同，其中有我和我丈夫。从掌声中可以推测，同意莱文的观点并感到舒服的人，远远少于没鼓掌的人，后者心里想的可能是：不强迫她参加比赛，你什么意思？你不知道这是在帕洛阿尔托吗？

# 为"失败"所付出的心理健康代价

有些家长提倡专制的养育风格，给孩子规定狭窄的学业和课外目标路径，如果孩子没有持续取得优异成绩，就施加惩罚。这样的父母通常会忽视，或者不相信我们讨论的心理健康问题。我在所有种族和各社会经济阶层中，都遇到过这种父母。

## HOW 成长观察室
TO RAISE AN ADULT

在畅销一时的回忆录《虎妈战歌》（*Battle Hymn of the Tiger Mother*）中，蔡美儿谈到一种高度结构化、她所谓"美籍华裔的养育风格"。她要我们相信，孩子在把父母的方向、目标和价值观内化为己有的情况下，表现最好。[17]她的清单上有一段名言：她的两个女儿永远不会"在朋友家过夜、有玩伴、参加学校的戏剧表演、抱怨不能参加学校的戏剧表演、看电视或者玩电脑游戏、自己选择课外活动、成绩低于A、在除体育和戏剧之外的每门功课上没有拿第一名、演奏钢琴或小提琴之外的任何乐器、不弹钢琴或不拉小提琴"。

这些听起来有点儿滑稽，直到你意识到蔡美儿绝非戏言。她自豪地写到，她用言语上的贬斥和物质上的剥夺施行管教，让孩子们练习小提琴和钢琴；她也写到了她们的眼泪、反抗和顺从。她告诉读者，从长远来看，这些做法都是值得的，因为她的女儿们"走进了"卡内基音乐厅，踏入了名校。

弗兰克·吴（Frank Wu）是美籍华裔教育家、活动家。我没有提及同我交谈的多数人的种族背景，不过，由于蔡美儿把她那种专横的养育方式称为"美籍华裔风格"，所以我想咨询一下美籍华裔社区的人士。像蔡美儿一样，弗兰克·吴也是华裔美国人。

弗兰克是加州大学黑斯廷斯法学院的院长。该校位于旧金山，与诸多机构建立了联合关系，其中包括密歇根大学法学院和历史上属于黑人的霍华德大学、招收聋人的加劳德特大学，以及两年制、只招收 26 名男生的深泉学院。年近 50 的弗兰克在美国和其他国家都看到了为数不少的所谓"受伤的小老虎"，即专横的"虎爸虎妈"的子女。他自己也有类似的经历，[18] 还就此进行了广泛的著述和演讲。

"我为《赫芬顿邮报》写了一篇文章，题目是'亚洲移民父母教给我的东西一无是处'，"弗兰克告诉我，"我以为读者会朝我扔西红柿，可相反，所有亚裔美国人都点头认可，我这才意识到，'哇，我发现的问题引起了共鸣'。"作为法学教授和院长，他攀上了职业的高峰，但他说，"我母亲还是希望我上医学院"。他不是在说笑，他解释说，像许多亚裔的美国父母一样，他爸妈认为只有不够聪明、学不了"STEM"，即科学、技术、工程、数学这些学科的人才会去学法律和人文学科。"老虎型家长的策略可能适合在其他的时间、地点或代际中应用。"弗兰克理解那些家庭，他们仓皇逃离专制政权，作为移民，渴望在美国获得第一个立足点，"但现在他们是在帮倒忙"。

弗兰克认为虎爸虎妈对成功的定义刻板、僵化。"如果你成为神经外科医生兼钢琴家，恭喜你，那是由于父母的敦促，如果没人迫使你做家庭作业和练琴，你就做不到这一点。但每一个类似的成功故事背后，可能有 99 个孩子的生活就这样被毁了。"弗兰克太清楚了，他了解那 99 个人的故事，他们的故事或多或少符合这个主旨："亚洲移民把所有的一切都投注到孩子身上，自己往往吃尽了苦头，直到孩子成人了，上了一所好学校，进入了一个行当，成了家，有了一所漂亮的房子。从表面上看，这个人非常成功，但父母还是感到羞愧，因为这个人虽然成功了，但并不完美。"

弗兰克告诉我，当毕业生代表的人选结果公布后，气恼的不是那些平庸的学生，彻底绝望的是那些位居第二的孩子。他们觉得自己本来也可以成为毕业生代表的。"被压力伤害的并不是不成功的人，他们非常成功，但因为不是第一名，所以他们觉得自己一文不值。"

谈到这儿的时候，我和弗兰克通话的时间已经超过了他助手安排的时间，但他想到了更多的故事，所以和我继续交谈了下去。他的语言既有哲学意味，又风趣幽默。眼看下一个会议就要迟到了，他才做了个总结。

> 这是站不住脚的，因为 90% 的人都不会进入前 10%。如果我们必须当第一名，否则就不值得一试，那就根本不应该起床。这是一个疯狂的标准，它让人觉得，无论取得什么样的成就，永远都还是不够好。

有关孩子心理健康的数据只不过证明了这种做法给孩子造成的伤害：在生活技能方面，我们对孩子的要求如此之少，而在坚持我们为他们制订的学业计划和永无止境的学术成就时，又对他们要求得如此之多。他们在心理上不堪重负，又不具备应对压力的韧性，而我们则沿着施压的道路一路狂奔，好像这种伤害没有发生，或者觉得孩子为这种痛苦而挣扎是"值得的"，或者将来是"值得的"。

典型美国学区的指导中心公告都会公布青少年咨询服务方面的信息，以及著名专家有关青少年压力方面的报告讲座消息。最近，我看到费尔法克斯县公立学校发布了一个类似的公告。这里在弗吉尼亚州北部，靠近华盛顿特区，拥有几所全美顶尖的公立学校。费尔法克斯县公立学校努力推行针对青少年压力、幸福和抗挫力的活动，包括举办有关"压力与生活或与学校的平衡""学术期望的平衡"以及"度过大学招生阶段"等话题的小组讨论，还有关于抑郁症处理的方法和感言。每次会议的最后一项内容是："出席会议的学生可以获得社区服务积分。"

我赞赏学区提供类似项目的做法。在学校和其他社区机构的努力下，成千上万人已经观看了 2010 年的纪录片《无目标的竞赛》。该片由维基·埃伯利斯（Vicki Abeles）导演，审视了"成就文化"的压力。[19] 看完影片后，观众们纷纷激动地议论现实情况是多么糟糕，很多人眼中噙着泪水。但我们为此采取了什么行动呢？

我们需要解决这个问题。出席有关大学录取过程压力的研讨会，学生因此可以获得社区服务积分奖励，从而给大学招生官留下深刻印象，这种做法本身就证明了我们面对反乌托邦、复制娇妻式的情形。

在学业方面对孩子实施专制培养的父母给他们造成了巨大的伤害。2014 年，威廉·德雷谢维奇在他石破天惊的宣言式著作《优秀的绵羊》（*Excellent Sheep*）中表达了这样的观点。[20]

HOW TO
成长的力量
RAISE AN ADULT

> "对学生而言，失败的恐惧终生困扰着他们，而首先困扰他们的，往往是父母对失败的恐惧。哪怕是暂时的功亏一篑，其代价也不只是实在性的，而是存在性的。"

被德雷谢维奇称为"优秀的绵羊"的人，在我看来是"存在性无能的人"。这正是英语教授特里·卡斯尔谈到的现象，她说："尤其是现在，要想获得智力和情感上的自由，绝对的前提是培养违抗、揭穿或者让父母失望的意愿。"作为教务长，我私下里目睹了这种智力和情感自由的欠缺，这是一种存在性无能。我的办公室里就有这种"优秀的绵羊"。

## 学生抑郁潮的兴起

20 世纪 90 年代后期，过度养育下的千禧一代学生开始步入大学校园，随后，学生的心理健康问题首当其冲，成为我们这些参与学术指导和学生生活的人需要处理的当务之急。学生的心理健康状况每况愈下，影响了他们在教室、宿舍或校园正常做事的能力。

## HOW 成长观察室
### TO RAISE AN ADULT ---------------------------------------●

　　21世纪初，在我们的专业会议上，学生心理健康的变化动态成为最热门的议题。美国各地各层次四年制大学的管理者济济一堂，互相学习，并向专家寻求答案。无论规模大小、公立私立，无论知名还是普通、宗教或者世俗，每所学校都受到了影响。没有一个人说"我们学校没有发生这样的事"。我要强调的是，这种情况发生在四年制大学，因为社区大学的情况不一样。我的推论是，社区大学服务的人群不同，它们的学生中包括工薪族学生、已为人父母的学生，以及年龄大了以后再回到学校的学生，这些人都有了一定的能力和生活阅历，从而使他们免于生活更优渥的同学遇到的那些心理健康难题。

　　2006—2008年，我参加了斯坦福大学精神健康工作组的工作。工作组对这类问题进行研究，提出方法帮助教职员和学生更好地理解、注意和应对心理健康问题。我们还建议学校增设资金，邀请更多的心理治疗师，让他们能够投入更多时间，处理学生出现的严重精神健康问题。

●--------------------------------------------------------

　　有时候，我会亲自把学生从办公室带到心理咨询与服务中心，陪着他，直到当班的治疗师前来接待。大多数学生的需求不那么强烈，只需推荐他们去中心，之后进行跟踪、督促和说服就行了。这些学生往往学业很好，他们忙于功课和课外活动，追求卓越的暑期实习经历。但我在同他们交谈的过程中发现，他们在存在性问题方面往往显得比较单薄、机械。

　　在担任教务长的那些年里，我听到过很多大学生的故事。他们认为必须学习科学或者医学、工程学，必须弹钢琴，必须为非洲做社区服务，等等。有些同我交谈的孩子对学过的东西根本不感兴趣，有些人对自己所做的事情提不起兴趣却又懒得思考，只是两肩一耸："我爸妈知道什么对我最好。"

有个孩子的父亲威胁说，如果女儿不学经济学，就要和她母亲离婚。这个学生用了 7 年时间，而不是通常的 4 年才完成学业。过程中，这位父亲事无巨细地监管女儿的一举一动，包括要求她每周末去她叔叔家学习。在父亲的坚持下，有一个工作日，女儿在办公时间去见她的经济学教授，但事后忘记给父亲打电话报告这件事的进行情况，结果当天晚上她回到宿舍时，叔叔已经在宿舍大厅等她了。他不得不"强迫"她给她爸爸报告最新情况，为此，他显然觉得很不自在。后来这个学生告诉我："我对生活缺少控制，几乎要发作惊恐症了。"她倒是学了经济学，可父母最终还是分道扬镳了。

有些学生不动声色，直到终于逃离了父母的巢穴，尽管通常是借由上家长认可的研究生院；有些人会表达出对父母的愤怒。我从他们的眼神中读到了无奈。

我感觉到他们在困惑，因为他们逐渐意识到，自己本生活在无限的可能性中，但这些可能性不属于他们，因为他们的脖子上套着缰绳，只好沿着父母规定的道路前行。他们花了多年时间追求并实现父母的梦想，却不可以拥有自己的梦想。

这些学生往往天资聪颖、才华横溢，他们坐在我办公室的沙发上，尽力让脆弱的自己不致分崩离析，他们屈从于这个事实，即这种表面的成功是他们可以拥有的悲惨生活。

费思是一个很好的例子。她是个大二的学生，在美国东北部长大，来自一个中产阶级家庭，在三个孩子中排行老大，我在办公室接待了她。父母让她上医学院，他们每学期都审查她的课程表、安排她的课外活动，暑期实习选项也得经过他们预先批准。谈话过程中，她下巴紧绷、眼神凌厉。我没有发表评论，只是抬抬眉毛表示回应，然后继续问问题。我不确定费思为什么来找我，她强忍泪水解释说，如果她告诉父母，她对这个夏天他们心目中的医疗实习不感兴趣，会怎么样。我俯身向前，点点头，轻轻笑了笑，把问题集中到她的感觉上。她说只要她学业成绩优异，父母可能就会对弟弟妹妹宽容些，说到这里，她眼中闪过一抹光亮。我问到迄今为止她的学习成绩时，她没有表现出明显的自豪，只说她在斯坦福大学的绩点在 4.0 以上。

这次交谈令我心碎。费思坐在我办公室里，神情泰然自若，美丽而有才华，看着眼前的她，听她倾诉时，我分明感到她好似一个溺水的人，奋力让头露出水面，脸上还挂着笑容。当然，所有这一切对完美的追求，即使学的是不喜欢的东西，从长远来看也可能有一定的"价值"，也许一个不具备特殊才能的孩子将来会后悔：要是父母不允许他放弃弹琴该多好。在本书后面的章节里，我会讨论如何设定恰当的期望。而当前，我想着重谈谈这个问题：当强迫孩子接受不一定合适的苛刻期望时，会发生什么情况。

斯坦福大学的很多学生都在寻求心理健康咨询，有些学生休学了一段时间，有些学生则彻底崩溃了。

**要说有形的成功衡量标准，我认为更好的指标是一个城市的青少年自杀率，而不是优异的成绩，或者 SAT 考分。**每次我穿过帕洛阿尔托东梅多大道的铁轨时，这个念头就油然而生。2009 年，一群青少年在这里卧轨自杀。他们多数都是我两个孩子所在的甘恩高中的学生。当年我有幸成为该校毕业典礼的演讲嘉宾，盛典的背景是刚刚发生的巨大悲剧，为了找到恰当的说辞，我可谓煞费苦心。

这么多年后，为防止此类事件再次发生，东梅多火车道口安装了一台监视器，火车通过时，乘务员会向监视器敬礼，并拉响汽笛。即便那些悲剧性的死亡已过去这么多年了，每次坐在车里，看着乘务员敬礼，听到孤独的汽笛声响起，我眼中都会翻涌热泪。我们必须住手，不可以把孩子推向这样的绝境。

# 他们成了"学习毒品"成瘾者

据诊断，约 11% 的美国儿童患有注意力缺陷多动障碍（ADHD），为了提高注意力，其中过半（6.1%）患儿服用了阿得拉（Adderall）、利他林（Ritalin）和莫达非尼（modafinil）之类的兴奋类药物。[1] 凭着 ADHD 诊断书，学生可以在学业上享有包容性待遇，如延长做家庭作业的时间和考试时间等。

我儿子索耶是 4 级 ADHD 患者。他完成家庭作业非常困难，特别是作文。一个又一个夜晚，他坐在餐桌旁，双眼凝视远方，有时候把铅笔尖都戳进了指甲盖里。他很聪明，我认为他轻而易举就可以完成学业，眼看他什么都不做，别提我有多苦恼了。更让他感到痛苦的是，他的挣扎也影响到了他爸爸、妹妹和我。为了让他学习，我们努力维持一个安静的环境，免得分散他的注意力。

我感到不厌其烦，迫切地想解决这个问题。我需要一个良方，不是为了学业竞争，实际上他的学业表现还不错，而是为了让孩子从耗时漫长、极易引发戏剧化情景的晚间家庭作业中解脱出来，让他年轻的生命重获一些空闲，也让家里其他人喘口气。

他也许需要吃点儿阿得拉，就像我需要咖啡因一样。我知道咖啡因不是最健康的生活方式选项，但我可以借助它完成工作。这就是我希望给到索耶的。我觉得至少应该让他试一下，否则我担心会把他置于一个不利的境地。但我丈夫担心药物会对他的长期健康造成影响，力主采取可以提高他注意力的策略、心理治疗和其他办法。

我们的困境，即是否服药这件事，是所有 ADHD 患儿家庭的共同难题。但围绕是否用药，美国却流行着另一种令人震惊的态度。有些孩子获得了 ADHD 诊断，随之获得了服药和考试要求降低的待遇，然而，他们其实并没有这种障碍。2006 年，哈佛大学医学院儿科教授詹姆斯·佩林（James Perrin）博士在接受美国全国广播公司（NBC）新闻采访时说，家长让孩子服用 ADHD 药物的情况日益普遍，而孩子可能根本就没有任何实际的 ADHD 症状。[2]

这种可能性令曼哈顿一位名叫杰西卡的妈妈怒不可遏。她知道，在她家住的那个非常富裕的社区，有些孩子"完全正常"，而他们的父母却花费上万美元让孩子做一连串的测试，好让他们"获得"这种诊断。杰西卡担心，那些孩子"SAT 考了 2 350 分，可成绩单上并不会注明他们投入了额外的备考时间，所以大学并不知情，"杰西卡告诉我，"这种做法是错误的。"

医生和心理学家很难确定到底什么是 ADHD。诊断的主要依据是教师和家长对孩子行为的观察，是高度主观的定性评价。富裕社区的确诊率更高，因为在孩子挣扎时，这类父母有条件寻求医疗解决方案，也许，富有的童年在某种程度上加剧了孩子患 ADHD 的可能性，或者如杰西卡暗示的那样，因为这些父母可以"买到"诊断赋予的"好处"？当然，只有对非 ADHD 儿童而言，药物和额外的时间才能被称为"好处"，对确有 ADHD 的儿童来说，药物和额外的考试时间只是接近于公平的竞赛条件。对于确诊的 ADHD 患儿，父母和老师的包容，就像是为视力欠佳的孩子戴上眼镜。

ADHD 诊断结论可以操控吗？有人靠给富裕社区的父母发放 ADHD 诊断证明谋生吗？也许吧。或者，那只是曼哈顿部分区域和其他富裕社区的都市传说。如果真有这种事情，那是严重的伦理和医学问题。以恰当的方式帮助孩子，和把孩子变成另一个人，好让他们进入"更好的"大学，两者之间的界限在哪里？我认为同样关键的是，杰西卡和美国的很多家长都觉得存在这种事。这种感觉以及随之而来的担心，即如果那些孩子服药并获得了额外的时间，那我们的孩子就不能胜出，由此激起了吃药考高分的军备竞赛。

## 使用学习兴奋剂的做法

目前还没有确凿的统计数据，不清楚有多少父母为孩子的学习或考试而寻求这类药物，但研究表明，青少年的确在为自己寻找"好成绩药片""学习药物"和"聪明药物"。

HOW **成长观察室**
TO RAISE AN ADULT - - - - - - - - - - - - - - - - - - - - - - - - - - - - - - - - ●

2012 年，无毒儿童合作伙伴组织（The Partership for Drug-free kids）做了一项态度跟踪调查，发现每 8 名青少年中，就有 1 人（13%）至少有过一次误用或滥用利他林和阿得拉的经历；每 4 名青少年中，就有 1 人（26%）认为可以把处方药当作学习辅助手段。[3]

进入大学后，孩子们继续使用学习兴奋剂。2013 年，美国大学健康协会针对 1 万名大学生的调查显示，8.5% 的学生在没有医生处方的情况下使用阿得拉和其他兴奋剂。[4] 此前一年，一项针对全美 5 000 名学生的研究报告指出，14% 的学生会这样做。[5] 2013 年，美国国家公共电台的新闻报道说，他们回顾了一些调查，以了解使用兴奋剂提高学习表现的学生人数，发现比例在 8% ~ 35% 不等。[6] 全美几百所大学的资深学生事务官员认为，这是他们学校"最大的毒品问题"。[7]

● - - - - - - - - - - - - - - - - - - - - - - - - - - - - - - - - - - - - - - - - - - - - -

2013 年，詹姆斯·肯特（James L. Kent）在据称是大麻信息与文化的头号源头的 High Times 博客发表文章，把阿得拉称为"美国最受欢迎的苯丙胺"，并通过谢里和丹的故事，分享了他对大学生使用苯丙胺的文化报道：[8]

> 谢里是一名大三的学生，她平时上午上课，下午在一家咖啡店上班。谢里患有注意力缺陷障碍（ADD），如果不吃药，早晨就很难起床，连最普通的日常生活琐事都难以完成。她服用阿得拉，最好是 30 毫克的阿得拉 XR 缓释胶囊。但谢里没有健康保险，承受不起看医生的几百美元和每月两三百美元的药费。好在谢里运气不错，因为她认识丹。丹根据学生购买阿得拉的药量，每瓶收取 5 ~ 10 美元的费用。丹的生意很兴隆，因为阿得拉是美国最受欢迎的一种苯丙胺，尤其受大学生欢迎，他们准备考试时，用它来维持长时间的注意力。

> 商贩水平的阿得拉经销商或商人可以以低于零售价的价格卖给学生。对于像谢里这样没有保险的学生来说，每月需服用的阿得拉处方药零售价合每片 6 ~ 8 美元。丹从仍然享受父母健康保险计划的学生或军人手上买来阿得拉，要知道，军人就像领薪水一样，每月按配额领取阿得拉。有军人折扣或者保险折扣的话，每粒阿得拉 XR 的价格还不到 1 美元，然后他可以以高于原价 3 ~ 5 倍的价格卖出。丹有办法从合适的人手上，以 15 ~ 20 美元一瓶的价格买到 30 毫克的阿得拉 XR，所以，一瓶价格便宜的阿得拉 XR 就像是丹的活期存款账户、投资组合计划兼零花钱。如果没有时间，或者没钱吃饭，他也可以吃一片阿得拉 XR，这样就能保证 6 个小时不会有饥饿感。

## 流行药丸的压力

为数惊人的大学生认为，服用兴奋剂是必不可少的成功手段，但他们并非都对这种做法抱乐观态度。亚当（化名）刚从东海岸一所著名的公立大学毕业，他从我们共同的朋友那儿了解到我在写这本书，于是联系到我，想谈谈学生普遍把阿得拉拿来吃着玩儿的现象、年轻人这么做的原因，以及这个习惯的后果。由于话题敏感，他希望匿名。

我问亚当的第一个问题是，仅出于好玩儿的目的，学生如何能搞到阿得拉。他说："我认识的每个人都有个把朋友有办法从医院开到这个东西。"亚当知道有个人的父母帮她开了这个药，而她根本就没有经过医生的诊断，纯粹是为了学习上的好处。他补充说，许多以合法手段得到这个药的孩子，得到的药量都超出了需要，所以有多余的药可以分享出来。他明确指出，这是一种很昂贵的药，他认识的用这个药的人都是富家子弟。

"获得好成绩的压力非常大，要做的事情很多，所以我们很团结。如果每个人都在赶一篇明天就要交的大论文，或者老师要你完成一篇很长的作业，或者期末考试，朋友们就会互相帮助。有人会说：'嗨，如果大家今晚有需要，我手头有阿得拉哦。'或者'一起做吧，把资源集中起来。'"

亚当语气沉重，言词小心谨慎。他说，谈这件事，他感到不舒服，但他还是想谈，因为他关心同伴和其他同龄人。他的朋友吃了阿得拉后性格发生了改变：本来很正常的学生变得一心专注手头的学业任务，把电话放在一边，成天学习，完全不考虑个人问题和人际交往问题。

在亚当看来，阿得拉带来了看似无限的短期表现收益。当我问及阿得拉有什么缺点时，他说："当然有，它让人产生挫败感。这是一种让你拼命工作、拼命玩儿的药，它给你超人般的能力，实际上，可以说是让你成为神人。完成论文、拥有真正活跃的社交生活和学术生活，这些事一件都不拉下。"谁有挫败感？那些接受了自己作为人的局限性的孩子。他们没有服用药物，考试成绩不如服药的同学，"我认识的最聪明的孩子都质疑这事的伦理本质。"亚当说。

我自己也在与短期收益的诱惑相抗争。索耶快上中学时，作业量增加到了我觉得几近让他崩溃的程度。六年级的学生每天晚上要做3小时的家庭作业，这在哪个宇宙是合理的事情？我开始觉得，作为家长，如果不考虑药物这个选项，那简直就是失职。

有一天，索耶的注意力特别不集中，我问他身体里有什么样的感觉，他回答说："就像电视机接收不到信号时的那种混沌感。"提起吃药的时刻到了，我抓住机会问他："如果有一个神奇的药丸能够消除你精力不集中的状况，你会要吗？"他兴奋地叫道："要！"停顿片刻后，他抬头看着我说："等一下，它会改变我大脑里面的化学物质，它会让我变成另一个人，所以……不要。"我的泪水夺眶而出，这眼泪是为一个热爱科学的孩子所流，也是为我自己而流，因为，尽管我非常希望索耶试那个药，但我的答案是：不要。

亚当和他的一些朋友也担心大脑中出现的化学反应。亚当告诉我，无论他的朋友是处方药使用者，还是吃着好玩儿的用户，大家都在质疑阿得拉尚不为人知的长期影响，他说："事实上，有关研究很少，这真的让我感到害怕。"他们也讨论过进入职场后会发生什么情况，是否还需要继续服用这种药。多年来，它帮助他们应付学业压力、期望和绩效标准，"这涉及我们要选择如何生活的问题。"亚当说。

他的这些话令我的情绪昂扬了起来，我看重的是这些年轻人在实现自我、为自己做决定并承担后果。这些孩子坐在著名大学空洞的教室里，对阿得拉在他们生活中扮演的角色报以质疑，这让我看到了希望。

HOW TO
成长的力量
RAISE AN ADULT

对所有人来说，走自己的路、从事某种工作、赚取生活费、付账单、应对人生的挑战……人生因这一切而丰富多彩。无论我们的追求多么卑微，只要是我们自己的追求，就具有启迪意义。

　　"我们谈论制度是多么的不公平，"他告诉我，"这不是说阿得拉是个了不得的东西，只是有太多的工作要做。服用阿得拉是我们反抗父母、教授和同伴压力的一种方式。它只是一种对付我们被强加的东西的方式。"

　　在上大学的某个时期，亚当曾屈服于压力、嫉妒和诱惑。"深夜两点，在图书馆里，你感觉快要昏倒了，而桌子周围坐满了还没睡觉的孩子，劲头十足地在学习。"于是他开始服用阿得拉，真的有效。但他对阿得拉的态度比较矛盾。一方面，他觉得这么做不尊重他和教授的关系，因此，他只有在大课堂上服用阿得拉才能感到放松，因为在那样的课堂上，他和教授没有私人联系，这是他平息自己内心不安的方法。他说："就我个人而言，我并不为服用阿得拉而感到自豪。但是你很难在美国东海岸找到一个年轻富有，而又没有服用过阿得拉的学生。"

　　如果我们的孩子成了化学合成版的人，否则就是不完美但典型的人类自我，如果他们觉得为了取得成功需要那样做，那么，何时何地才是使用这个药的尽头？

# 我们在破坏他们的工作前景

2005 年前后，我和斯坦福大学的同事们只好接受了这个事实：直升机式养育不是过眼云烟的时尚潮流，而是已经生根发芽。当时，我还不了解在过度养育方式下长大的年轻人在职场中的情况。如果家长觉得孩子的大学生活这么关键，要事无巨细地参与，而学生们也需要并欢迎家长的参与，那他们在职场的挑战就更大了。直升机父母会继续跟随年轻人进入职场吗？我们会看到，答案是肯定的。[1]

千禧一代在职场上被称为"兰花"[2] 和"茶杯"[3]，前者意指出了温室就不能生存，后者意指容易破碎，进而毁灭。在我看来，对于这些在过度养育下长大、而后进入真实世界的年轻人，最有预见性的比喻是"牛肉"（veal），这个说法是马萨诸塞州教育家乔·马鲁什恰克（Joe Maruszczak）创造的，意指他们在被控制的环境下长大，然后被赶进了屠宰场……这当然只是个比喻。我们谁也没有上过名为"如何阻碍孩子成长"这门课，但对于 21 世纪的职场生活，直升机式的养育为孩子们提供的准备的确严重不足。

HOW **成长观察室**
TO RAISE AN ADULT ------------------------------------------------●

　　2014 年，出于对在直升机式养育下长大的孩子在职场中表现的关心，加州州立大学弗雷斯诺分校管理学院的老师调查了 450 名本科生，要求他们评价自己的自我效能水平、父母参与他们日常生活的频率和程度，以及他们对某些职场情境的反应。

　　这项研究表明，与其他学生最明显的差异是，这些直升机父母养育的孩子对自己独立完成任务和达成目标的能力缺乏信心，这给他们未来的雇主敲响了警钟。研究发现，大学期间经历过直升机式养育的学生更容易依赖他人，应对策略较差，缺乏当代雇主重视的一些能力，比如责任心。一个特别有趣的发现是，过度养育还会导致学生不善于求职，且工作表现不良。[4]

●------------------------------------------------

面对这种情况，父母们该怎么办？

**21 世纪职场的特点是全球化、节奏快、变化此起彼伏。要想取得成功，具备以下这些能力的重要性变得前所未有：主动性、解决问题的能力以及抗挫力。**无论员工年龄大小，他们都会竭尽所能地寻求帮助。在这种大环境下，年轻求职者和员工的父母所面对的问题是：怎样做才是帮忙，而不是帮倒忙？

**为他们提供建议和反馈是有积极作用的，但只能到此为止。父母替年轻人做他们必须自己完成的事，结果往往会弄巧成拙。**例如，2014 年，有位母亲在克雷格列表网站出价几千美元，雇人帮她儿子找工作。她儿子是个倒霉蛋吗？还是身有残疾？亦或刚遭遇过严重的困境？都不是。他不仅是研究生，而且还是著名法学院的研究生，不仅做过两个见习职位，还是加州律师协会会员。但愿他的客户不会知道他妈妈打广告帮他找工作的事。不知道你怎么想，反正我希望捍卫我权益的律师是自己找的工作。

# 来自人力资源经理的警示故事

2005 年，理查德从一所常春藤盟校毕业已经两年了，在纽约一家著名的投资银行干得风生水起。那是在 2008 年金融危机爆发之前，他当时的年薪是25 万美元，但工作时间很长。他的妈妈简认为，抛开收入不说，老板让儿子工作得太辛苦了，于是她做了一番打探，找到了理查德老板非常私人的座机电话号码，然后挑了个周末时间给他打电话，发了一通牢骚。那位老板表面上彬彬有礼，实则怒火中烧。星期一理查德上班时，保安在电梯口拦住他，转身递给他一个纸板箱。箱子里装着他办公桌上的个人物品，上面贴了张纸条，写着："问你妈去。"

理查德的老板是个混蛋？好像是。他可以采取另外的处理方式吗？对。理查德希望母亲掺和吗？谁知道呢，这些都不重要，反正老板大权在握。在父母参与成年子女职场生活的故事中，这件事的结局还算不上最坏的情形，但这对我们是一个严重的警示，它提醒我们，如果我们还像孩子童年时期那样对他行使权力和控制，会导致什么样的后果。大学在不同程度上容忍了家长的参与兴趣，但我发现雇主完全不能接受。他们关心的是员工能做什么，而不是父母能做什么。毕业招聘会是看似成功的过度养育终告结束的时刻吗？

苏珊娜·卢卡斯带着孩子从费城搬到瑞士后，那里游乐场上的吊绳、锤子和钉子令她抓狂。她本人也是公司人力资源部门的领导，我之所以知道她，是因为她根据曾任医药公司人力资源经理的经验，专职撰写过人力资源方面的文章。[5]卢卡斯在线文章的月点击量达十数万人次，有各行各业负责招聘和员工管理的人力资源经理同她的交流讨论，其中也包括与年轻员工发生过摩擦的人。她说现在的典型情况是，家长来电询问孩子为什么没有得到工作或实习机会。接到这样的电话时，卢卡斯的回答直言不讳："因为是你在联系我，而不是他自己。我需要有动力的人。"[6]

在瑞士待了 5 年之后，卢卡斯终于摆脱了"美国人的担忧"，转而接受了瑞士人养育孩子的理念，诸如鼓励幼儿园的孩子独自步行，或乘坐公共交通工具上学，为 4 岁的孩子安排"森林游乐小组"活动，参加这个活动的孩子风雨无阻，每周去森林游览 4 小时，在那里锯木头、锉木头，中午围着篝火烤热狗吃。在《为什么我孩子会成为你孩子的老板》（*Why My Child Will Be Your Child's Boss*）一文中，卢卡斯谈到了一些看法，各地同事无不赞成。

HOW TO
成长的力量
RAISE AN ADULT

> 瑞士式的童年教会了卢卡斯的美国儿子多种能力，如自己做决定、管理风险、克服挫折等，她知道，在工作场所，他会做出比自己软弱的美国同龄人更明确的选择。[7]

洛拉·米切尔是俄亥俄州中部一家救护服务机构的人力资源总监，该机构为养老院、州监狱及心理健康机构提供救护服务，他们需要招聘急诊医师。近年来，有些青年男女带着父母前来参加急诊医师的面试，她说："父母们显然没有意识到，他们在等候区说的话，我们都听得见。"[8] 他们会说这样的话："这件事你做得下来！你没问题！"这会引起招聘人员的警觉。

更让人担心的是，家长还会帮孩子填写求职申请书，希望参与孩子的面试，"显然他们在主导着整个过程"。米切尔说："如果急诊服务机构的员工需要由家长陪同面试，那这个人在紧急情况下很可能难以独立做出决定。处治罪犯或精神不稳定的病人时，你没法打电话问妈妈该怎么办。"如果候选人多于所需人手，米切尔就不会考虑带着父母一起前来的候选人；但如果人手不够，就只好将就了。

用米切尔的话说，她碰到的一些年轻员工希望主管"像爸妈一样管他们"，也就是说，他们在采取任何行动之前，都希望主管把每一个细节交代清楚，"他们往往干不长"。

卡萝尔·康尼奇是新墨西哥州阿尔伯克基一家医疗保健机构的人力资源总监。几年前，有位年轻女士参加了她的新人入职培训，有一项培训内容是深入讨论员工的医疗保健及其他福利。培训结束后，那位年轻女士没有上交个人表格，而是问康尼奇可否将表格带回家。

第二天早晨，康尼奇的电话响了，来电者自称是那位年轻女士的母亲。康尼奇说："我当时还以为发生了什么可怕的事情呢。"结果，那位母亲说她需要和康尼奇讨论一下孩子的各项福利问题。她解释说："我女儿不理解，又怕你。她不可能来问你这些问题，所以由我来询问，然后好帮助她。"康尼奇回忆了入职培训时的情况，在她看来，大家的互动非常真诚，这位年轻女士怎么会感到害怕呢？

康尼奇"有点生气，觉得这不合适"，但她还是跟那位母亲做了解释。第二天，她打电话给那位年轻女士说："我和你妈妈谈过了，你还有什么问题吗？"康尼奇其实是想向她暗示，在工作场所，恰当的关系应该发生在员工与人力资源管理者之间，那位员工把自己的母亲卷入其中，立马就破坏了自己的名声。"但这位员工并不为所发生的事情感到羞愧和尴尬"，事后康尼奇说："我无法想象我会帮我儿子打这种电话。"

●--------------------------------------------------------

家长凭自己的意志联系雇主时，雇主搞不清楚那是因为家长溺爱孩子，无法置身事外，还是因为不成熟的孩子求助于父母，甚至请求妈妈介入。而这是一个重要的分野：第一种情况只是让雇主厌烦而已，第二种情况则会令人担心员工的能力。

霍普·哈迪森是跨国银行和金融服务机构富国银行（Wells Fargo）的人力

资源总监，富国银行的雇员超过 26 万。有一天下午，她打开了一封让她感到迷惑不解的邮件，不知道自己面对的是哪种家长，哪种员工。[9] 那是在 2013 年的冬天，她收到了一位母亲的邮件，询问她儿子的绩效考核情况。她说："这位员工早就过了 18 岁了。我大吃一惊，不知道他是否知道她妈妈写邮件的事。无论他是否知道，这件事对他都不好。"

哈迪森并不认识这位员工，但仍然为他感到悲哀。在这种情况下，无论他是否知道这封邮件的事，或者是否愿意家长发出这封邮件，家长的行为都给他造成了不良影响，就像可怜的理查德一样。下班的时候，哈迪森从这封邮件中得到了一些积极的启发。她笑着说："我要参加 12 岁儿子的家长会，它提醒我别做'那位'家长。"

然而有时候，员工显然仍非常依赖父母，这会让雇主感到担忧。美丽美国项目的总顾问特雷西-伊丽莎白·克莱说，项目成员有时会把父母当作自己和机构之间的中间人。他们会对机构说："我一直在和父母讨论这次招聘，可以让他们听电话吗？比起我给他们复述整个过程，这样要容易些。我想征求他们的意见。"

当然，孩子需要我们的建议；当然，我们也愿意给孩子出谋划策。但雇主希望年轻员工表现出成熟与自信，希望他们有能力处理事情，并且是自行处理。

年轻员工需要和父母一起讨论与招聘有关的例行程序，人力资源部门的人会因此心生疑惑，而且这种阴影在相当长一段时间里都挥之不去。例如，就美丽美国的新成员想让父母一起听电话的那个互动情节，克莱说："那会让人担心这个人是否可以很好地应对即将进入的工作环境，那可是很有挑战性的。在与各地区的持续沟通中，我们会提示这位员工派出地区的工作人员：他看起来非常依赖父母。"[10] 作为家长，你不必怀疑，那样的警告可不是什么好事。

# 我们的作为让他们松懈

我的妈妈从事科学教育工作，她给中学老师讲授如何教科学课，我从她那里了解到，教学是一项具有挑战性的工作，在全美范围内，许多教师干上两年就辞职了。美丽美国主要为资金不足的学区提供额外的师资，这些地区的贫穷程度触目惊心。美丽美国从全美招募最优秀、最聪明的 6 000 名大学生，按照一些老成员的说法，他们面对的工作环境可能是一生中最具挑战性的。要想知道千禧一代是否可以从事一项极受追捧、享有盛誉，而又极具挑战性的工作，这里可以说是最值得深入了解的地方。

美丽美国的领导非常清楚，项目成员的经历极具情感挑战性。与军队、警察工作以及消防、急诊室护理之类的重要服务工作一样，这项工作中经常会发生难以预料的意外情况，需要及时处理。由于工作性质的原因，他们挑选的年轻人必须具备"坚毅"和"抗挫力"的品格，这两个词近来颇受关注，它们预示一个人能否承受严峻的挑战，并坚持不懈。美丽美国期望年轻人"从父母那里得到巨大的情感支持"，获得尊重，同时也受益于家长的支持。家长有时作为项目的支持者，能够帮助该项目和特定的学校获得资源。

然而，家长对项目成员工作生活日益扩大的介入范围令项目领导感到愕然。他们认为，项目成员向父母抱怨或发泄职场压力很正常，但是，如果父母听到这些抱怨，为之忧心，并出手干预，那就表明年轻人和父母之间仍然互相依赖。"每当父母代表已是成年人的子女进行干预时，我总是猝不及防。"该项目在旧金山湾区的执行董事埃里克·斯克罗金斯（Eric Scroggins）如是说。

在斯克罗金斯接到过的家长电话中，比较典型的是传达这类情况：听女儿说，她每天往返学校的途中会碰到某些令人讨厌的人。或者，她因为上班时间离开学校去办点事情，违反了学校政策，受到了校长的责备。或者，她与某位学生或同事发生了激烈的争吵。家长会对他说："这个地方不适合我女儿，不安全。"或者"你得给她换个工作。"或者"她没有得到应有的支持，你得给她提供帮助。"或者"每天都应该有人和她一起待在教室里。"

有时候，与斯克罗金斯或者克莱交谈后，父母会感觉好一些，但有时候，忧心的家长会坚持自己的要求，例如，他们可能会抱怨孩子的校长"完全不称职"，认为学区政策"要是在我们公司绝不会得到容忍"，结论是"这种行为令人震惊"，"需要立即解决"。

美丽美国项目的领导人意识到，孩子在苦苦挣扎时，父母也会很难受，而许多家长的担忧源于他们对低收入社区的刻板印象。首先，他们尽最大努力让父母了解，他们只听到了事情的一面；其次，学校有自己的规则和文化，可能与父母自身的职业经验相去甚远；第三，由于项目成员是其所在学区学校的员工，即便有心，美丽美国也不能采纳他们提出的解决方案。

斯克罗金斯告诉我，说到底，如果所有学区都运转良好，那就不需要美丽美国了。在某种程度上，这是一份高风险的重要工作，工作环境非常不正常，资金不足，又极具挑战性，可正因如此，年轻人才报名参加这个项目。"但事实上，父母会因为孩子'被迫接受'这些而感到震惊和不安。"

跟理查德的情况一样，美丽美国的项目成员并不知道他们叫叫嚷嚷的父母会给项目办公室打电话。"他们从我们这里听到消息时，"斯克罗金斯说，"会意识到无论他们对父母说了什么，只要父母因此打电话给我们，都会让我们觉得他们不够成熟。事情通常就此告一段落，这是项目成员的一项学习活动，我们努力帮助他们理解自身言词对父母的影响。"

斯克罗金斯有关父母行为和美丽美国的分享让我想起了丹尼丝·波普博士和我为斯坦福大学新生家长举办的会议。我们向家长介绍学生可能会打电话谈哪些事情，讨论如何倾听及辨别学生是要求家长"做点儿什么"呢，还是只是想"发泄"一下，需要有人倾听。

HOW TO 成长的力量 RAISE AN ADULT

通常情况下，孩子只是希望我们倾听，只要知道我们关心他们、爱他们，就足以让他们回去继续做事。我们可以培养他们具有健康、自我实现的独立性，同时继续在他们的生活中扮演这种倾听者的角色。

## 清单化的童年会让父母自食其果

有时候，工作中的问题源于孩子们自己，与父母是否出现、是否给老板打电话抱怨无关。孩子们有时会遇到认知问题，这可能源于老是有人告诉他们该做什么，导致他们从来没有过冒险的机会。

"如果你告诉他们做一二三四，他们会做得很出色，而且做的时候很勤奋、很专心，"克莱告诉我，"但是如果你告诉他们：'瞧，我们的目标是四，我们只告诉你一到三点五，剩下的创新部分，你自己解决去吧。'那他们真的会很为难。他们的心态是：'告诉我路径，即使很难，我也会跟着走。让我自己闯荡、自己解决？那我做不到。'"这就是清单化童年在作怪。

"我们从他们身上看到的问题就是缺乏自主性和独立性，"克莱说，"一些项目成员比较缺少真正自主的经历，因此处理人际关系的能力较差。其他教师的平均年龄是他们的两倍，还有性别和种族差异问题。我们希望他们同大家建立起同事关系，被视为同行，而不是'孩子'。"她还谈到，美丽美国期望二十二三岁的员工通过生活经历和教育获得某些个人能力，包括成熟、责任感、主动性、负责任等，"如果他们不具备基本的发展能力，不具有完备的基础条件，那我们的工作就要困难得多"。

克莱认为，这种缺乏所需能力的情况源于大学的"客户服务、顾客服务关系"。"我们常常觉得大学没为我们和其他雇主提供经过良好培训的可用之人，因为在真实世界中，他们不可能得到大学为学生提供的同等服务。新员工可能抱有这样的心态：'难道不是每个人都想为我做对我最好的事情吗？'一旦他们发现存在利益冲突，而且他们的需求并非最重要的，那他们真的会感到措手不及，进而意志消沉，觉得这种交往很不公平。这时我们就会接到父母的电话了，他们认为自己的孩子没有受到公平的对待，而情况往往是，孩子没有得到在大学里享有的那些特殊待遇。"

我承认，她的话让我有点儿尴尬，不仅仅是有点儿。我自己就是她所批评的那些为学生提供服务和支持的大学工作人员之一。但现在跟大学拉开了一定距离以后，我可以理解，大学也承受着巨大的压力，为了换取远远超出通货膨胀水平的学费，他们必须提供更多的服务，在有些方面，我们误入歧途，开始对学生进行手把手的指导。但我对这种心态产生的根源抱有疑惑，并把我的看法如实告诉了她：来大学的时候，学生们就已经带有这种心态了，大学很难用4年时间消除18年过度养育造成的影响。

## 职场文化可能不会改变

有些企业欣然接受千禧一代与父母的密切关系。谷歌和领英发起了"带父母上班日"。[11]《哈佛商业评论》有一篇文章介绍百事可乐公司CEO的做法，她在招聘过程中给应聘者的父母打电话，并写信"感谢他们培养了孩子"。[12]

很多机构先行一步，主动调整工作方式，以适应行为方式不同的千禧一代。安永全球副总裁南希·阿尔托贝洛（Nancy Altobello）就是其中之一。在她管理的19万专业人员中，千禧一代占据了半壁江山，阿尔托贝洛毫不掩饰对他们的喜爱之情。但如同任何极好的关系一样，她首先得了解他们，然后才能达到那样的境界。[13]

"10年来，就如何与千禧一代最好地合作，我们感到束手无策。我们考察他们愿意工作多少个小时，希望在哪里工作，想要在团队中扮演什么角色，以及他们的意见是否得到了倾听。"经济衰退后，公司进行重组时，阿尔托贝洛和她的同事意识到，千禧一代在劳动力市场中会占据很大的比例，因此费尽心思琢磨如何适应他们，才能最好地利用他们的聪明才智。

"他们希望有人给他们布置任务，如果不理解任务的语境，他们就不会参与；他们关心公平问题，所以透明度很重要；他们希望知道谁负责什么事。我们还发现，他们强烈渴望不同的工作方式及高度的灵活性，这并不意味着少干工作，他们最在意的是控制自己的工作方式。因此，我们真的很重视语境的设定，向他们解释我们期待怎样的最终结果，然后授权他们思考实现的方式。我们的经验是，如果你给他们布置有趣且富有挑战性的工作，如果他们明白这份工作将实现怎样的商业目的，他们就会像其他任何一代人那样努力工作，并以非凡的方式完成工作任务。"

对于为什么今天的父母在员工的生活中扮演着如此重要的角色，她也能够理解。然而，有时候她还是觉得太过分了。"去年有个爸爸打电话给我说：'我只是想让你了解下我女儿的工作时间，但如果她知道我给你打电话，她会很生气的。'我了解了一下情况，发现那位父亲说得很对。我非常高兴那位年轻女士跟她爸爸讲：'我非常挣扎，我需要帮助，但还是希望给别人留下很好的印象，我该怎么办呢？'如果他和女儿一起坐下来，帮她准备与我们的讨论，情况可能会更好。那是父母可以扮演得更好的一个角色。"

作为父母，我们希望孩子遇到像阿尔托贝洛这样的老板，而不是那个投资银行的混蛋，但这不在我们的控制范围内。我们的任务是培养他们，让他们即使在艰苦的环境中，也有机会取得成功。

HOW **10**
TO RAISE AN ADULT
## 我们让自己备感压力

过度养育不仅伤害孩子，也伤害我们自己。如今的父母担惊受怕甚至精疲力竭，他们感到焦虑、抑郁。

一方面是无与伦比的快乐，另一方面是焦虑和抑郁，心理学家所说的这种"养育悖论"是养育子女所致。[1] 当然，父母的喜悦无法具体衡量，但忧郁却是可以量化的：在美国的抑郁症患者中，父母的患病比例要比普通人高出两倍，美国大约有750万抑郁的父母。《儿童保健杂志》（*Journal of Pediatric Health Care*）2006年发表的一项研究称，有1/3以上的女性在怀孕和抚养孩子期间呈现出抑郁症状。[2]

2013年，《父母世界》（*Parenting*）杂志发表的《阿普唑仑使我成为更好的妈妈》[①] 一文引起了轰动。在这篇文章中，多位家庭女性详细描述了导致她们需要这种药片的日常压力和恐惧情绪，有位批评者认为，心理诊断和药品行业把人类正常的伤感情绪变成了抑郁性障碍，我们并不需要药物来处理"养育的日常过山车"。[3]我认识的很多父母都对这个说法感到愤慨。

———————
① 阿普唑仑是一种抗焦虑药。

我们承受着压力，这个情况孩子们看在眼里。研究员埃伦·加林斯基（Ellen Galinsky）询问了 1 000 个孩子，了解他们最想改变父母日程的哪些方面。"很少有孩子提出想要增加面对面交流的时间，最大的心愿是爸爸妈妈别那么累，别那么紧张。"[4] 可见，我们的压力也影响到了孩子。**研究表明，父母的心理健康状况越差，子女遭遇负面心理健康的危险也就越大。**[5]

## 独自养育的危险

"孩子不是问题，"作家珍妮弗·辛尼（Jennifer Senior）在2014年的TED演讲和《孩子的到来如何改变你的生活》（*All Jey and No Fun*）一书中说，[6] "当前的一些养育方法才是问题所在。如果我们不把什么都尝试一下，好像就无所作为一样。"

2011 年，韦尔斯利学院社会学副教授毛尔凯洛·拉瑟福德（Markella B. Rutherford）出版了《需要成人监督》（*Adult Supervision Required*）一书。她在书中考察了养育类杂志过去 100 年的咨询专栏，追溯过往的养育行为。她认为我们丢失了在过去十分平常的一种意识。

> 养育一个孩子需要整个社区的参与，由于现今无法依赖非正式的社区网络帮我们在公共区域养育"我们的孩子"，所以每个人就只好独自在私家范围内抚养"我的孩子"，因此焦虑不安，孤独求索如何最好地让孩子做好进入外部世界的准备。[7]

2012 年，《儿童与家庭研究杂志》刊载的一项研究调查了 181 个孩子不足 5 岁的妈妈，矛头对准导致儿童消极心理健康状况的养育行为和态度。研究人员发现，采取"强化型养育态度"的母亲更容易导致孩子产生消极的心理状态。

确切地说，"相信女人是主要家长"的女性对生活的满意度较低，[8] 与"认为专业知识并非必需"的那类母亲相比，认为养育富有挑战性，需要专门知识和技能的妈妈们压力过大，忧虑程度更高。[9]

社会学家安妮特·拉鲁（Annette Lareau）对日常养育进行了认真观察，她形容中产阶级的父母执着于"协作培养"（Concerted Cultivation），把养儿育女视为一项"工程"。[10] 在 2005 年出版的《完美的疯狂》（*Perfect Madness*）一书中，朱迪思·沃纳（Judith Warner）模仿贝蒂·弗里丹（Betty Freidan）"女性的奥秘"之说创造了"妈咪的奥秘"（Mommy Mystique）一词，用于描述我们的这种驱动力。在它的驱使下，我们不断地培育和控制孩子，甚至到了失去自我的程度。[11] 心理学家贝丝·加尼翁在波士顿郊外执业的过程中，观察到了这种"协作培养"和"妈咪的奥秘"现象。"高学历妇女将她们的能力倾注到了子女的养育中，她们在思想上成为育儿专家。我发现，有些女性一门心思扑在孩子身上，哪怕面对巨大的压力、焦虑与抑郁也在所不惜，哪怕我建议她们稍微退后一点，她们都会觉得受到了侮辱。我得把握好分寸，既能帮到她们，又不要冒犯她们。"[12]

## 前途莫测的婚姻

斯泰茜·布金（Stacy Budin）亲眼见到了父母间极度的紧张和压力关系。她在帕洛阿尔托做精神科医生，每天都要接待焦虑不堪的父母，这些人的婚姻往往危机四伏。

孩子刚出生时，夫妻关系可能会被束之高阁，随着时间的推移，如果孩子的生活居于更重要的位置，婚姻就会继续受到忽视，那么，夫妻关系之花就可能会慢慢枯萎。一旦出现这种情形，夫妻和孩子都会受到影响。"如果太专注于孩子，失去了彼此的联系，那就不可能拥有健康的家庭生活。"布金知道，很多人的婚姻就被那么"高高挂起",直到最后一个孩子上了大学。

唐的婚姻未得善终。回顾往昔的错误,他认为主要是妻子把太多的精力放在了养育孩子上。

唐是硅谷一家科技公司的高管,还不到 40 岁,他就坐上了科技公司副总裁的位置,在他的工作简历上,惠普、易趣、Salesforce 及其他大型科技公司赫然在列。生活方式方面,可以举个例子,在女儿高中毕业时,他给她买了一辆奔驰。

但唐的人生起点不属于那 1% 的顶尖家庭。"我在一个蓝领家庭长大,父亲失业时,家里依靠教会和政府的救济养活了我们。记得在成长过程中,很多个日子里,要么烘干机或者洗衣机坏了,于是我们只好拿着装满衣服的垃圾袋去洗衣店,要么车坏了,或者电灯不亮了,总之不是这样坏掉了就是那样坏掉了。"唐从 11 岁开始干活,采摘浆果,收拾院子,还做其他杂活,自己赚钱买车票去赶县里的市集,购买朋友们"不会取笑"的校服。唐学习成绩一般,运动能力倒是很拔尖,因此被大学橄榄球队看中,但奖学金有限,最多只吃得起方便面、花生酱和果味三明治,于是他找了份工作维持开销。后来,他在一家科技公司实习时脱颖而出,公司请他回去工作。他从此失去了对足球的热情,开始对技术很感兴趣,从此攀向了通往成功的阶梯。

之后,唐与一位背景非常相似的女人相识、成婚。但在抚养两个孩子的过程中,就如何帮助他们"成功"方面,夫妻俩的观念南辕北辙。唐的妻子希望尽可能帮助孩子,对她来说,这意味着让孩子享受闲暇,不染手家务琐事,同时盯着他们,确保他们完成作业。但在唐看来,这两种做法看似有用,其实适得其反。

"回顾我自己的人生，我百分之百地相信，我教会自己实现自给自足的那些责任，以及有时你必须得做你不想做的事情，无论如何要坚持把它做了，这些可以教会你谦逊，培养你的职业道德、责任感及坚持到底的精神。"

"我前妻总觉得必须看紧儿子和女儿，告诉他们该做什么，提醒他们这个那个。如果他们没做她反复提醒他们该做的事情，她就会感到沮丧，并且一遍遍地告诉孩子：'你该开始做作业了！'——孩子充耳不闻；'你真的该开始做作业了！'——没有效果。对这类重复提醒和要求，孩子通常左耳朵进右耳朵出，毫无意义。"

唐感到非常失望。他女儿在一所有名的公立大学读了一年就退学了，对此，他并不惊讶。他认为女儿之所以失败，主要原因是从小没培养出责任感，没有承担责任的意识。"我六七岁的时候做的那些家务事，今天十几岁的青少年都还不会做。我造了一间树屋，帮助我爸爸造东西、修东西。今天的孩子连钉锤都不会用。"

唐和他的前妻已经分开 5 年了，他们共同拥有上高中的儿子的监护权。当儿子和唐住在一起时，他前妻会打来电话，让他上家长门户网站检查儿子需要交什么作业，并保证儿子提交，如果儿子报告所完成的作业与在线系统显示的不一致，那就给老师打电话。转述完这番话，唐重重地叹了口气。

"我得表扬我的前妻，在这件事上，她投入的精力比我多。但无论是为了我，还是为了孩子，我都希望给他们空间。我不想每天上家长门户网站，那太荒唐了，孩子应该对他们自己的任务负责。如果不交作业，他们会面临后果，那解决这个问题是他们自己的事。现在你可以了解每一个细小的步骤，但我认为这是错误的做法。如果我监督员工工作的每一个细小步骤，那就是微观管理；如果我给他们很大的自由，让他们去冒险和做决策，这就是赋权。既然我都赋权给我的员工了，为什么不能赋权给我的孩子？"

## 糟糕的美国式母爱

对比一下美国父母和其他国家父母的养育方式，我们会发现，美国父母已经严重偏离了我们所认为的人类标准。

在加州南部的圣克拉丽塔，有位匈牙利妇女带着很多孩子学小提琴。她问一位学生的妈妈："为什么这儿的人都这么紧张？"这位妈妈解释说："这儿的人差不多都是这个样子。"[13] 一位以色列妈妈在当地求学并从事高技能专业工作多年后，搬到了帕洛阿尔托。她跟我说："我不再工作，而是加入了一群非常有成就的女性群体。我发现她们什么都不做，就是开车带着孩子到处跑，为孩子拥有一份漂亮的简历奋力打拼。"汽车是我们这个时代的终极象征：为了让孩子进入我们渴望他们进入的精英大学，我们开车带着他们去参加各项必需的活动，保护他们，使他们免于危险和街头陌生人的伤害。

在 2012 年出版的著作《法国妈妈育儿经》中，帕梅拉·德鲁克曼敦促我们学学法国人，他们着重培养孩子的自主性，认为让孩子勉力应对，自己把事情弄清楚很有价值，而且这样一来，父母也可以保持自我意识和理智的头脑。[14]

2009 年，美国作家阿耶莱·沃尔德曼（Ayelet Waldman）在文集《坏妈妈》（Bad Mother）中痛斥有些妇女时常评判自己和其他家长的养育方式，并讲述自己采取了自由放任的育儿方法，把同丈夫的关系置于与孩子的关系之上，努力避免为养育子女而迷失自我。[15] 然而，由于她竟敢说什么"母亲有保持自我意识和头脑理智的权利"，因此受到舆论的严厉批评。尽管这是法国妈妈们本就自由享有的权利。

2014 年，我致电沃尔德曼，了解那本有争议的著作出版 5 年来，她思想的变化情况。一听她说话的语气，我马上就感觉到了她的镇定自若，看来她完全没把别人的评论放在心上。对于美国式的育儿方法，她发表了一番评论。

> "为了追求完美，我们太过自责，把自己搞得精疲力竭，这没用。我们追求的是无法实现的虚假外壳，而忽视了真正的果实和不易掌握的内涵。"不易掌握的内涵是爱、欢笑和简单事物带来的满足感，[16] 听起来似乎就应该这么简单。

当问及爸爸妈妈们为何会陷入过度保护、过度控制和手把手指导的狂热时，他们回答说："这样我的孩子才能快乐、成功。"当问起他们的感受如何时，回答是："太紧张了。"那为什么这种压力有价值呢？回答是："这样我的孩子就能快乐、成功。"我们就好像追逐自己尾巴的狗一样，落入了同义反复的陷阱，太过茫然无措，没有意识到这样做是多么的不符合逻辑：如此紧张的过程怎么可能带给孩子快乐呢？就更别提我们自己的快乐了。

珍妮弗·辛尼嘲讽这种把孩子的幸福和自信作为目标的观念，认为我们因此成了"孩子自尊的托管人"。她认为这是一个难以企及的目标，因为不同于教孩子犁地和骑自行车，我们无法教孩子快乐、自信。**"幸福和自信可以是其他事物的副产品，但它们本身并不能成为真正的目标。对家长而言，承担孩子的幸福是非常不公平的负担。"**[17] 我想补充一句：反之亦然。

## 我们把自我放错了地方

许多为人父母者，尤其是我们这些当妈妈的，都在用读大学或者念研究生院的方式"做养育"。如果我们选择了它，也就是说，如果我们选择了工作世界，全身心投入其中，像运作学生小组、公司会议那样运作家长教师协会，或者足球比赛间隙的加餐，如果我们以这种方式投入孩子的生活，那就像是把他们当成了我们私人小公司的任务指标，和可交付的成果。孩子看起来怎么样，他们吃什么东西、穿戴如何、参加什么活动、取得什么成绩，通通都成了对我们的反映，反映了我们对自己的看法，好像他们的生活就是我们的成就，他们的失败就是我们的过错。

我们很多人从孩子如何跳舞、如何挥球棒以及如何考试中获得自我意识和人生目标。以下是我从全美各地母亲那里听到的一些例子。

◆ 威廉明娜是达拉斯的一位妈妈，她的孩子 3 岁时在学校的演讲比赛中一举夺魁。"现在是第二年，我们得保住自己的名声。轮到她上场时，我的心都要跳出来了。我心想：'你这是干什么呀，她才 4 岁！'可我就是有这样一种感觉，觉得有一定的责任要确保她表现良好。"[18]

◆ 加州门洛帕克市的妈妈梅利莎认为，她有些朋友"不屈不挠"地把社交媒体作为"广泛的平台，一味吹嘘孩子及自己的成功。"

◆ 名叫蒂娜的西雅图妈妈说："这是一种荒诞不经的文化，人们为自己的孩子搞公共关系。也许也是为了他们自己。"

◆ 第一个孩子出生时，加州南部名叫玛丽娜的妈妈已经 40 多岁了，要比周围的妈妈们年长 10 ~ 20 岁。"我不属于每次转个身就有奖杯可拿的那代人。你要么赢了，要么输了；你或者得到了那个角色，或者没得到，你从中学会了面对现实。但是这些爸爸妈妈们从小就听人说他们是多么优秀，他们似乎需要别人称赞他们是好爸爸、好妈妈。他们太自我中心了。孩子们本应是所有关注的受益者，但并不是这样，因为家长这样做是为了自己。"[19]

◆ 达拉斯的妈妈尼基有 5 个孩子。她说："我要培养冠军水平的孩子，他们将是所在领域的顶尖人才，他们要产生某种影响，在某种程度上改变世界。我负责创造有这种能力的人。他们是我留给这个世界的遗产。"[20]

我们不仅通过孩子的成就衡量自身的价值，还把成就的标准设定得如此之高，所以要不断地强烈参与。叫醒他们，接送他们往返学校，提醒他们最后期限，把他们忘在家里的作业、午餐送到学校，风雨无阻地站在赛场边，与教练和老师进行艰难的交谈，同他们一起做项目、写论文，或者干脆直接帮他们完成任务，这些事情都让有些人觉得自己对孩子有价值，这些责任需要时间、精力和努力，把我们搞得疲于奔命。

达拉斯企业家米娅的女儿已经成年。她说："在我女儿长大的过程中，我意识到，每一个决定都事关我是否表现得像个好妈妈。不是一个真实的人，而是好妈妈这个角色。"[21]

那位有5个孩子的妈妈尼基以前是达拉斯一家公司的工程师，她说："我把带孩子这件事推向了极端。对我来说，这件事事关我自己，如果孩子没有获得那种自信心和无限感，我会觉得身为家长，我辜负了他。母亲的身份让我迷失了自己，我觉得我已经忘记了自己是个人。我需要为自己做一些事情，但我没有。"

威廉明娜是达拉斯的一位企业律师，她有两个孩子。她说："每个月我都有一两次彻夜不睡地安排孩子的活动，即便这样，也没有多少进展。我每天早上5点钟就起床，连周末也不例外。不知道这种情况能持续多久。"

这些描述符合朱迪思·沃纳所形容的美国式母亲的整体性特征。[22] 为了成为典型的现代母亲，妈妈们丢掉了个人身份。

硅谷一位名叫奎因的妈妈告诉我，身为人母的这种整体性如何把她推到了悬崖边缘。她想成为"凡事都做"的妈妈，她有3个孩子，年龄相隔都是6岁，因此，"凡事都做"意味着要做很多事情。她试图做一个"超级妈妈"，这意味着担任当地公立学校的家长教师协会官员、主持学校的拍卖会和书展、参加学校的每一次旅行、拉着孩子们东奔西跑、随时了解他们的行踪。

"我所做的一切都与孩子有关。我不知道自己喜欢什么，我抱怨没有其他人那么有钱，我恨我丈夫，我觉得自己在和所有的妈妈竞争，极度缺乏安全感。我会出门给自己买套新衣服，摆出笑脸，然后去接孩子们。"买衣服是奎因可以为自己做的一件小事，对她有点儿意义，在她近乎失控的生活中，算是多少有点儿小小的选择。

对奎因来说，在某一点上，为了与学校里那些制定标准的人保持同步，她付出了代价。"在这个领域里，你身为妇女，又不是公司的 CEO，你会觉得必须做所有的事情才能证明你有做事能力。家长教师协会的政治非常残酷。谁在做什么、为什么要做，谁没做什么、为什么没做；围绕这个人做计划，因为她有这个或那个癖好；一直微笑点头，一起去咖啡厅。我被压得喘不过气来，简直要疯了。如果你发现自己在逛书店的心理自助区，那就是一个信号。"有一天，一位密友告诉奎因："你很痛苦。你对每个人都怒气冲冲，对每件事都反应过度，跟你在一起很不愉快。"友人严厉的爱一语惊醒梦中人，奎因觉得："她说得对。"

"希望孩子成功是很自然的，"帕洛阿尔托精神病学家斯泰茜·布金说，"但不那么健康的地方在于，我们这儿的人有超强的动力，希望孩子在某个方面，或各个方面与众不同。孩子们实现这个目标的压力非常大，而确保那样的巨大成就能够实现，就成了妈妈们生活的焦点。有些妈妈的话题似乎只关乎孩子的SAT和成就。等到大学派发录取通知书的时候，除了少数最有吹牛资本的人以外，各种竞争和比较让所有人都坐卧不安。这对孩子不好，对妈妈也不好。"[23]

更有甚者是，这项成就大赛所遵循的大学录取制度本就千疮百孔。

# HOW **11**
## TO RAISE AN ADULT
## 大学录取过程千疮百孔

纽约哪家餐馆最好？这个问题没有正确答案。什么是"最好"？当然取决于你是什么人、你想吃什么。大学也是如此。但由于有《美国新闻与世界报道》（ *U.S. News and World Report* ）的年度最佳大学排行，所以你不知道哪所大学最好。

过去 30 年来，那份杂志让越来越焦虑的家长和学生相信，本科经历可以压缩成它提供的几个可以衡量的因素，可它提供的这套东西与学生在学校体验到的教育质量几乎毫无关系。[1] 亿万富翁莫蒂默·朱克曼（Mortimer Zuckerman）是这份杂志的母公司美国新闻与世界报道有限公司的唯一所有者，我们对大学排名这一信息的渴望让他的公司大发横财。2007 年，《高等教育纪事报》就这份大学排名系统的合法性争议采访了朱克曼，"他态度相当生硬，充满戒备"，采访进行了 1 分 30 秒就结束了。[2]

美国大约有 3 000 所得到认可的四年制学院和大学，选 10 位你羡慕或认为的成功人士，去领英上查看一下他们的资料，你会发现这些人毕业于 7 ~ 10 所不同的大学。如果找个学者咨询一下，看孩子在哪里可以得到最好的大学教育，他们会建议孩子去这样的地方：能够在教室、在研究和指导关系中，定期给本科生提供与教师密切交流机会的学校。优秀的本科教育资源遍布美国，可以去小型文理学院、社区学院、公立学校或私立学校，也可以去一些品牌响亮的学校。一所学校的品牌可能很响亮，但并不一定就是最好的学校。学术圈的人都知道，在教育卓越性评价方面，大学排名毫无意义，然而排名对申请者的影响却非同小可，结果，他们只看到了一小部分最佳选项。

是的，在所有关于过度养育及其危害的讨论中，那只"房间里的大象"①不就是大学招生吗？是该谈谈这个问题了。

## HOW 成长观察室
TO RAISE AN ADULT ----------------------------------

　　1984 年我申请斯坦福大学时，竞争相当激烈。当时大约有 19 000 名学生申请 2 400 个左右的名额，最后有 1 600 名学生接受了录取，录取率为 12.6%，接受录取的学生占 67%。到了 2014 年，大约有 44 000 人申请大约 2 200 个名额，录取率为 5.02%，创下了斯坦福大学和全美大学历史上的最低录取率。近年来，录取人数和接受录取人数之间的差距缩小了，也就是说，接受斯坦福大学录取通知书的人数增加了。最近，斯坦福将年级规模增加到了 1 700 人上下，这样估算下来，2014 年的接受录取率为 77%。招生官理查德·肖（Richard Shaw）告诉我，实际是 79%，这样一来，我以前的同事就得奋力为多余的学生寻找床位！[3] 作为校友和前教务长，看到斯坦福大学在过去 50 年间从一所区域性大学一跃成为美国乃至世界级名校，我为之欢欣。但它太难进了，像当今大多数斯坦福校友一样，我看着那些统计数据摇头叹息："放到现在，我也进不去了。"

-------------------------------------------------

史密斯学院招生官西多妮娅·多尔比应她所在地区高中和社区中心的邀

---

① 指在人们的私密生活和公共生活中，对某些显而易见的事实集体保持沉默的社会现象。——译者注

请，就如何应对大学招生过程，给学生及家长进行了讲解，本书在前面谈到过，有些申请书令招生官觉得有趣，而有些活动和机会，学生之所以参加，只是为了满足父母的意愿，在那个部分，多尔比已经出现过了。在讲完如何找到一所与学生相匹配的学校后，她告诉听众："如果下雨的概率是 5% ~ 10%，那你会穿雨衣吗？不会。但是，如果听说有 5% ~ 10% 的录取机会，人们却不会假设自己可能属于那 90% ~ 95% 的人群。"

可能你会感到惊讶，但在 2014 年春天，多尔比在电话上对我说同样的话之前，我一直期待我的孩子们可以进入这些最挑剔的学校。我的理由是：我和我丈夫上的都是斯坦福大学，为什么要对孩子有更糟糕的期待？在他们出生之前，也许更早，我就已经有这种感觉了。但同多尔比交谈后的几周，我一直在琢磨那个 5% ~ 10% 的数字。有那么多孩子成绩优异，标准化考试分数很高，还具备大学希望在年轻人身上看到的各种条件，我开始更理性地思考，我的孩子们如何才能拿下大学入场券。

以前我为什么那么确定我的孩子能够战胜这些困难？为什么我如此肯定我希望他们战胜那些困难？在耶鲁大学教授、社会评论家威廉·德雷谢维奇看来，当前我们推动孩子去做不可能完成，且不见得适合他们的事，既显得傲慢，又造成压力，是不智之举。在《优秀的绵羊》一书中，他提出了这个问题："**我们要继续人为地制造教育资源的稀缺性，然后迫使孩子们为有限的机会相互竞争，从而陷入恐惧和绝望吗？**"[4]

## 年度大学排名的扭曲报道

今天，拥有大学学位是必要的。1975 年，在 25 ~ 29 岁的美国人中，学士学位拥有者的比例是 21.9%，今天这个数字是 33.5%。[5] 有本科文凭的求职者从 1/5 变成了 1/3，这意味着，曾经有一个高中文凭就可以找到高薪的白领工作，而今天，你得有学士学位才有资格入场竞争。

是的，大学很重要。但之所以导致 21 世纪大学录取压力陡增，是因为人们完全误解了要紧的是哪些大学。每年 9 月，《美国新闻与世界报道》会发布"最佳大学排名"特别报道，声称对 1 400 所大学和文理学院进行准确排名。一所学校的排名 75% 以上基于貌似客观的数据，[6] 但有时也会受到学校或这份杂志本身的操控，如留校率、师生比、班级规模、SAT 和 ACT 成绩、接受率、学生人均支出、毕业率及校友捐赠等。排名最后的 22.5% 来自"声誉"调查，由资深大学管理者给其他学校评分，分值从"边缘"的 1 分到"著名"的 5 分，大学校长们把这种做法称为"选美大赛"。

在互联网上，一期"最佳大学排名"的页面浏览量达上千万人次，而该杂志平均每月的页面浏览量仅为 50 万。大学校长和董事会对排名进行研究，因为他们知道排名的变化会直接影响他们的财务底线；大多数读者是高中生和大学生家长，他们错误地以为，排名真正体现了每所大学教育的相对价值。

位列名单最前面的 25 所学校会获得巨量申请，因为它们被视为顶级大学，挑剔程度一年胜过一年，可以吹嘘的入学学生 SAT 和 ACT 考分年年创新高，平均绩点接近或者超过曾经认为的完美水平 4.0。德雷谢维奇将其称为"'对小差异的自我迷醉'，然而这种差异毫无意义，制造这种差异的目的是为了让人觉得，跟与自己完全一样的人相比，自己更卓越。"[7]

●------------------------------------

作为衡量一个人的标准，无论这种差异多么没有意义，却是学生可以影响招生方程式的唯一因素，所以，是申请人最重要的条件。学生和家长为达到这类"无意义小差异"的极限而拼搏，因为他们知道，这些差异可以影响学生进入名校的机会。他们受人误导，以为这些大学能给每个人提供最佳的教育和人生成功机会。这种军备竞赛导致学生参加更多的 AP 课程，为每次作业和测试的每一分斤斤计较。学校通常有多个绩点最高的学生，恨不得计算到小数点后一万位。有个孩子的高级汉语分数较高，因此成为毕业致辞代表，可见这是多么强大的武器，但同学和家长因此抨击他，因为汉语是他的母语。其实这根本就微不足道。

## 尽善尽美的巨大压力

在这样的制度下，学生和父母压力很大，每次家庭作业、实验、论文、测验和考试都要力争做到尽善尽美。甚至连中学生也受到了影响，许多学区开始根据六年级的数学表现"跟踪"并"遴选"学生。由于能力欠缺、缺少兴趣、教学质量不佳、生活境况或者白日做梦等原因，有的孩子在六年级时，数学没有取得优异成绩，因此到了八年级，就不能选修代数，如今有些地区的标准更高，连几何也不能选，因此被排除在高中高级数学课堂之外，而许多大学都要求学生选修所在学校的最高级课程，并且得 A。大学录取结果不及预期时，学生和父母发现，他们要怪罪的是孩子六年前的学习情况。

我经历过那种情形。我儿子索耶上九年级时修的是中等数学，即几何，而不是允许他高年级时修 AP 微积分的超级几何。我为这事烦心了大约 5 分钟，然后意识到孩子不喜欢数学。他的常规几何学得很好，如果一所大学因为他不是每门课都选修了难度最大的课程而不想要他，那就让他们见鬼去吧。在有些日子里，我可以这么尖锐；但在其他日子里，我同其他人一样焦虑。

2013 年，芝加哥拉丁学校高中毕业生布莱克·扬给校报投稿，将她和同学在这种学术军备竞赛中感到的压力，与 20 世纪 50 年代精神病院病人的压力相提并论。

在一个 4 月天，我和布莱克进行了交谈。当时，她和同学们正在考虑大学录取的事，同时，按照拉丁学校的传统，5 月 1 日那天，高年级学生要穿着未来大学的运动衫到校,这事也颇费心思。布莱克和同学们唯一在意的是未来大学的品牌。"我们知道,研究证明,其他学校也能提供更好的教育,但我们对此置若罔闻,根源在于希望给人留下深刻印象。但每个人彼此都知根知底,你没法在社交媒体上遮遮掩掩。"

开始交谈时,布莱克的声音欢快礼貌。她满怀感激之情,觉得自己非常幸运,能入读一所极好的私立学校,眼看漫长而艰苦的大学申请过程就要终结了,她感到开心。"终于可以为了学习而学习了,"她告诉我,"而不是为了进入某所大学,或者向其他人证明什么。"

回首往事,布莱克说自己早在小学四年级时就"为大学担惊受怕"了,"我做作业的时间总是不太正常,每天晚上要做几个小时。"初中的时候,有些晚上,她做作业的时间长达 7 个小时。过去 8 年里,她不得不"加油!加油!加油!",她认为这与同辈人群和芝加哥的学术环境有关。说到录取结果,布莱克停顿了一下,后悔自己的数学能力不够强,她认为这要怪她一年级时的数学老师。"那时我从来搞不懂数学,如果一年级时老师教得好些,我现在就能上更高级的数学课了。数学仍然困扰着我。"

布莱克将上威斯康星大学麦迪逊分校,这是全美最好的公立大学之一,但从她的语气中,我感觉得到这个过程给她造成的影响。访谈已经进行了 30 分钟,开始时,她的声音欢快明丽,现在则变得迟滞起来,她态度倦怠,语气中流露着无可奈何的感觉。

升入高三前的那个假期,由于对老师布置的 AP 历史作业感到沮丧,布莱克写下了《疯了,疯了吗? 拉丁学校的压力程度》一文。她将高中生与精神病院病人的心理健康状况作对比,这种对比并没有数据基础。"这真的只是一种意愿,如果真有证据表明我们处于极端状况,已经到了人类能够承受的极限,那我们就知道自己已经足够努力了,这是我们需要了解的情况。人们的焦虑程度太高了，这种状态也很可笑，学校的人谈论'恐慌症发作'和'无法呼吸'之类的话题，对此，人们表现出一种病态的自豪感。"

布莱克在文章结尾处表达了明确的期望：**"我希望终有一天，童年能得到恢复。也许有一天，我们不会陷入令人瘫软的压力，而只有促使我们积极进取的压力。"**我问她恢复童年是什么意思，她回答说："自由。你再也不能拥有夏天了，你必须学习、实习，你不能单纯地享受夏天，你不能享受没有家庭作业的快乐，那是不可能的。

"没有一个地方可以让你单纯地当个小孩儿。各种事情像一根根绳子一样，把你捆绑得严严实实，你不能尽情玩耍，不能有一刻的无忧无虑，因为电话、学校、标准捆绑着你，没有发挥自主性的空间。夏天你没法去游泳池，就像是'不行，我必须去做事'的那种感觉。你不可能快乐，因为按照规定，你有更重要的事情要做，如果不做，你会觉得内疚。"感觉她已经被体制驯化了。在某种意义上，确实如此。

我感谢布莱克接受我的采访，这时，传来门响的声音，我知道我家的高中生索耶回来了，接下来，有三四个小时的作业等着他。下楼迎接他时，我心想，作为母亲和教育者，我对这个问题也负有责任。每个人都说这个系统有它的价值，但作为其中一员，我想向布莱克表示歉意。后来，我跟索耶分享了同布莱克的访谈记录，对访谈最后她希望恢复童年的情绪，索耶的反应是："没错，她一针见血。"

## SAT 的好处何在

这种压力是家长与大学招生方式共同催生的，在 SAT 考分的问题上，这一点体现得最为普遍和明显，然而，这个分数将继续作为学生价值的衡量标准沿用，以致滥用。插一句，如果 SAT 分数高，真的会得到更多的大学助学金。

为了帮助学生获得参与这场军备竞赛的弹药，即提高学习成绩、SAT 考分、AP 成绩，撰写别具一格的大学申请书，一个庞大的大学预备产业应运而生，具体形式体现为开在大商场的辅导中心、收费 14 000 美元的周末论文辅导班，以及上门辅导的个人指导老师。这已成为一个年收入达数十亿美元的产业。[8]

## HOW 成长观察室
TO RAISE AN ADULT --------------------------------------------•

　　芭芭拉 · 克罗南（Barbara Cronan）担任位于纽约的美国大学理事会营销主管，该组织承办 SAT、SAT 预考（PSAT）和 AP 考试。ACT 是与 SAT 类似的考试，由竞争对手 ACT 公司运作。大学理事会的使命是帮助孩子了解大学教育的重要性、申请方式及支付方式，包括第一代移民子女及来自贫困地区的孩子。克罗南是她家的第一位大学生，作为所在组织的一员，她体会到了极大的个人满足感。

　　大学理事会认为 PSAT 和 SAT 起着均衡器的作用，使不同背景的学生都有机会进入竞争激烈的大学。学生在十年级或十一年级时备考 PSAT，参加 PSAT 考试的学生人数超过其他所有标准化考试的参考人数。大学理事会把 PSAT 考试数据出售给大学，因此，具备一定能力水平的孩子才得以进入大学的视线。这对于生活在贫困社区和资源匮乏地区的学生来说尤为重要，因为除了这个渠道之外，他们没有任何其他有意义的方式能够接触到这些大学。这使得各大学不停地往学生家里寄发宣传册，直到大学招生季结束一两年后，才告终止。所以，大学理事会相信他们的考试产品在大学录取中所发挥的作用。

•--------------------------------------------------------

　　考试对大学有什么用处呢？一种广泛的批评意见认为，大学购买 PSAT 考试数据后，发送宣传册给他们永远也不会录取的学生，从而推高申请人数字，借此推高它们表面的"选择性"，进而推高在《美国新闻与世界报道》上的排名。至于 SAT 在大学录取过程中的价值，据称这份成绩可以预测学生在大学一年级取得成功的可能性。然而，至少在某种程度上，与我交谈的每一位招生官都承认，他们看重 SAT，并非因为它可以衡量天资，而是因为它可以衡量财富。情况是这样的：学生只要准备并反复参加 SAT 考试，就能提高考试成绩，他们能够承担的考试准备和考试次数越多，分数就越高。这意味着，SAT 考分与社会经济地位高度关联，而与认知能力的关系不大。

著名作家阿耶莱·沃尔德曼在《坏妈妈》一书中披露了自由放任的养育方式，让人们感到惊异。关于这个话题，她也有自己的看法："为了让我精心抚养的孩子参加标准化考试，我花了那么多的钱，想起来就觉得这事应该受到谴责。这种东西衡量的是父母的焦虑程度和支付能力，可大学还继续把它作为衡量标准，实在是太荒唐了。"[9]

大学知道 SAT 衡量的是财富，给大学评级的债券机构也了解这一点。在他们眼中，SAT 高分证明大学拥有富有的学生家长，这些人有能力支付账单。

大学理事会对此也心知肚明，鉴于使命所在，他们非常恼火。2014 年，他们对 SAT 考试进行了大范围的重新设计，部分原因就是想使这个考试摆脱迎合富人的考试准备行业。他们希望新的考试能够更好地评估学生应用知识的能力，而不仅是死记硬背的能力，因为学生在大学和生活中都需要这种能力。他们期望这些变化可以改变考试功能，不是测试你准备了多长时间、考了多少次，而是测试你头脑里的知识。但他们也认识到考试准备的价值，因此与可汗学院（Khan Academy）携手合作，向所有人提供免费的 SAT 准备服务。大学理事会竭力调整他们的考试与理想，SAT 最终能否成为均衡器，而不是特权阶层进入精英学校的工具，结果还有待观察。新考卷于 2016 年上线。

## 对考试和排名的批评

许多大学官员对 SAT 考试的目的和价值存有异议，他们每年都收到《美国新闻与世界报道》的排名调查，对于其声称的价值，不认同者大有人在；对其要求评价兄弟院校、搞"选美比赛"的做法，他们尤其反感。大多数人认为，美国教学水平最高的是那些"谁都没听说过"的院校，可他们为什么不停止追随《美国新闻与世界报道》呢？这与他们不肯在招生过程中降低SAT分数比重的道理如出一辙。如果他们采取这样的措施，学校的排名就会下降，所以，如果兄弟院校不同步行动，那谁也不会动真格的。并不是说他们未曾尝试，但大家似乎没办法团结起来共谋改变。

劳埃德·撒克（Lloyd Thacker）于2004年创办了教育保护协会（The Education Conservancy），旨在解决大学录取过程中的紧张问题，并将录取过程与高等教育的价值相挂钩。他聚集了一批志同道合的大学校长和招生官，看看能否做点事情。撒克毫不掩饰他的热情与焦急，但你不会觉得那是不切实际的狂热。他的对手是整个美国的思维模式，是大学领导人的恐惧与亿万富翁的钱袋子。

## HOW 成长观察室
TO RAISE AN ADULT ---------------------------------------------

有些大学已经选择退出《美国新闻与世界报道》的调查，其中最引人注目的是俄勒冈州的里德学院。该校拒绝提供自己的数据，也不提交他们对其他学校的意见，他们接受了随之而来的申请率冲击。

2005年，位于纽约布朗克斯维尔的莎拉·劳伦斯学院停止接收申请人的SAT分数，因为"它无助于预测学生在我校的表现"，反而"严重误导招生工作，因为它有利于上得起昂贵辅导班的人"。《美国新闻与世界报道》随后通知该学院，如果他们不提交分数，那将假定该校学生的SAT平均分比兄弟院校低200分左右，[10] 也就是说，《美国新闻与世界报道》故意设置某种条件，惩罚莎拉·劳伦斯学院的不合作。

撒克试图把这些零散的努力势力整合起来，共同抵抗排名束缚。

如果大多数院校都能有大无畏的精神，也能采取里德学院和莎拉·劳伦斯学院那样的措施，或许就会形成群体优势。[11] 撒克很快推出了《不参加排名的大学》（ *College Unranked* ）一书，[12] 书中文章出自一些大学领导之手。他们共同建立了全面的大学搜索网站"大未来"（www.bigfuture.collegeboard.org），这是一个强大的交互式网站，由大学理事会主持，信息比《美国新闻与世界报道》网站要多得多。然而，尽管有上述努力，那份杂志的大学排名目前仍然是查看人数最多的大学信息源。

2007 年，美国公共电视台《新闻一小时》（ *NewsHour* ）栏目的格温·伊菲尔（Gwen Ifill）发现了对大学排名暗流涌动的批评声浪，就此采访了《美国新闻与世界报道》的主编布赖恩·凯利（Brian Kelly）。她询问大学排名是否"是一种营销工具，类似于《体育画报》推出的泳装特刊那类东西"？凯利回答说："你知道，我们这方面当然是在做生意。我们是一个新闻组织，是一份出版物，但我们也要赚钱。我们出售自己生产的新闻，所以我们并不羞于承认……但是你知道，实际排名发布以后，事情就不在我们的控制范围内了。"[13] 伊菲尔聪明地将《美国新闻与世界报道》的大学排名特刊与《体育画报》的年度泳装特刊相提并论，因为对这两家杂志出版商来说，整个的财政健康都全靠那一期杂志。[14]

像劳埃德·撒克一样，鲍勃·斯滕伯格（Bob Sternberg）也孜孜不倦地想修复这个系统。斯滕伯格是康奈尔大学人类发展学教授，他提出了一套成功的智力理论。同 SAT 作为分析评价基础的一般智力理论相比，这套理论要宽泛得多。他多年研究标准化考试及其在大学招生过程中的使用，还担任过塔夫茨大学艺术与科学系主任及俄克拉荷马州立大学的教务长。根据这些经验，他得出了自己的观点。

HOW TO
成长的力量
RAISE AN ADULT

"通常情况下，2/3 申请名校的学生在学术水平上都是合格的。根据 SAT 是 710 分或 730 分，绩点是 3.7 还是 3.9 来考核他们，真是不足为训。如果你想建立一个更美好的社会，就不能通过 SAT 考分或各科成绩来实现这个目标。"

多年来，斯滕伯格和他的同事开发了一系列评估方法，根据使用它们的学校分别将其命名为"彩虹""万花筒"和"全景"，用于衡量他的广域智力理论，其中包括 SAT 所测试的分析能力，也会对创意能力、实用和常识，以及智慧和道德能力进行测试。在大学理事会的支持下，他和同事使用"彩虹"对大约 1 000 名学生进行了研究，结果表明，对于学生在大学一年级能否成功的预测，他的方法准确率比 SAT 要高出一倍，不同民族或种族学生间的表现差异也有所降低。这些研究结果非常有前途，他所在领域最好的期刊将这项研究作为主题文章。[15] 然而，由于担心不可能在全美范围内"推广"斯滕伯格的测试，使其得到有意义的使用，大学理事会中止了对该项目的支持。

拉里·莫莫（Larry Momo）是纽约著名大学预备学校三一学校（Trinity School）的升学指导顾问，还曾担任哥伦比亚大学的招生官。他对这套制度也是深恶痛绝。[16] 他曾经在大学理事会论坛发言，要求新任主席采取措施，降低标准化考试在大学录取中的权重，他还希望改变大学录取的方式。"第一次看完材料，一旦判断申请人有学术能力，为避免委员会的人盯着考分，何不干脆撇开它们，而只根据材料做决定？就算这在某一年降低了学校录取的平均分数，那又怎样呢？"

唯一能胜利实现这种变化的是那些最有名望的大学，即使 SAT 平均分数下降，它们的品牌也依然响亮。这个题目够写一本书的，这里不做专门讨论。

## 被抵押的童年

本书只想说明，千疮百孔的 SAT 考试制度只是整个千疮百孔的大学录取过程的一部分，这个过程中，学生为考分牺牲了丰富的学习经历，为了一个陈腐虚假的理想，把健康的童年和年轻时期的发展都给牺牲掉了。

HOW
成长的力量
RAISE AN ADULT

威廉·德雷谢维奇写道："归根结底就是这么回事：精英们以孩子的快乐为代价，购买自我身份的延续。孩子们需要跨越的铁环越多，所需付出的代价也就越大，能承受得起的家庭也就越少。必须跨越的铁环越多，孩子们就越痛苦……你以为你整的是别人的孩子，最后你也整到了自己孩子头上。"[17]

整个系统坏掉了。我们的孩子抵押了他们的童年，但并不是非得如此。还有其他的选择和更好的途径，我将在接下来的第 3 和第 4 部分进行讨论。我们得携起手来，非常努力地工作，为了孩子，为了我们自己，开始改变。

# 第三部分

# 如何培养孩子成人

我们对他们的养育，应该是从童年早期开始，以与其年龄相匹配的方式，培养他们独立自主的意识，让他们知道如何在世间做一个成人。

HOW

TO

RAISE AN ADULT

## 测一测，你是理想的权威型家长吗?

**如果你家孩子四五岁了，你觉得他应该掌握以下哪些基本生活技能?**

A 知道自己的全名、家庭住址和父母的电话号码。

B 自己叠衣服。

C 帮忙收拾玩具。

D 饭后刷碗碟。

E 认识货币面额，基本了解如何使用金钱

你是理想的权威型家长吗?

扫码查看测试题答案。

# HOW **12**
## TO RAISE AN ADULT
## 另辟蹊径

听到大山召唤，步出家门之前，
我想教你的心去信任，正如我也要这样教自己。
有时我会问月亮，最后一次照耀你是在何时，
我摇摇头，笑着说："一切倏忽即逝。"

——达尔·威廉姆斯（Dar Williams）
《那个知情的人》（*The One Who Knows*），
摘自专辑《雨的美丽》（*The Beauty of the Rain*）

达尔·威廉姆斯是我最心仪的唱片艺术家之一。她的歌词都是些小故事，声音蚀刻着令人窒息的现实主义色彩，吉他弹得也很好。我数百遍地跟着她唱《那个知情的人》，每次唱到上面摘录的最后一节时，都忍不住潸然泪下。父母之爱锐利、猛烈而美丽，有一天孩子会离开我们，很难想象怎么应付得了那种情形，更不用说有时候，我们甚至连他们身在何方都不知道。然而，我们给了他们生命，生命是要活出来的。

我们毕竟是哺乳动物，虽然我们穿衣服、拿手机，然而还是哺乳动物。在自然环境下，我们那些同类把后代养育到它们能照顾自己为止，不管哺乳期持续几周、几个月还是几年，幼小的哺乳动物终会在某个时点开始独立生存。事实上，哺乳类动物父母的职责就是教会孩子在没有父母的情况下苗壮成长，然后功成身退，后代也会有养育再下一代的能力。这是我们的生物性任务，但在放手这件事上，我们的同类生物可比我们擅长多了。

当然，我们并不生活在野外，21 世纪的美国中产阶级非常幸运，无论是自己还是后代的生死存亡，都无须成为主要的行为动力。是的，外面的世界很可怕，恐怖主义的幽灵时隐时现，经济有时危如累卵，中产阶级在萎缩，要有大学文凭才能找到好工作，许多人背负着沉重的学生贷款债务，而且，在这个不断变化、以信息和技术为基础的经济社会里，很难预测哪种类型的工作会导向成功。此外，经济状况糟糕、失业率飙升、生活成本高昂，我们有充足的理由给成年子女一些经济支持，直到他们借助我们的人际网络和知识跻身职场、独自谋生，而且在时运不济的时候，还要允许他们回到我们身边。

然而，如果我们丢失了哺乳动物的基本要务，不促使孩子开始成年生活，乃至做好在某一天结婚生子的准备，那么，我们的孩子会成为什么样子？

> 今天，父母处处保护、指导孩子，为他们做这么多的事情，妨碍了他们的成长，而这是他们成为成年人类的基本条件。正因我们给孩子提供了这么多的帮助和支持，才剥夺了他们对自由的需要，而自由曾经是年轻人的共同渴求。

在很大程度上，今天的孩子感谢我们的存在并乐在其中。但我们是否培养了下一代的独立愿望呢？克拉克大学心理学教授杰弗里·阿内特（Jeffrey Jensen Arnett）是新概念"成人初显期"（Emerging Adulthood）的传播者，他的新作《快 30 岁了》（*Getting to 30*）一书的副书名是"20 多岁孩子的家长指南"。[1] 真的吗？家长指南？坟墓里的达尔文听了肯定要跳起来吧！

## 自我的核心

孩子在十几二十岁时，我们希望把他推出家门。他仍然爱我们，希望看到我们，但他已经具备了开辟自己人生道路的本领，他拥有多种能力，以及"我觉得我可以，我觉得我行"的心态。这种心态的另一种表述是"自我效能"。这是人类心理学领域的核心概念，20 世纪 70 年代由著名心理学家阿尔伯特·班杜拉提出。自我效能意味着相信自己有能力完成任务、实现目标及把控局面。[2] 它意味着你相信自己做事情的能力，而不是父母帮助你，或者替你做事情的能力。

自我效能所指的不仅是《勇敢的小火车头》（*The Little Engine That Could*）中所讲的那种意义上的相信自己。自我效能指一个人对自己所能获得的成就有真实的感知，既不夸大也不低估；指这个人能认识到，即便一开始不成功，也可以试一下，再试一下，可能就会取得进步，甚至取得公认的成绩，乃至达到精通的程度。自我效能不同于自尊，自尊指一个人相信自己的价值或意义。自尊对自我效能有影响，但自我效能的形成基础是工作，以及看到通过自身的努力实现成功。[3] 很大程度上，**自我效能的建立取决于童年时期反复试错的机会，这就是"童年"给一个成长中的人带来的人生价值。**直到最近，在父母为孩子的人生包揽这么多事之前，这一直是"童年"所扮演的角色，也一直是童年所提供的功能。

HOW
成长的力量
RAISE AN ADULT

不管你是否相信，孩子总有满 18 岁的那一天，虽然你爱他们，乐此不疲地为他们忙里忙外，但如果他们一直依赖你，你就不能指望一到 18 岁，就把他们扔进真实世界撒手不管；我们对他们的养育应该是从童年早期开始，以与年龄相适合的方式，培养他们的意识，让他们知道如何在世间做一个成人。

再问一次，做一个成年人意味着什么？我在第 6 章谈过这个问题。为了得到指点，我求助于一位我认识且非常钦佩的人：斯坦福大学教育学教授、斯坦福大学青少年中心主任威廉·戴蒙（William Damon）。戴蒙是世界上最著名的人类发展学者之一，而且亲自养育了几个孩子，他的孩子现在都三四十岁了。根据自己的研究，戴蒙对"青春期"做了界定性描述："从青春期发育开始，到能够坚定承担成人社会角色之间的这段时间。"⁴ 2014 年秋季一个忙碌的日子，我造访了戴蒙在斯坦福大学校园的办公室，请他解释一下那个句子的后半部分："坚定承担成人社会角色"是什么意思，以及父母该如何帮助孩子达到那样的成熟度。

戴蒙解释说，从本质上讲，成人的社会角色并非事关一个人本身，很多事情都符合这一角色的条件，包括为人父母、对工作的承担，或者参军。这些成人社会角色的题中之意是，你的责任和义务超出了照顾自己和个人享乐的范围。所以，作为父母，我们该如何执行我们的任务，才能培养孩子坚定地承担成人社会角色的能力，而不是迟迟不肯长大并依赖于我们呢？

## 四种养育方式

20 世纪 60 年代，加州大学伯克利分校发展心理学家戴安娜·鲍姆林德（Diana Baumrind）研究了不同的养育方法及其对孩子的影响。1967 年，她撰文阐明了三种不同类型的养育方式：放任型、专断型和权威型。在随后的 15 年里，她的分类被奉为该领域的圭臬。1983 年，心理学家埃莉诺·麦科比（Eleanor Maccoby）和约翰·马丁（John Martin）对鲍姆林德的分类做了修改，以"放纵型"取代"放任型"，并增加了"忽视型"。现在，全世界的发展心理学家基本上都认为这四种类型的养育方式是界定性的。

这四种类型的养育方式一方面描述了父母要求孩子的程度，另一方面说明了父母回应孩子的程度。可以把这四种养育方式绘制在一个简单的笛卡尔图表中，如图 12-1 所示，从 x 轴的左边到右边，要求程度逐渐增高，从 y 轴的下方到上方，回应程度逐渐增高。

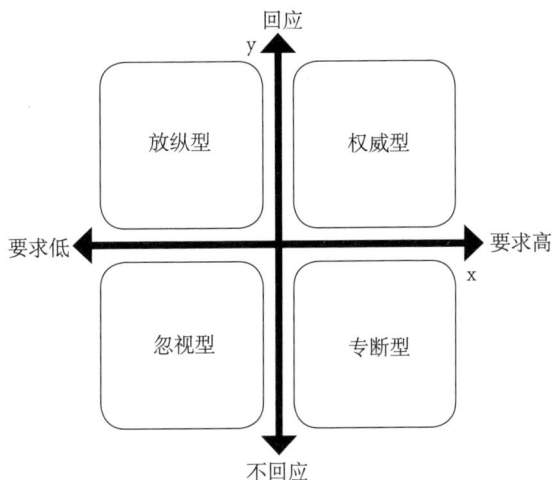

**图 12-1　四种典型养育方式**

以下是对这四种类型的描述。5

◆ **专断型：要求高，回应迟缓。**这类父母很严格，期望孩子服从、尊重他们，如果孩子不听话，就予以惩罚。他们不解释自己的行为理由，而会说："因为这是我的要求。"他们重视成就、秩序、纪律和自制力。他们的孩子在家里要承担很多责任，在外面也没什么自由。这种养育风格在农业和工业时代尤其突出。今天，这种养育风格常见于穷人和工薪阶层家庭、移民家庭及非裔美国人和拉丁裔家庭。然而，富裕的华裔美国人、自称"虎妈"的蔡美儿可能也属于这一范畴，如果她基于恐惧、完全无视女儿自身兴趣的做法是事实，而不是讽刺的话。她表示《虎妈战歌》中有恶搞成分，所以我们不太清楚她真实的专制程度。

◆ **放纵型：没有要求，有求必应。**这类家长照顾孩子的每一个需求，顺应孩子的每一个请求。他们不愿意制定规则，也不提出期望，因此没有规训的基础或需要。他们会提醒，会唠叨，但很少落实口头威胁并采取行动。他们经常妥协，不会说"不"，即便扬言惩罚，也并不会真正实施，他们觉得孩子不会犯错误。他们希望讨得孩子的欢心，表现得更像是孩子的朋友，而不是父母。有些人表面上随时都在孩子身边，但并没有参与孩子实际在做的事情。放纵型父母往往比其他类型的父母富裕，受教育程度更高。

◆ **忽视型：不要求，不回应。** 这类父母中，最好的情形是"撒手不管"，最坏的可能甚至触犯了刑法，犯了玩忽职守罪。他们不参与孩子的学校生活和家庭生活，与孩子在情感上很疏离，或者完全不见人影。在提供衣、食、住方面，他们靠不住。他们很可能生活贫困，对孩子的疏忽可能由此所致，也可能是因抑郁和焦虑之类的精神健康问题所致。

◆ **权威型：有要求，有回应。** 这类父母对孩子抱有很高的期望，他们对孩子高标准、严要求，并坚持目标的达成。同时他们也温情脉脉，积极回应孩子的情感需求。为了实现学习的目的，他们跟孩子讲道理，与他们平等沟通。他们给孩子充足的自由，让他们去探索，去尝试失败，并做出自己的选择。

直升机式养育倾向属于专断与放纵这两种类型之一，或者两者兼而有之。如果他们强烈控制孩子的学习、课外生活和家庭生活的方向，在孩子内心植入失败的恐惧感，不考虑孩子的兴趣，那就显得专制；如果他们更重视取悦孩子、赞扬孩子，保护孩子不受失败或伤害之苦，捍卫他们，很少考虑培养孩子的能力、职业道德和性格，那就表现为纵容或放任。忽视型父母与直升机式父母刚好相反，他们对孩子的发展需求漠不关心。

第四种类型的父母，即权威型父母，听起来好像是专断型与放纵型的结合。确实如此，与专断型父母一样，权威型父母会执行规则，但与专断型父母不同的是，权威型父母会解释规则背后的原因，把孩子视为独立、理性的人，对孩子满怀情感温暖。权威型父母与放纵型父母也有共同特点，他们都会参与孩子的生活，回应孩子的需要，但不同于放纵型父母的是，孩子如果犯了错误，权威型父母会予以追究。权威型父母兼顾温暖与严格、平衡与自由，因此，调查记者阿曼达·里普利形容权威型父母处于专断型和放纵型父母之间的"甜蜜点"。[6]

里普利是《纽约时报》畅销书《世界上最聪明的孩子》的作者，这本书介绍了全世界的教育强国。在解释为什么美国学生的学习成绩不如十多个国家的同龄人时，里普利谈到了养育的作用。她认为专断风格的父母"在学术训练和实践方面走得太远"，而放纵风格的人则"娇惯孩子，让孩子无忧无虑，好像生活在月亮上一样"。她的结论是，**权威型养育风格最好，兼具严厉和温暖，这样的家长能得到孩子的信任和尊重**。她参考了另一位学者、西北大学的哲拉尼·曼达拉（Jelani Mandara）的研究。曼达拉研究了近 5 000 名美国青少年和他们的父母，发现权威型父母抚养的孩子学术成就较高、抑郁症状较少，也较少出现攻击、反抗问题和其他反社会行为。[7]

根据这些养育类型和相关证据，我们可以迅速判断自己是什么类型的父母，以及希望成为什么类型的父母。但事情并不是那么简单，很多人因为自己是孩子最好的朋友而感到由衷的快乐，还有许多人害怕，如果不强迫孩子学习，不强迫他们追求我们认为最好的东西，他们就会成为生活的失败者。蔡美儿自己就说："所有体面的父母都想为孩子做最好的事情，只是关于如何做到这一点，中国人有完全不同的思路。"[8] 的确，我们都在努力做正确的事情。

因此，本书的第 3 部分将具体讨论如何养成权威型的养育风格。这可不容易，需要练习。我们有时会失误，有时会获得巨大的满足感和成就感，又会再次失误。但是，通过克服松懈，扩大对成功的定义，将关注点放在无条件地爱孩子和爱自己上，其实，我们是可以做到的。

HOW
成长的力量
RAISE AN ADULT

这要求我们放弃幻觉。别以为可以控制或制造孩子生活中的每件事，要放手让他们自己去做要解决问题的重要工作。只有让他们自己动手，他们才能发展能力和信心。

这需要教他们独立思考，而不是依靠别人告诉他们怎么回事，或者什么重要。这也要求我们自身足够成熟，能够制定孩子性格和能力的培养标准与期望，并贯彻执行。这也与我们自身的不完美和他们的不完美有关，我们和他们都不可能永远正确，一旦接受了这一点，日子将快乐得多。

我们获得了帮助年轻人发展的任务，这项任务既令人敬畏，又震撼人心。在他们进行艰苦而快乐的工作、学习那些能促进他们蓬勃发展并最终成长为成功成年人的技能和心态时，他们最需要的是我们的爱和支持。权威型养育方式的"甜蜜点"将帮助我们养育出真正能获得人生成功的孩子，这样，我们不仅会为他们感到骄傲，也会为我们自己感到骄傲。

# HOW 13
## TO RAISE AN ADULT
# 让他们拥有更自由的时间

> 我们如此独立，享有如此多的自由。今天很难想象可
> 以给孩子那样的自由，这是社会的巨大损失。希望我们的
> 孩子能重获自由玩耍和邻里活动的快乐与经历，在我们这
> 一代人中，这些都是理所当然的。那是我们能给予子女的
> 最好礼物之一。
>
> ——希拉里·克林顿，2001年[1]

任务繁重、清单化管理的童年生活让孩子抽不出时间，他们没有机会真正自由地玩耍。相反，孩子的游戏时间都由父母计划和组织，安排在未来某些家长和孩子都有空的时候。父母会陪着孩子一起玩，还会推荐他们玩什么，同时警惕万一孩子们玩不到一起，或者有人出现行为不端的情况。孩子们日程紧张，游戏时间由父母安排似乎是必要的，因为如果不排到日程表上，他们可能连玩耍的时间都没有。可即便我们需要为孩子创造并保证他们的游戏时间，当孩子们玩耍的时候，我们还是需要走开。游戏是孩子们应该进行的第一项真正关涉成长的"工作"。

## 游戏很重要

美国历史学家霍华德·丘达柯夫（Howard Chudacoff）是一位游戏大师。在 2007 年出版的《玩耍的孩子》（*Children at Play*）[2] 一书中，他考察了过去

4 个世纪美国儿童的游戏，详尽之极，今天孩子们玩的游戏与那时的相比相形见绌。他追溯了孩子们自发的自由游戏活动向正式的结构化监督活动转变的经过，得出了如下结论："至少对青春期以前的孩子，我们需要更认真地思考一下，为什么游戏应该是他们的私人领域……也许我们真该考虑一下，要如何以及在什么时候，给孩子更多的时间，让他们独立探索环境、自己发明玩法、与其他孩子互动，单纯地享受童年岁月。"[3]

波士顿学院的教授彼得·格雷（Peter Gray）在丘达柯夫的思考基础上更进一步，阐明了自由游戏对孩子的心理健康具有怎样至关重要的作用。[4]格雷认为，为了心理的健康发展，孩子们必须参与由他们自己选择、自己主导的活动，并且是为了游戏而游戏，"而不是自觉追求实现与活动本身无关的目的"。如果你不确定什么才算游戏，请听格雷的一句俏皮话：**"只要有大人在旁边指挥，那就不是游戏。"**[5]

理查德·洛夫（Richard Louv）是非营利组织儿童与自然网络（Children & Nature Network）的主席，该组织致力于促进儿童及其家庭与自然的联系。在 2005 年出版的畅销书《林间最后的小孩》（*Last Child in the Woods*）中，洛夫详尽地介绍了户外游戏的好处，以及结构化环境和室内生活给孩子们带来的伤害。他写道，我们尽力珍惜时间、安排时间，结果却在无意间"扼杀了梦想的时间"。

甚至连联合国也在评估游戏的重要性。在《儿童权利公约》（*Convention on the Rights of the Child*）中提出，儿童有权利休息和玩耍。[6]我们总以为联合国的任务是帮助远方那些生活极度匮乏和人权遭到侵犯的人们。的确，但千万不要对眼下这种剥夺孩子休息和玩耍权利的情况视而不见。这类事情不仅发生在眼前，而且还是在我们的意识和努力下，亲手所为。

一句话，游戏非常重要。

# 如何让你的孩子自由玩耍

孩子可以自由玩耍的时间和地点，显然涉及孩子的年龄、能力、特殊需要、家庭环境、邻里环境及可支配时间。先把这些限制条件纳入考虑范围，再来思考下面的专家观点。他们指出，强化游戏的自由程度对于孩子至关重要，这会影响他们的心理健康、个人发展，以及为进入成人世界做准备的程度。

### 1. 珍视自由玩耍。

无论孩子是 5 岁还是 15 岁，父母都必须重视自由玩耍。游戏就像睡眠一样，如果不予重视，就会遭到侵犯，让位给看似更紧迫、更重要的事情。把游戏当作孩子发展的必需品，设法把自由玩耍时间安排进家庭日程。问问自己可以在哪些方面给孩子更多的自由。

### 2. 了解孩子。

你最了解你的孩子，他适合多大的自由度？为他限定时间、地点与活动类型，限定程度要在你感觉舒服的范围内，一方面要考虑到你对安全的担忧，另一方面，作为家长，你需要通过自由玩耍培养孩子的独立性和能力。你需要在这两者之间求得平衡。

### 3. 与其他家长达成协议。

◆ **你的孩子希望和其他孩子一起玩儿。**大多数孩子和成人都很繁忙，你的首要任务是确保孩子可以找到玩伴儿。所以，你必须和孩子朋友的父母共同安排好周末或放学后的时间，以便大家都不会有什么事，可以自由自在地玩耍。必须安排自由玩耍的时间，这话听起来好像有点儿自相矛盾，但在我们和孩子的生活不那么紧张之前，可能只好忙里偷闲挤点时间出来，确保孩子可以自由玩耍。

◆ **不要以为游戏只能预先安排，不妨试试率性而为。** 让孩子给另一个孩子打电话，看看对方是否可以一起玩儿，这种事情在周末的可行性更大。如果别人约你家孩子出去玩，也要尽量予以灵活处理。

### 4. 提供能激发想象力的材料和设备。

大多数现代玩具都直接取消了想象的需要。一篮子上千个乐高积木需要孩子自己拼装，可以拼装成任何东西，这就有助于想象力的发展，而那些提供了构造目标、给予指导步骤的乐高组件就没有这个功能，除非孩子自己调皮捣蛋，忽略指导。可以为孩子提供各种材料，积木、塑料杯、织物、锅碗瓢盆、玩具、盒子、运动器材、乐高积木、林肯圆木、万能工匠玩具、艺术和工艺材料……但要让孩子自行决定如何使用这些东西。有个笑话说，孩子们喜欢厂家的盒子，而不是里面的玩具。这是有道理的，因为盒子可以变成船、雪橇、房子、床、堡垒、洞、舞台、山，而玩具呢？制造商给什么就是什么。

### 5. 让孩子决定玩儿什么、怎么玩儿。

正如前面所说，准备好各种各样的材料，让他们有东西可玩儿，但关键是，要让孩子自己玩儿。最多告诉孩子哪些东西可以玩儿，但不要规定，也不要提供玩法。让孩子自己动脑筋，让他们做想做的事，即使你觉得傻不拉几、徒劳无益，抑或无关紧要。哪怕让孩子感到无聊呢！找到摆脱无聊的方法也是好的，那可以培养他们在人生道路上解决问题所需要的能力。

### 6. 努力在你和孩子之间制造空间。

当孩子在家里、院子里或其他地方玩耍时，如果你觉得有必要观察，试着比平时保持更远的距离，并且，随着孩子年龄的增长和你放心程度的提高，请不断扩大观察的距离。请记住，有关陌生人绑架儿童的统计数字被媒体的渲染夸大了，实际上是微不足道的。陪孩子去公园时，你可以找个凳子坐下来，拿一本书分散注意力；当孩子之间为分东西、排次序发生争吵时，请抑制干预的冲动，孩子需要自己解决这些问题；当他们做事的时候，也请抑制事事交代的冲动，等他们来找你报告；当孩子报告情况时，你可以提一些很好的问题，以显示你的兴趣，同时也加深他们对所经历的事情和所学知识的理解。关于如何提问，在教孩子思考的章节中会专门谈及。

### 7. 可以皱眉蹙额，但不要马上跳起来帮忙。

孩子可能会受伤，这没什么。做好准备，给他一个拥抱或一片创可贴，让他们相信自己没事，而不要试图防止他们心烦、擦伤或扭伤，孩子在自由玩耍时，这些情况在所难免。

### 8. 创造自由的户外游戏文化。

- **结识更多的邻居。** 变化的不只是我们这些做父母的人，我们的社区也变了，大家不像是邻居，而只是生活在同一个地方的陌生人。你和左邻右舍熟络到可以找他们要一块黄油、一勺白糖的程度了吗？这是从前好邻居的经典定义。如果你还不认识某些邻居，那么，把自己和孩子介绍给他们吧，比如可以举办聚会。一旦认识并信任了你的邻居，就可以让他们知道孩子会经常在外面玩儿，如果他们有什么顾虑，让他们知道如何联系你。

- **指定安全的户外空间。** 与邻居、朋友和当地官员一起，把临近的区域变得更好玩儿、更安全，让孩子们可以跑步、探索和创造。可以是街道的特定区域，或者是整条街道，一些相邻的后院、前院，一个公园，一块空地，学校的院子，或者是面积占几个街区的广场，具体条件要取决于你所在社区的情况、你的心理舒适范围，以及孩子的年龄与独立的程度。一些城市当局同意在指定时间正式关闭街道交通，好让孩子们自由玩耍。

◆ **指定值守父母**。确定孩子户外玩耍的地点、时间后，落实由哪些家长值守，不是盘旋不去、指导游戏，也不是干预他们排次序或感情受伤等问题，而是提供一些监督，给他们吃零食、带他们上厕所，让孩子们，尤其是那些小孩子知道，如果需要，大人就在旁边。

◆ **给孩子一部手机**。孩子出门在外，不在你视线范围之内，如果带着手机，你会感觉更安心。确保他们记住了家里的地址和电话号码，不要在需要相关信息时，只能依赖智能手机查找。

◆ **执行电子产品使用限制**。没错，手机是一个很方便的工具，便于保持联系，到了吃饭的时候，或者需要进行日程上的下一项活动时，便于你通知他们，但在阳光明媚的日子里，一群孩子坐在草地上，一个个都盯着自己的手机，却是很令人悲哀的情景。你是家长，请制定规则，并与孩子朋友的家长一起执行。

## 9. 获得灵感。

◆ **参观特意为孩子们建设的场所，让孩子有机会去探索、创造并东敲西打**。就像加州伯克利的儿童游乐园、纽约伊萨卡岛上的儿童乐园等，读读汉娜·罗辛2014年的文章《被过度保护的孩子》，[7] 了解一下英国那个叫"土地"的地方，想想如何创造一个那样的场所，想想如何在你家所在的社区给孩子提供如此嬉戏的方式。

◆ **送孩子参加专注于自由玩耍的夏令营**。吉佛·图利（Gever Tulley）在加州半月湾的东敲西打探索训练营（Tinkering School）就是这样一个地方。

◆ **考虑重视非结构化学习和娱乐的学校，如全美各地都有的蒙台梭利学校**。

## 10. 鼓励社区变革。

在社区积极倡导自由活动，跟读书俱乐部、家长会或社区中心谈谈这件事，也跟当地民选官员和执法机构谈谈。看你所在的社区能够采取什么措施，为孩子们提供一个安全、受欢迎的环境，让他们可以玩耍、拥有更多独立性，看看为解放被计划束缚的孩子，社区能采取哪些措施？你能帮什么忙？

### 11. 游戏模范。

成年人也应该玩耍。你和朋友在前院或后院的草坪喝着饮料闲坐说笑，这些情况孩子会看在眼里。这是你给孩子的一个示范，好让他明白，快乐的生活包括放松和与朋友闲聊。成人游戏还包括各种爱好和"为自己做"的事，以及"只是为了好玩儿"的事。让孩子看到你在车库敲敲打打、修修补补，练习下吉他，挽一束毛线，玩一千片的拼图游戏，或者别的任何游戏，只要是你自己的生活乐趣就好。如果你在想："有什么好玩的？"那么请注意下，并采取措施。

## 创造一个游戏社区

迈克·兰扎（Mike Lanza）在加州门洛帕克他家所在的那片区域恢复了游戏。兰扎是硅谷一位成功的企业家，他和妻子决定让他们的 3 个儿子在家里、院子里及社区街道和家的周围自由玩耍。他们的朋友格雷戈里·加文（Gregory Gavin）执掌奥波利斯河流公司（Riveropolis），该公司创造的家具和雕塑给学校、博物馆和公共场所"带来了流水的魔力"，他们买了加文的一条河，安放在前院。靠近街道那边的河岸摆放着几张舒适的长椅和一张大木桌，靠近车道处放有大量粉笔，后院游戏房的屋顶是斜面的，下面挂着一张蹦床，那是去游戏房屋顶的最佳途径。兰扎著有《游戏社区》（*Playborhood*）一书，书中记录了他的努力经过及主要的哲学思想。[8]

有一天，我和兰扎坐在他家前院，深入了解了他的方法，以及他几个儿子的日常生活。[9]说话间，他 4 岁的儿子蹬着三轮车从车道冲向街道，街上垃圾车的嘎吱声引起了我的警觉。兰扎注意到了我的反应，"别担心，"他说，"我的孩子知道注意，不会挡道。"

什么？

我还了解到，他家距他读二年级儿子的学校不到两公里，小家伙不仅每天独自骑自行车上学，还骑车到市区和父亲一起理发。如果兰扎去理发店的时间晚了，孩子就坐在椅子上，自顾自地和理发师谈天说地。理完发后，孩子把自行车送到自行车铺，让人帮他调刹车，这个孩子才 8 岁。我挺喜欢兰扎，但他的一些邻居却觉得他疯了。对此，你不会感到吃惊吧?

兰扎认为社区是孩子们形成个人主动权的独特场所。

HOW to
成长的力量
RAISE AN ADULT

"我们需要帮助孩子认识自己在这个世界的身份，学会自己做事情。他们也需要大人的培养。社区是家庭之外的特殊区域，但又不是太远。如果离家太远，你就不知道他们在哪儿，也不认识跟他们打交道的人，但社区可以供他们尝试不同的事物，做不同的事情，扮演不同的角色。"

兰扎夫妻经常邀请邻家孩子与自家孩子一起自由嬉戏。他给我看了一张孩子们在街上晃荡的照片，孩子们脸上有污迹，衣服脏兮兮的，活像一群海盗。他回忆说："我童年时代真实的形成性经历就是和邻居小朋友一起探索、学习、玩耍，每天都充满了各种体验。要完这样要那样，拥有充分的自由。"[10]兰扎设计的游戏社区给自家的 3 个孩子和邻家孩子以类似的童年体验。他说：**"孩子要通过做事进行学习，而不是躲在茧里等待大脑发育。"**

告别兰扎以后，我心想，他的孩子们无疑享有得天独厚的条件，非常幸运。如同汉娜·罗辛在英国那个复古游乐场看到的情况一样，这里的游戏社区是孩子们渴望的另类玩法，因为那种地方实在太少了。

# 请学校释放孩子

玩耍就是释放自己的思想，享受自由探索的过程。孩子入学后，不应该把游戏的原则和益处抛到九霄云外。有些学校接受这种学习方式。

以蒙台梭利教育为例。100多年来，从幼儿园到十二年级，蒙氏学校一律采取非结构化的积极学习方法，学生要指导自己的学习，特别是要自行思考下一步要做什么。对学生的评估依靠训练有素的教师，而不是标准化考试。蒙氏学校帮助学生"展开"，而不是"塑造"他们。

蒙氏学校毕业生以创造力和自由思考闻名，他们在各个行业都极其成功，比如亚马逊网站创始人杰夫·贝佐斯（Jeff Bezos），儿科医生、儿童精神病学家、哈佛大学教授贝里·布雷泽尔顿（T. Berry Brazelton），诺贝尔文学奖获奖作家马尔克斯，以及视频游戏先驱、《模拟人生》《模拟城市》《超级马里奥兄弟》等游戏的出品人威尔·莱特（Will Wright）。

威尔·莱特在接受《华尔街日报》的采访时说："蒙台梭利教会了我发现的乐趣。它证明你可以通过玩积木对相当复杂的理论产生兴趣，比如勾股定理。你完全可以按自己的意愿学习，而不是让老师给你讲解。"[11]

尽管证据表明蒙台梭利的非结构化学习方法是人生成功的跳板，但它还没有成为美国的主流教育模式。然而，它还处于上升态势，不仅在中产阶层和白人社区如此，越来越多的私立和公立学校也在采取它的教育模式，包括来自低收入家庭的学生在内的不同学生群体也在接受它的教育，如加州奥克兰市的蒙台梭利特许学校（Urban Montessori Charter School）。[12]

2014年3月，据美国有线电视新闻网（CNN）报道称，蒙台梭利教育在中国的发展也在上升之中，中国教育部担心学生长于排排坐地记忆知识，而不善于跳出思维框架、获得灵感。[13] 在此之前的 2013 年，《华盛顿邮报》就曾有报道，称中国教育部号召减少学生在校时间、削减家庭作业量、减少把考试成绩作为学校工作评价标准的手段。俄勒冈大学的赵勇教授是国际知名学者、作家、演讲者，他的研究重点是教育全球化和技术对教育的影响。他认为："过分强调测试和功课有害于创造性、创新能力及学生的心理和身体健康。对此，中国人深有体会。"[14]

## 帮助他们体验"心流"

创造游戏社区的迈克·兰扎说，他希望孩子体验到"心流"。心流指当我们对某事感兴趣，或长于某事，所做之事稍微超出我们当前的能力范围，稍具挑战性时，我们的感觉和状态。这是积极心理学领域的一个概念，其发现者、创造者是米哈里·希斯赞特米哈伊（Mihaly Csikszentmihalyi）。[15] 我从斯坦福大学设计学院的教授们那里听说了希斯赞特米哈伊，当时他们在训练我教一门思维设计课，课程大纲上列着希斯赞特米哈伊的著作①。

处于"心流"状态时，我们面临的挑战略微超出自己的能力水平，坚持下去，就会忘掉时间，不会感到饥饿、疲倦，感觉正在做的事情可以不断地进行下去。当我们感觉到内在的动力，正在做着的事情本身就是对我们的奖励。在运动领域，类似心流的说法是"如入无人之境"，在音乐界，这种感觉被称为"惬意"。

过去那种发自本性的自由游戏本来提供了可以体验心流的环境，但孩子们过着高度结构化的生活，课业、课外活动或体育运动都是清单的组成部分，是

---

① "心流之父"、积极心理学大师米哈里·希斯赞特米哈伊历时30年潜心研究，著成经典之作《创造力》，书中纵览91位卓越创新者的传奇人生，揭开14位诺奖得主的创新秘诀。本书中文简体字版已由湛庐文化策划、浙江人民出版社出版。——编者注。

必须完成的事，目的是实现其他目标，如非常具体的大学录取目标，或得到家长赞许之类非常主观的目标，有时甚至是难以捉摸的目标，在这种情况下，他们体验心流的机会微乎其微。

2011—2012 年，我有机会给斯坦福大学的本科生讲解心流，很多人都说已经多年没有体会过这种感觉了，这让我感到震惊。很多人一直追溯到童年早期才找到一个心流的事例，但有些人在大学也有体验，比如在生物实验、英语论文、工程问题等学术追求上，或是骑自行车长途旅行等课外活动中，都曾带给他们那种状态。处于心流状态意味着我们热爱正在做着的事情。回顾一下自己的经历，如果发现当时处于心流状态，那我们就从自己身上得到了一个重大的线索，说明我们在做的事情对我们很重要，这会带来有意义的工作和爱好。

现在我设定了一个目标，每晚回顾一天，看看什么时候有心流体验。根据定义，身处心流状态时，你不会真正注意到它，因为注意行为会使你脱离心流状态。我在生活中尽量争取更多的心流，更重要的是，我希望看到我的孩子们体验心流，而自由游戏时间是心流最有可能发生的情境。

## HOW 成长观察室
### TO RAISE AN ADULT

乔治·卢卡斯教育基金会（George Lucas Educational Foundation）在网站上发布了对希斯赞特米哈伊的采访，谈到了让孩子们体验心流，及父母增加孩子心流体验的可能性。希斯赞特米哈伊说，有心流体验的孩子，父母都对他们有很高的期待，并为他们提供机会。"例如，这些孩子往往在家里有一个他们觉得私密的地方，在这里，他们可以独处。一开始我们会想：'哦，富家子弟才有那样的地方。'不是的，富家孩子并不比普通人家的孩子拥有更多隐私。不需要很大的地方，只要是那么一个地方就行，让你觉得：

'好了，在这里我可以为所欲为。'也许是地下室，或者是地下室的一个角落，任何地方都行。在孩子卧室里放电视机是最糟糕的事，因为那样一来，他们就会偷懒，一感到无聊了就打开电视……"[16]

---

## 延续一生的好处

游戏不仅对孩子的成长有好处，有助于他们作为学生和思考者的发展，而且还能直接帮他们建立职场所珍视的能力。佛蒙特州的临床发展心理学家南希·科顿（Nancy Cotton）在《儿童精神病学和人类发展》（*Child Psychiatry and Human Development*）杂志发表的文章中，巧妙地提出了游戏能以 4 种方式培养成人工作所需的能力。

◆ 游戏让孩子有机会学习、发展和完善新技能，培养能力。

◆ 日常生活中，遇到令人不知所措的情况时，游戏是孩子学会应对焦虑的自然模式，可以帮助他形成应对环境的能力。

◆ 游戏有助于自我在无意识和有意识的现实之间形成调节能力，增强自我的力量。

◆ 游戏会重复或确认一个可喜的经验，点燃孩子投入生活的热情。[17]

还记得吗？第 3 章中，美丽美国的特雷西 - 伊丽莎白·克莱谈到，他们的有些成员可以成功地从 A 到 B 到 C 再到 D，可一旦让他们自己去 D 时，他们就怂了。这些技能都是可以从自由玩耍和游戏中获得的。

斯图尔特·布朗（Stuart Brown）博士是美国国家玩耍研究院（The National Institute for Play）的创始人，该机构认为，游戏在所有人的生活中都发挥着重要作用。在 2008 年的 TED 演讲中，布朗解释说，美国国家航空航天局（NASA）、喷气推进实验室（Jet Propulsion Laboratory）和波音公司之类的机构在雇用能够解决问题的研究者时，除非知道这个人早年动手做过东西，否则，哪怕是顶尖工程学校的优秀毕业生，也没戏。敲打、修补、制作东西、修理东西，对做这些事情抱有充分的好奇心，并得到关键的知识，这些都被航空航天及其他行业视为解决问题的必要前提。[18]

汉娜·罗辛在 2014 年的文章中介绍，英国儿童游乐场给了孩子们诱人的自由度，给孩子们提供了各种各样的材料，让他们制作东西和玩耍。这篇文章触动了整个美国的神经。美国公共电视台《新闻一小时》的主持人朱迪·伍德拉夫（Judy Woodruff）采访了罗辛，请她谈谈游乐场的情况，以及作为家长，在参观后有什么收获。罗辛告诉伍德拉夫："在情感上，我们喜欢在坏事情发生之际进行干预，这是当前'好家长'的含义。我从观察游乐场时感到，'好家长'的意思变了。**好家长既要保护孩子的安全，同时也要给孩子创造独立思考、冒险和培养性格的机会。这种做法并不表示我对他们不负责任，或者忽视他们，我做的是对他们的未来正确的事。"**[19]

# HOW 14
## TO RAISE AN ADULT
## 传授他们基本生活技能

> 旗帜插上山顶的那一刻，登山队员内心洋溢着自豪感，因为他们历经千辛万苦才到达那里。如果换作搭乘直升机，那感觉就不一样了。在促进成功方面，父母自相矛盾，他们在保证孩子无法靠自己做到这一点。[1]
>
> ——小戴维·麦卡洛（David McCullough Jr.）
> 韦尔斯利高中教师，《你并不特别》（*You Are Not Special*）作者

不同于弱势的同龄人，中产阶级家庭的孩子往往不用染手日常生活琐事，这些事有家长或其他照顾者代劳。我们不让孩子自己起床、负责保管财物和做饭之类的琐事，除了为了表达爱，为了让生活轻松、安逸，恐怕也是为了保证把事情做好，有时甚至是为了让自己的人生更有意义。另外，也是因为孩子还要面对堆积如山的作业和许多课外活动，没时间做这些日常生活中的"小事"。并不是说弱势家庭的父母不那么爱孩子，只是为了让家人有口饭吃，有个立锥之地，他们忙得连轴转，可能要同时打几份工，而且工作时间很不固定。想为孩子做这么多事，全靠拥有富裕的金钱和时间。

我们凡事为孩子代劳，初衷无比美好。但若谈到人生成功，准时到场、看管好自己的背包、会做饭之类的事情，重要程度并不亚于作业、钢琴课和竞技体育。无论孩子的简历看起来多么光鲜亮丽，如果没有全职门房、私人助理和仆从，或者父母不在身边，他们的生活就不能正常进行，那这个年轻成人就没

有做好人生成功的准备。你是宁愿永远为他们服务呢，还是愿意相信他们在离开家以后，或者等将来你不在人世后，仍然可以照顾好自己？

## 生活技能很重要

一个人如果被别人手把手地牵着过日子，什么事情都有人帮忙料理，那他就没有机会培养起控制感（mastery），控制感是自我效能理论的核心。

如果别人帮你做事，结果就不在你的掌控之中，这种情况也会导致心理学家克里斯托弗·彼得森（Christopher Peterson）和马丁·塞利格曼（Martin Seligman）[1] 所谓的"习得性无助"（learned helplessness）。习得性无助形容人在感到无法控制局面时，陷入被动状态的情形。他们最初以为，只有在坏事不可控时，才会导致人的习得性无助。后来，塞利格曼撰文指出，当一件好事不可控制时，人的习得性无助感也会产生，比如，不管孩子做什么，家长都会给予奖励。[2] 塞利格曼认为，体验"主动性"对人类至关重要，它意味着"知道自己的行为有意义，知道重要的结果在自己的掌控之中"。小孩子如果感觉到行为和结果的错位，就会"被动、抑郁、身体健康状况不佳"。

拜特·舒瓦戒毒中心服务大洛杉矶地区已经几十年了。过去，他们的顾客都是三四十岁的人，近年来，年轻客户急剧增加，其中很多人都陷于习得性无助和自我效能缺失的状态之中。鉴于这种人口统计学上的变化，拜特·舒瓦在大洛杉矶地区的学校、社区中心及其他国家实施了预防宣传活动。他们以父母为目标受众，集中传达了这样的信息：为孩子包办一切看似慈爱，却可能导致他们走上酗酒或吸毒的道路。

---

[1] 积极心理学之父马丁·塞利格曼专注于研究如何建立人们的幸福感，并让幸福感持续下去，从而成就蓬勃丰盈的人生与社会。他所著的"幸福五部曲"包括《持续的幸福》《真实的幸福》《活出最乐观的自己》《认识自己，接纳自己》《教出乐观的孩子》，这5本书的中文简体字版已由湛庐文化策划、浙江人民出版社出版。——编者注

　　雷切尔就是这样一个孩子。2014 年春天，我和她进行了一次交谈，当时她 23 岁，已经保持头脑清醒有 3 年时间了，这主要得益于拜特·舒瓦的支持。我请她按时间顺序，详细讲讲导致她酗酒和吸毒行为的经历。[3]

　　雷切尔来自洛杉矶一个富裕而保守的家庭，父母对她和 3 个弟弟妹妹的学习成绩向来抱有很高的期望。对雷切尔来说，满足父母的期望并不难，她很有上进心，学习勤奋，整个初中和高中时期，门门功课都是 A，但她开始体验到弥漫的"无意义感"，进而借着暴饮暴食、毒品和酒精混天度日。

　　"成长过程中，很多事情都是别人为我做的，即使像洗衣服、铺床叠被这样简单的事情，我也从来没有动过手。我从来没为自己做过什么事。"雷切尔便通过控制自己的饮食来获得些许安慰，最初出现饮食无度的状况时，她才 10 岁，可她的父母很多年都没有意识到这个问题。

　　雷切尔上高中后，生活上里里外外的事仍然由父母一手包办，如果她和朋友发生了冲突，或者在学校出了什么状况，父母就会把事情接过去处理。"总有'解决办法'，但不是我自己解决的，我并没有参与其中，而只是在混日子，这很可怕。"14 岁时，雷切尔开始使用可卡因，还喝酒和吸食其他毒品。"我能做的最好的事情就是喝酒和吸毒，它们让我摆脱了那种生活毫无意义的感觉。"高中三年级开学后，她的母亲全面管控了她的生活，尤其是她的大学申请过程，"她像个秘书。"雷切尔说。

　　大学录取通知书陆续寄来，雷切尔得到了几个令人兴奋的选项，她决定去南方一所声望很高的私立大学。在那里，她选修了严谨的医学预科课程，所有功课都是 A，但她也开始为那些年的过度养育承担全部的后果，结果可以说是毁灭性的。

　　"上大学的时候，我什么生活能力都没有。我拥有令人难以置信的学习能力，但其他方面一无所长。没别的能力，我在那儿一个人都不认识，却不得不独自生活，可我根本不会照顾自己。"雷切尔不知道如何处理日常生活，每天借酒消愁安抚心中的困惑，她还迷上了阿得拉。19 岁那年，还在读大二的雷切尔自杀未遂，父母把她带离学校，送到拜特·舒瓦接受戒毒治疗。

● --------------------------------------------------------------------

雷切尔的事例比较极端，但也说明了为什么富家孩子的状况越来越令人担忧。在 2013 年发表在《今日心理学》（*Psychology Today*）上的《富家孩子的问题》（*The Problem with Rich Kids*）一文中，研究员苏尼亚·卢塔尔（Suniya Luthar）分享了她对雷切尔这类孩子的研究。这些孩子虽然出生在教育背景良好的高收入双亲家庭，但滥用毒品和酒精的比例比处于社会经济背景另一端的同龄人要高得多。这让卢塔尔很是吃惊，与她的预期恰好相反，"在不同地域的公立和私立学校里，中产阶级家庭的青少年发生严重心理紊乱的比例高得吓人。"[4]

## 如何传授他们基本生活技能

有关如何获得生活技能的资讯非常欠缺，原因也许是有史以来，在正常的童年发展过程中，一般其他方面能够健康发展的孩子都可以自然形成这些能力，而我们只是最近才认识到，许多孩子缺乏这些生活能力，必须特地教导。

然而，研究者、治疗师、为有特殊需要的孩子提供帮助的倡导者，以及有特殊需要的孩子的父母，都把培训生活技能视为理所当然的事。为了让孩子有朝一日可以在主流社会独立生存，他们帮助孩子获得这些技能，而具有讽刺意味的是，那些有特殊需要的孩子通过良好干预，学到了生活技能，并通过失败和再次尝试，形成了勇气，相反，今天大多数"正常发育"的孩子反倒缺乏这些能力了。

我的朋友斯泰茜·阿什伦德（Stacey Ashlund）就属于家有特殊需要的孩子这个父母群体。她有两个孩子，其中一个男孩的听力和视力都有缺损。在儿子的成长和发育过程中，阿什伦德和丈夫设法为他寻求最好的治疗资源。他们了解到，20世纪60年代，华盛顿大学几位教授发明了应用行为分析法（Applied Behavior Analysis），这种方法的理论基础来自行为心理学家斯金纳，20世纪80年代开始应用于自闭症人群。应用行为分析法通过奖励希望孩子做到的行为来改变患儿行为。

他们还了解了人际关系发展干预疗法（Relationship Development Intervention），这种方法由国际知名研究者史提芬·葛斯丁（Steven Gutstein）博士发明，用于治疗有人际交往和适应能力发展障碍的儿童。人际关系发展干预疗法着重于在照顾者和儿童之间逐步形成关系，带来成长，特别强调失败等同于学习，强调过程，而不是最终的结果。在应用行为分析法、人际关系发展干预疗法及其他方法的影响下，阿什伦德整合了下列策略，用来培养她家孩子的能力。

◆ 第一步，我们为你做这件事。

◆ 第二步，我们和你一起做。

◆ 第三步，我们看着你做。

◆ 第四步，你独立完成。

这套哲学和策略干净利落地概括了子女养育的内在目的，同时也总结了所有孩子走向独立的现实路径，也与心理学家玛德琳·莱文的警示异曲同工：**不要为孩子做他已经会做，或者几乎会做的事**。过度养育意味着，我们没有及时从第一步推进到第二步，也可能迟迟不从第二步进入第三步，结果根本就到不了第四步，但是必须到达第四步，因为现实世界要求孩子能够执行第四步。

阿什伦德儿子的进步超乎医生和教育者当初的预料，可能是因为他非常聪明，加上有极好的资源和父母的全心投入，包括他们采用应用行为分析法和人际关系发展干预疗法的方式，因此产生了不同的结果。她很清楚，这种教给孩子生活技能的方法可以用在任何孩子身上，无论他们的需求如何，能力怎样。

她的第二个孩子发育正常，没有特殊需求，然而他们夫妻一视同仁，用同样智慧的方法养育了他。

# 孩子必须掌握的生活技能清单

家住洛杉矶的雷切尔终因吸毒进了拜特·舒瓦戒毒中心，她说因为父母包办一切，让她感到无助。到底有哪些事情，是她的父母为她做了，而不是要求她自己做的？前一部分谈到了如何教孩子学会生活技能的问题，其实，生活技能到底是什么，我们并不了解。

2012 年，家庭教育网（Family Education Network）副主编林赛·赫顿（Lindsay Hutton）根据年龄类别，概述了各种生活技能。家庭教育网隶属于教育出版集团培生，于 1996 年创办，号称是最古老的育儿网站。赫顿的文章给出了以下建议。记住，要成为权威型父母，你得交代清楚规则和期望，这些是孩子应该为自己做的事情，这些要求非常适于作为起点。[5]

### 1. 2~3 岁：简单易做的家务和基本的穿衣清洁。

这个年龄的孩子可以开始学习基本的生活技能。3 岁时，孩子应该能做到以下这些。

◆ 帮忙把玩具收起来。

◆ 在你的帮助下自己穿衣服。

◆ 把脱下来的衣服放进脏衣篓里。

◆ 饭后把自己的盘子刷干净。

◆ 帮忙摆桌子。

◆ 在大人的帮助下刷牙、洗脸。

## 2. 4~5 岁：重要的名字和数字。

对于这个年龄的孩子，安全技能处于重要位置。他应该能知道并做到以下这些。

◆ 知道自己的全名、家庭住址和电话号码。

◆ 知道如何拨打紧急电话。

◆ 完成简单的清洁工作，如给手够得到的地方除尘，饭后收拾桌子。

◆ 给宠物喂食。

◆ 认识货币面额，基本了解如何使用金钱。

◆ 独自刷牙、梳头、洗脸、帮忙做一些基本的洗衣杂务，如收纳自己的衣服、把自己的脏衣服放进洗衣机。

◆ 挑选自己要穿的衣服。

## 3. 6~7 岁：基本烹饪技术。

这个年龄的孩子可以开始帮忙做饭，可以学习做下面这些事。

◆ 用钝刀混合、搅拌和切割。

◆ 做便餐，如三明治。

◆ 帮忙把食品收起来。

◆ 洗盘子。

◆ 安全使用基本家用清洁剂。

◆ 如厕后的清理。

◆ 独自整理床铺。

◆ 独自洗澡。

### 4. 8~9 岁：为个人物品感到自豪。

到了这个年龄,孩子应该为他的私人物品感到自豪,并能管理好个人物品,包括能够做到以下这些。

◆ 叠衣服。

◆ 学习简单的缝补。

◆ 料理自己的户外玩具,如自行车、旱冰鞋等。

◆ 注意个人卫生,不需要别人提醒。

◆ 正确使用扫帚和簸箕。

◆ 阅读菜谱,准备一顿简单的饭菜。

◆ 帮助罗列杂货清单。

◆ 数钱和找零。

◆ 书面记录电话留言。

◆ 帮助做些简单的园艺活儿,比如浇花、除草。

◆ 处理垃圾。

### 5. 10~13 岁：开始独立。

10 岁的孩子可以开始独立执行许多任务。他应该知道如何做下面这些事。

◆ 一个人在家。

◆ 自己去商店购物。

◆ 给自己的床换床单。

◆ 使用洗衣机和烘干机。

◆ 安排和准备一顿有几道菜的餐饭。

◆ 用烤箱烤制、烘焙食物。

◆ 熨烫自己的衣服。

◆ 学会使用基本的手工工具。

◆ 修剪草坪。

◆ 照顾年幼的弟弟妹妹。

## 6. 14~18 岁：学习更高级的技能。

到了 14 岁，孩子应该已经很好地掌握了前面的所有技能。最重要的是，他也应该可以做下面这些事。

◆ 完成更复杂的清洁和维护工作，如清理吸尘器、清洁炉灶、疏通排水管。

◆ 给汽车加油、给轮胎充气、换轮胎。

◆ 阅读、理解药品标签和剂量。

◆ 参加求职面试，找到一份工作。

◆ 备餐、做饭。

## 7. 年轻成人：准备独自生活。

孩子离家上大学或搬出父母家时，需要知道如何养活自己。在他自己出去闯荡之前，还有一些技巧应该知道，包括以下这些。

◆ 预约医生，以及预先安排其他与健康相关的重要事项。

◆ 对财务有基本的了解，能够管理自己的银行账户，保持收支平衡，会使用信用卡。

◆ 理解常用的合同，如租房或汽车租赁。

◆ 安排换机油，有基本的汽车保养知识。

读到这份清单时，你的眉头可能已经皱紧了，我就是这样。对照清单，回顾过去养育索耶和埃弗里的岁月，我发现我们夫妻为孩子做了太多太多的事情，而没有让他们享受自己做事的乐趣。我承认，这些事情我们自己做起来往往更容易，而且我们也乐意帮他们做。

当我意识到自己的失误时，孩子已经十多岁了，他们缺少生活技能，但分析推理能力倒是挺强的。"为什么现在要我做？"他们问道，"如果这很重要，那我们为什么一直没做？"他们习惯了我们的放纵倾向。我好想借用专断型家长的那句口头禅："因为这是我的要求。"但终于硬生生地忍住了，竭力给了一个更审慎、权威的回答："因为你需要知道如何做这些事情，我们早就该教你做了。"我承担了责任，他们也同样需要承担责任，我准备模仿阿什伦德的方法。我知道，在有些事情上，我还陷于第一步和第二步，即为他们做、和他们一起做，我需要赶快推进到第四步。

## 跨越第三步：接下来我们看着你做

如果说阿什伦德的前两个步骤，即首先帮你做，然后跟你一起做，很容易实施的话，那么，第三步，即接下来我们看着你做，则不仅需要对孩子有足够的信心，也需要对孩子完成任务的环境有足够的信心，尤其当环境不在我们控制范围的情况下。

2010年9月，索耶要上初中了，他要在上课前一天到校注册。如果现场只有索耶他们年级的200个孩子，注册可能会很简单，可爸爸妈妈们也来了，还有一大堆的弟弟妹妹，现场得有数百人。是的，当时得有超出必要人数两三倍的人站在勉强挪动的队列里。刚升上初中的六年级学生们自己倒是乐得和朋友东游西荡，等着像我这样的家长帮他们注册。是的，我是排队等候帮孩子做事的家长之一，而这件事，孩子是可以自己做的。

这是困在第二步"和他们一起做"的一个明显事例，但我有充分的理由认为索耶有能力做得更多。于是，在长长的队列走到一半时，我把索耶叫了过来，让他把表格从头到尾读了一遍，做了简要的交代，告诉他表格交给队列前方桌子后面那个人以后的情况。当快排到我们时，我已经准备执行第三步了，我没有腻在旁边等工作人员提问和指示，而是告诉索耶，由他上交表格并回答工作人员的问题，我则退到了后面。交完表格后，还有其他一些步骤，还要排队为学生证拍照。我让他自己弄清楚其他步骤，一切都很顺利。

回家后，我责怪自己不该整个过程都陪着他，其实我根本就不该去。如果我不能走开，让他自己注册登记上六年级，那等他上七年级的时候我是不是也要去呢？八年级呢？我要陪他去高中吗？大学呢？如果六年级时的风险这么高，需要我在场，那他未来人生的风险会更高，我岂不是要准备一辈子扮演这个角色？

亚当·明德尔（Adam Mindel）是拜特·舒瓦中心执行管理团队的一员，领导着被他亲切称为"无国界妈妈"的家长项目，这是一个支持吸毒者父母的团体。这些吸毒者的父母往往太过投入对成年子女生活的管理。"他们无法忍受看到孩子挣扎，或者有畏惧情绪。他们以各种方式抓住控制权，不允许子女自己想办法。我们这儿有的'孩子'都二十四五岁了，可他们的父母还在长期管理他们的生活。父母好像还把他们搂在怀里一样，我想教他们把孩子放下。"

我们往往会从自己的第二个孩子开始施行自我救赎，可以更释然地把孩子放下来，更快地进步到第二、第三、第四步，我对埃弗里就是这样。她六年级注册的前夜，我们在家里讨论了整个过程，她觉得自己可以应付，于是就一个人去了，她和我都感觉很好。

在索耶上七年级之前的那个夏天，我获得了第二个机会，得以在涉及他的事情上恰当行事。当时，他要去加拿大西部参加"人与人"（People to People）为期 12 天的暑期项目，该组织把美国孩子送往其他国家，以建立文化意识和理解能力。收到宣传册时，我觉得索耶可以借此机会培养一些生活能力，还可以在加拿大学到很多很酷的东西。经过 6 个月的期盼、准备及 15 个小时的培训，索耶和我们都做好了准备，他爸爸教他如何收拾行李、保管钱物，我则尽量让他长胖些，因为我担心这个挑嘴的儿子去了那边没什么东西可吃，结果证明我错了。在旧金山国际机场集合的时间是凌晨 4：30，我们像其他家长一样站在那儿，与自家 12 岁的孩子保持着得体的距离，对宝贝疙瘩要去异国两周，装作一点儿都不担心的样子。

当温哥华航班票务柜台开始办票时，一眼就能看出两种不同类型的父母。A 类父母为孩子办理登机手续，孩子则站在旁边，听没听着就不知道了；B 类父母则闪在一边，让孩子自己去检票。我们属于 B 类。我们的想法很简单，如果办理登机手续对他来说很困难，那就让他在本国机场经历好了，毕竟我们还在一边，这样，等到了温哥华换机时，他就对自己的能力有些信心了。换句话说，看看他在不得不执行第四步之前，能否执行好第三步。

A 类的许多家长挤在孩子身边，陪孩子走到安检口，直到交通安全管理局的执法者以严厉的眼神阻止他们继续前行。我对儿子则采取了自由放任路线，他离开我们视线的那一刻，我一方面害怕他出门在外，在飞机上或安检口出什么状况，另一方面，看着他从我们身边离去，我心里洋溢着自豪感，甚至有些佩服他。12 天后，索耶回家了，带回了更多的志得意满及 98% 的行李。对我们母子双方，这都代表了一次使命的完成。

## 到达第四步：最后他们独立完成

洛里和埃里克是我家邻居，他们的 4 个孩子年龄介于 10～16 岁，其中最大的孩子扎卡里是索耶的朋友。他们远比我和我丈夫善于教孩子生活技能。几年前的一天，扎卡里来我家串门儿，当时我正在给孩子们做午饭。他告诉我们，上学日的早晨，他和3个弟弟妹妹会自己做早餐，还自己打包午餐带到学校。

我手里的咖啡杯差点儿掉到地上，心想：肯定不会让他当时只有5岁的小妹妹自己管自己吧？结果我错了。后来，扎卡里的妈妈洛里告诉我，孩子从4岁起就要自己做早餐，好让她和丈夫腾出手来做自己的事，比如洗澡和准备上班。我简直无法想象这个情景，4岁的孩子怎么够得到东西？等扎卡里下一次来我家时，我请他把情况再说一遍，让我弄清楚他们是怎么做到的。这时，我家孩子眼神躲闪，不肯跟我对视，嘴里嘟囔着："完全搞不懂。"扎卡里实事求是地回答了我的问题："麦片在柜子底层，盘子、杯子也是，牛奶在冰箱靠下面的一格。我小时候，他们教我弄，我弟弟妹妹看我做，然后就学会了。"

并不是什么火箭科学，而且扎卡里的声音中满含骄傲，还讲了一堆父母要他自己做，他也会做的其他事情，骄傲而自信。相反，我自己的两个孩子则满足于我们为他们做饭、做事、解决问题。

## HOW 成长观察室
TO RAISE AN ADULT ------------------------------------------●

加州的门洛帕克市与我们仅一城之隔。2013—2014学年，该市一所名叫奥克诺尔（Oak Knoll）的公立小学把"建立自信"作为年度主题。他们就此主题咨询了《放养孩子》[6]的作者莉诺·斯科纳兹。该校心理老师珍妮·瑞安（Jenny Ryan）是《放养孩子》的读者，她与学校领导一起集思广益，讨论如何以"自由放养项目"的形式把斯科纳兹的智慧融入学校人群。

项目结束后，我同瑞安及奥克诺尔的两位校长克里斯滕·格拉西亚（Kristen Gracia）和戴维·阿克曼（David Ackerman）进行了电话交谈。

"我们听到各种关于勇气和自信的流行话语，"阿克曼告诉我，"我们希望孩子们具备所有这些特质。但除了口头说说，我们并没有培养方案。你如何能让孩子们实实在在地操练，而且还得让你看得到，可以对他们进行监督和训练？于是我们说，好吧，我们来搞一个'自由放养项目'。"

学校领导请父母参与讨论，让他们回忆小时候做过哪些事情，有哪些曾经拥有、现在却不让孩子体验的各种自由，以及他们这么做的理由。然后他们把话题抛给了孩子们，让他们选择一件希望独自做的事，当然，是在得到父母同意的前提下。虽然这是一个选择性的非强制性项目，却有近 150 个孩子踊跃参与。孩子们选择的项目内容包括独自骑车或步行回家；父母在停车场等着，自己去商店买东西；在家里为自己或家人做一顿饭。孩子们选择的项目要么是曾经和父母一起做过的，要么是在做的时候有父母在一边看着，所以，这是他们实施第四步的机会。

其中 5 名学生获选参加座谈，与由学生、教师和家长组成的观众分享项目细节，回答现场提问。一个五年级的男孩报告说，他很享受独自步行去家附近图书馆的经过。他说："我得到了一点儿私人时间。"有位听者问道："你紧张吗？"一位二年级女生的回答坚定而热烈："不，不紧张，这是我选择的！"

格拉西亚校长评论道："作为父母，我们往往会担心。"心理老师瑞安补充说："孩子们有机会做选择，小试牛刀后，肯定会更加自信。事后，孩子们身上好像真的带上了一层光辉，好像一下儿长高了几厘米似的！"

家长和学生都盛赞自由放养项目。格拉西亚觉得最重要的是为学生和家长提供了一个新的视角："现在，家长能更好地思考'我为什么害怕'这个问题，而不是张口就是'不，不可以，你还太小了'。我们给了他们工具，他们可以借此思考，独自做那件事是否能成为孩子建立信心的途径。"

## 放弃完美主义

除了挥之不去的安全忧思，要想让孩子自己承担生活琐事，还有一个最大的障碍是排除这种想法：我们自己做的话，可以做得很完美，而孩子很可能做不到那么好，例如有时候，孩子们往洗碗机里放杯盘刀叉的方式实在不敢恭维。我很清楚，如果他们第二天打开洗碗机，看到里面干干净净的，发现我悄悄把所有东西都重新排列过了，肯定会感到丧气；而更好的办法是，等下一次一起用洗碗机的时候告诉他们，如果把盘子整整齐齐地放直，会洗得更干净，并给他们示范。

HOW
TO
成长的力量
RAISE AN ADULT

> 在一定限度内允许尝试、失败和做得更好的自由，这是孩子，也是任何人学会自己做事的不二法门。完美主义不仅是美善之敌，也是成长之敌。

在拜特·舒瓦中心的帮助下，雷切尔开始构建新的生活。戒毒一年后，她回到了校园，仅用3年时间就拿到了洛杉矶大学心理学和神经科学的本科学位，但她不像以前那样门门功课都拿A了。

"我天天吸毒，可还是一直坚持拿A，因为那对我和我的自我非常重要。回到学校后，我得到了人生中的第一个B，而且还是伦理课。有那么一会儿，我心想：什么，我很清醒，可我得了个B，我会一直把这视为我的失败吗？然后转念一想，我很好，我可以接受。我不必完美，完美主义中充满了自我憎恨。"

雷切尔在加州大学洛杉矶分校攻读护理学硕士学位，之后可能还会攻读博士学位。她学了进化心理学，非常为之着迷："数万年前，孩子小小年纪就要照料自己，还要帮忙养家糊口。今天，大人把什么都为孩子做了。生物本能设定了我们人类希望照顾自己，生活在这种生存模式下运转，而现在的生活方式完全违背了基因对我们的设定。我绝对支持这个观点：我们之所以不快乐，主要原因是偏离了进化路径。从小学习做事情，这样你会拥有意义感，那是一种可以照料自己的感觉。"

# HOW 15

## TO RAISE AN ADULT

## 教会他们如何思考

> 一个学生说，她很想能有机会思考一下正在学习的东西，可是没时间。我问她是否考虑过不用每门功课都考A。她看着我，那神情就好像我暗示了什么不雅之事似的。[1]

——威廉·德雷谢维奇
耶鲁大学教授，作家、社会评论家

我们常常不由自主地幻想：孩子长大后会是什么样子？靠什么谋生？如何构建有意义的生活？一想到他们将来在工作中能干、成功，是富有成效、积极参与社会活动的公民，在社区受到尊重，有一天还会成为别人的伴侣、配偶，会为人父母，我们心中就荡漾着预支的自豪感。

在那个想象中的未来状态，孩子得知道如何思考，也就是说，他们得能真正把事情想明白，能自己解决问题。他们要有把控事情的能力，懂得审视，头脑里要有概念，并能够以之进行推理。如果遇到的真是一个问题，他们要决定解决办法；如果那是一个概念，就需要决定赞成、反对的程度及理由。我们不希望孩子像个机器人一样，根据别人的指令机械地回答问题，或者按照别人制定的步骤行动，我们希望他们成为思考者。但今天，太多的学校提倡鹦鹉学舌和死记硬背，而在家里，我们的指挥和保护又太多。我们帮孩子想得太多了，他们需要自己思考。笛卡尔说：我思，故我在。如果我们不让孩子自己思考，那岂不是剥夺了他们自由意识存在的权利吗？

事实证明，思考不仅是一种生存的必需，而且，也越来越是一种经济的必需。

## 思维很重要

在 2009 年出版的畅销书《驱动力》（*Drive*）[①] 中，丹尼尔·平克（Daniel Pink）描述了 21 世纪的职场，指出"会自己想办法"是员工必须具备的基本能力。他表明，仅需算法就能完成的工作任务都已外包，或者交由电脑处理了，因为做这种工作只需按照一组指令，沿着一条直线走下去，就能实现。如今，美国 70% 的新增岗位都属于探索式的任务，你必须思考任务内容、尝试可能性，正因为不存在算法，所以你必须拿出新的解决办法。[2] 21 世纪的工作者要具备独立思考的能力。

批判性思维基金会（The Foundation for Critical Thinking）赞同这个观点。这是一家非营利性教育组织，30 多年来始终致力于培养学生的批判性思维。他们发出警告说：**"在一个加速变化、复杂性加强、相互依存不断加深的世界，批判性思维已成为生存和经济的必需。"**

HOW 成长观察室
TO RAISE AN ADULT ----------------------------------------●

2000 年，德国研究员安德烈亚斯·施莱歇（Andreas Schleicher）开发了国际学生评估项目（PISA），旨在帮助各国确定本国青少年是否具备在 21 世纪的大学、职场和生活中取得成功所必需的思维能力。这套试题不注重解方程、回答定义这些孩子可以记住，然后塞进短期记忆的东西，也不用多选题这种把有限的可能性缩略为四五个选项，以供孩子从中推断或"想出"正确答案的题型，而是让他们把头脑里的知识运用于需要批判性思维和有效沟通的真实情景，例如，一个图标是否说明了它旨在说明的事项，或

---

[①] 趋势专家丹尼尔·平克在《驱动力》一书中对积极性和内驱力提出了具有颠覆性的阐释。本书中文简体字版已由湛庐文化策划、中国人民大学出版社出版。——编者注

者一张公共健康海报是否能有效说服市民注射流感疫苗。借用调查记者阿曼达·里普利在《世界上最聪明的孩子》一书中的话来说，PISA 的目的是揭示哪些国家在教孩子独立思考。

2000 年，PISA 首次在包括美国在内的几十个国家举办，此后每 3 年举办一次。里普利证明，PISA 分数的高低与学校的资金状况、种族、阶层毫无关联。高分国家的教育者和家长推行严格的学习模式，即高标准、严要求，学生要为达标而努力学习，以及熟练掌握的能力，即通过对所学概念的运用而体现出的理解水平。

历年来，美国青少年在 PISA 中表现平平，对一个在教育、经济、领导力和创新等诸多方面都自诩为世界领先者的国家来说，这个结果相当令人刺激。美国孩子的 PISA 得分表明，他们没有接触到严格的学习模式，也不承担熟练掌握的责任，因此没有学会独立思考。要想在真实世界取得成功并起到带头作用，需要掌握复杂的决策能力和有效的沟通能力。PISA 结果预示，美国的孩子可能会错失这些能力。

美国研究学会（AIR）是一家行为与社会科学研究组织，2006 年，该组织的报告结论支持了那些可怕的预测："美国 50% 以上的四年制大学学生、75% 以上的两年制大学学生缺乏执行复杂读写任务的能力，如 分析新闻故事和散文的能力、理解文件的能力以及结算收入和餐馆小费所需要的数学能力。"[3]

● - - - - - - - - - - - - - - - - - - - - - - - - - - - - - - - - - - - - - - - - - - - - -

批判性思维不仅指能够理解新闻和平衡收支，它所指的比这还要广泛和丰富得多。在《优秀的绵羊》中，威廉·德雷谢维奇阐述了许多年轻人的"绵羊"式状态，在他看来，他们跨越了家长、教育者和社会设置的各种不断升高的铁环，取得了高分和荣誉。名校的大门和一些精英职业向这些孩子开放，但是德雷谢维奇认为，他们的内心是封闭的。没人教他们如何在灰色区域挣扎，没人教他们去挑战那些死记硬背的东西的对错。他们做自认为应该做的事，却不会停下来问：那是不是他们自己真正想要的，以及原因何在。在一个重视成绩和成功，而不重视思考的社会文化大环境里，"为考而教"的学校教育和专断、放纵式的家庭生活，都是罪魁祸首。

## 打破学校的思维方式

在 2001 年的著作《"做学"》[4] 中，斯坦福大学教育专家、非营利性组织"挑战成功"创办人丹尼丝·波普谈到了在美国基础教育学校流行的所谓应试教育心态，认为在这种教育方式下，孩子的行为方式与机器人如出一辙：知识以指令的形式进入他们的大脑，他们直接把知识照搬到家庭作业、学校考试及标准化考试中。2002 年，美国联邦政府颁布《不让一个孩子掉队法案》，进一步加剧了波普在 2001 年最早议及的"应试教育"心态，却没有促进培养思想者所需要的严格与熟练掌握能力。2010 年，在誉满全美的影片《无目标的竞赛》中，导演维基·埃伯利斯又把波普研究的那些孩子具体化、形象化了。

波普的研究显示，孩子们在把"学习"当成一件事来做，即"做学"，但并没有真正在学习，这种方法让他们经历了巨大的压力，这种压力不是好的，而是具有心理破坏作用的。为了得到"好"的分数、成绩，或者只是为了完成所有家庭作业，他们采取了一种"管它要付出什么代价"的心态。如果家庭作业能让学生更深入地了解学习材料，那就有价值；如果只是些把他们搞得忙忙碌碌的事务，那就没有意义。[5] 但是，波普最近说："教师、管理者和家长分不清严格与作业量的区别。"[6] 作家、社会评论家阿尔菲·科恩（Alfie Kohn）研读了一大批研究家庭作业的文章，发现没人证明家庭作业有什么好处。然而，正如我们都知道的，老师还是在不断地布置作业。[7]

批判性思维基金会把"应试教育"教学方法称为"知更鸟妈妈"法，认为这就类似于在思想上把什么都为孩子嚼碎，然后放进他们知识的鸟嘴里，让他们吞下。基金会报告指出，用这种方法教出来的孩子可以复述学习内容，但并没有真正学会知识,因此可以说,他们并没有真正理解学习内容。基金会认为,如果孩子采取这样的心态,那除非别人明确告诉他们要怎么说、怎么想、怎么做,以及说什么、想什么、做什么,否则他们什么都不懂。他们需要别人帮他们思考,他们只愿意复述家长、老师或教科书上的话,而不愿意接受来自其他方面的挑战。[8]

# 打破家里的思维方式

在家里,我们许多人对待作业、考试、活动、选择和任务的方法也都落入了"知更鸟妈妈"模式,而不是让孩子自己去解决问题。这里简要复述一下本书第一部分的内容,然后再介绍我们建议采取的方法。

### 1. 我们过度保护。

我们是他们的保险杠和护栏,我们为他们评估风险,告诉他们何时过马路安全、是否可以吃万圣节糖果,不让他们爬树、使用工具。我们厌恶风险,无论是商店、户外,还是上学、放学,都宁愿他们随时处于我们的视线范围内,并且告诫他们不要和陌生人说话。我们动辄称赞他们,裁判、教师发现他们不达标时,我们就站在他们一边,把他们的每一点努力说成"完美"。

### 2. 我们为他们指挥。

我们告诉他们玩什么、学什么、追求什么及要达到什么水平,甚至包括哪些大学值得一看、学什么专业及未来从事什么职业。我们为他们解决问题,塑造他们的梦想。

### 3. 我们手把手地帮忙。

我们替他们去找老师和教练评理;我们充当门房,负责他们的生活后勤;

我们在背后批评权威人物的决定；我们纠正他们的数学作业、修改他们的论文，大力篡改他们的申请书，或者干脆替他们操刀。

从本质上讲，过度养育就好比钻进孩子的大脑，驻扎在那儿，就好比我们个人演绎版的《傀儡人生》（*Being John Malkovich*）。我们以自己的思想替代掉他们的，在他们的生活中不断警惕着，固执地存在着，还借助手机替代他们做决定。我们做这一切，因为我们认为爱就是这个样子，并希望以此确保他们"成功"，这个"成功"指的是专业上的成功，以及发财致富的机会。

如果我们以这种方式养育孩子，那对孩子来说，童年就没有成为他们学习独立思考的训练场，他们只是"做"了童年清单上的各种事情。如果我们没有教他们思考，也不允许他们思考，那我们就没有帮孩子做好在大学、职场和生活中取得成功的准备。

## 训练孩子的批判性思维

在学校层面，要谈到教孩子们自己解决问题，说得委婉些，事情似乎有点混乱。2009 年《共同核心州立标准计划》（*The Common Core State Standards Initiative*）的产生，部分原因是对 PISA 警示的反应。大体而言，PISA 警示美国孩子缺少批判性思维能力，因此没有做好在大学、职场和生活中取得成功的准备。30 多年来，设在加州森诺玛州立大学的批判性思维基金会兢兢业业地培养教育者如何向孩子们传授批判性思维，然而，他们的研究揭示，大多数教育者连批判性思维的意思都不懂，就更别说传授了。改进学校传授批判性思维的方法是一个复杂的问题，也不是本书的重点，但在自己的家里，父母们可以，而且也应该承担起教孩子思考，即自己想办法的任务，而不是让他们毫不用心，机械地处理信息和生活中的经历。我们可以改善与孩子谈论学习内容、生活经历和做决定的方式。

以下是具体方法。"批判性思维"的根本在于"思维"本身，可以简单地理解为"把事情搞清楚"和"把知识应用到新情况中"。"批判性思维"的概念可以追溯到苏格拉底，他形成了与学生来回提问的风格，比如与最著名的柏拉图，从而开启了学生的思想理论基础，使他们更深入地理解推理的正确与谬误，然后让他们把自己的理解用于不同的情形。

20世纪90年代，作为哈佛大学法学院的学生，我体验了"苏格拉底式"的教学风格。像其他许多学科的教授一样，绝大多数法学教授都使用这种方法。这是一种"尝试－证实"的方法，不同于死记硬背，也不同于由他人告诉你如何解决问题、什么是"正确"答案，或者应该相信什么。这种方法使人对事物有真实的理解。

等孩子自己搞清楚了问题、概念、思想以后，就可以谈论事情的原因和方式，而不仅是谈论其存在的事实本身，并且可以将学到的知识应用于新情况。有些人反驳说，苏格拉底的方法不适合儿童，因为那会教他们质疑权威。而其他一些人，如批判性思维基金会、华德福学校和蒙台梭利的老师，他们所使用的简化版的苏格拉底方法是可靠的，即通过继续发问，帮助一个人理解信息或者做决定，这可以帮助孩子自己把事情想清楚，而不需要老师或家长提供信息和答案。《发现孩子的优势》（*Your Child's Strengths*）作者、教育家詹妮弗·福克斯（Jennifer Fox）会同意这个观点。她在书中解释说，**你只要就一个问题问孩子5次"为什么"，就可以帮助他们达到对事情要旨的理解。我把这种方法称为持续提问法。**

# 教会孩子独立思考的技巧

如果你希望孩子独立思考，就必须与他们展开对话，抵制那种自然的诱惑，不要给出答案，说出我们所知道的情况，替他们解决问题，也不要以其他方式关闭对话，遏制他们的思考。

在孩子婴幼儿时期，我们进行有关环境的独白是合适的，那是他们学习语言的方式；但到了三四岁，孩子可以进行一点对话了，我们会希望他们承担部分谈话责任，回答我们提出的开放式问题。

对话是练习和观察批判性思维结果的最佳机制。下面给出了一些亲子对话范例，展示了引导孩子独立思考的方式。对话采用持续提问的方式，归结为，你，即家长，不管孩子刚才说了什么，接下来总是问"什么""如何""为什么"。不管孩子年龄大小，都可以用这种方法，尽管随着孩子的成熟和智力复杂度的提高，主题会改变、复杂程度会加大。

请注意，如果孩子年龄还小，那你的问题可能更多的是"引领"，即你知道你提出的问题的答案，把他们往那个方向引导；但随着孩子年岁增长，你对当前谈话主题的了解可能不是那么多，然而，你持续提出的好问题仍然会让他们和你对情况有更深入的理解。以下介绍这种持续提问法的一些变体，可以用来教各个年龄段的孩子进行独立思考。别为此殚精竭虑，我们都很忙，不一定有时间或精神空间像苏格拉底那样坐而论道。无须随时进行这种对话，有机会、有时间的时候，进行一点持续提问就可以了。

## 1. 与学龄前儿童交谈。

第一个对话范例赞扬了孩子知道的东西，但没引导他思考。

孩子：蝴蝶！

家长：是的，那是一只蝴蝶。说得好！蝴蝶什么颜色？

孩子：橙色和黑色。

家长：对的！你真聪明！

第二个范例使用同样的场景，示范如何使用连续提问法开启对话。

孩子：蝴蝶！

家长：嗬，蝴蝶在干什么呀？

孩子：在那朵花上。这下它飞到了另一朵花上！

家长：你觉得它为什么喜欢花呢？

孩子：因为它们漂亮吧？

家长：也许。你能想到另一个原因吗？

……

与孩子的谈话可以这样持续很长一段时间。持续提问能帮助孩子展示他们已经知道的知识，并想出与既有知识相关的另一组概念。他们在学习，你的注意对他们来说是更大的奖赏。

## 2. 与小学生交谈。

小学时期，亲子之间的对话往往围绕"后勤问题"展开，比如自行车轮胎没气了，或者孩子把家庭作业落在学校了，指望我们替他们处理。下面的对话范例涉及需要管理的局面，以及如何帮助孩子自己解决问题。首先是一个很差劲儿的对话例子。

家长：今天在学校情况怎么样？

孩子：还好。但是我忘了带书包回来。

家长：哦！我开车送你回学校拿吧。

这位家长没有教孩子思考问题，而是马上帮孩子解决问题。孩子不仅不知道如何分析情况、想出解决办法，而且将来忘记书包的可能性更大，因为他没有承担忘带书包的后果。还有类似的情况是，孩子不能按时起床，如果父母继续叫醒他，或者，如果他错过了常用的交通方式，则让他采取其他方式去学校。更好的对话是这样的。

家长：今天在学校情况怎么样？

孩子：不错。但是我忘了带书包回来！

家长：哦。

孩子：怎么办呢？

家长：我也不知道。你认为可以怎么办？

孩子：我不知道啊！你可以开车送我回学校吗？

家长：抱歉，不行。今天下午我还有其他情要做。你觉得怎么
　　　办好呢？

孩子：我可以打电话找朋友问作业。

家长：好的。

孩子：可是书包里有我要用的东西。

家长：嗯，是吗？

孩子：或者，我给老师发个电子邮件，告诉她我把书包忘在学
　　　校了，看看她怎么说。

家长：这两个主意听起来都不错。

……

然后让孩子尝试自己想出来的解决办法。孩子能从中认识到父母不会为他的问题负责，得自己解决。对放纵型父母来说，这种"严厉的爱"的方

法尤其困难，但请记住，这个时候，最爱孩子的做法不是帮他们解决问题，而是教他们如何自己解决问题。与初中、高中的家庭作业比起来，小学的家庭作业往往没什么打紧，准时到校的问题上也是如此。让他在这个时候记住忘带书包或起床晚了的教训更好，免得到了风险更高的学校环境中，还要面对这些问题，到那时，你会觉得有责任帮他避免更恶劣的后果。

### 3. 与初中生交谈。

初中生仍然是我们眼中的小孩子，但他们正在迅速变成青少年。我们把他们称为"青少年"，就是承认这个年龄介于两个阶段之间。他们希望我们参与他们的生活，希望我们对他们的生活感兴趣，但如果我们过分关注他们觉得错误的事情，那他们很快就会对我们关闭心门。

第一段对话不好。

> 家长：今天学校情况如何？
> 孩子：还好。
> 家长：西班牙语考得怎么样？
> 孩子：很好！
> 家长：太好了！

家长关注的是成绩，而不是孩子在课堂上学习的东西，或者孩子感兴趣的东西。较好的对话是这样的。

> 家长：今天学校情况怎么样？
> 孩子：还好。
> 家长：你最喜欢什么科目？
> 孩子：西班牙语。

家长：太好了！为什么？

孩子：这是我最喜欢的课！

家长：为什么？

孩子：我总是考得很好，作业从来就不困难。我从来没有不理
　　　解的地方。我不断举手，老师抽问我，特别是其他人不
　　　懂的时候，我的感觉是，耶！我懂，上！

家长：你怎么知道你擅长这门课呢？

孩子：老师讲解的时候，我能猜出她要说什么，因为我已经知
　　　道是怎么回事了，我知道接下来是什么。

……

不断问为什么、怎么回事。

孩子知道自己喜欢一门功课是一回事，但正如这段对话所展示的，我们真正希望的是，孩子清楚自己是怎么知道的。

### 4. 与高中生交谈。

高中生的内心世界情绪激荡，因为他们受到了荷尔蒙的刺激。他们对自己来说都是一个谜，就更别说对我们了。询问高中生一天的情况，通常会得到一个简短的回答："还好。"作为父母，我们渴望了解更多的信息，也希望帮助他们了解涉及学习和经历的"为什么"和"怎么样"，这样他们可以形成对自己、他人和世界更深入的了解，做出更好的选择和决定。

要超越青少年典型的单字回答，我们可以针对他们的话语，以类似于学龄前儿童与蝴蝶的对话方式，反复但是深思熟虑、富有创意地问"为什么"和"怎么回事"，直到揭示他们经历或学习的要点。进行这种批判性思维对话时，我们是积极的倾听者，一个额外的好处是，我们在向他们证明，除了关心他们是

否完成了作业、成绩如何，以及球队赢了输了之类的事务性问题外，我们真的对他们本身感兴趣，这类对话就构成了品质时间。先看一个不好的对话。

> 家长：今天学校情况怎么样？
>
> 孩子：还好。
>
> 家长：有什么作业？
>
> 孩子：有很多的数学、化学作业，还要交一篇英语作文（沉重的叹息）。
>
> 家长：我还以为你喜欢读《大鼻子情圣》（Cyrano de Bergerac）呢。
>
> 孩子：是啊。我喜欢读，但并不意味着我愿意写一篇关于它的文章啊。
>
> 家长：得了，你写得出来的。想想你喜欢大鼻子情圣的哪些方面？
>
> ……
>
> 孩子：妈妈，不是那么简单的。
>
> 家长：我知道，但你很聪明啊，我只是希望你有信心，相信自己能写。
>
> 孩子：我只想完成任务就好了。

家长先是以自己的想法（你喜欢大鼻子情圣）代替孩子的想法（我害怕写这篇文章），然后又试图用自己的观点帮孩子建立自信心，而不是让孩子感觉到，他自己的能力可以发挥作用。

下面是一段更好的对话。

> 家长：今天学校情况怎么样？
>
> 孩子：还好。
>
> 家长：你最喜欢什么？
>
> 孩子：哦，我们在读英语版的《大鼻子情圣》。

家长：有什么好玩儿的吗？

孩子：呃，我们大声朗读，我扮演大鼻子情圣。

家长：怎么样？

孩子：真的很酷。

家长：为什么？

孩子：因为我喜欢大鼻子情圣。

家长：你为什么喜欢他？

孩子：我也不知道。也许是因为他做了那些帮助基督徒和罗克珊恋爱的事情吧，虽然他不应该这样做。

家长：什么意思？他为什么要那样做？

……

谈话从孩子"喜欢大鼻子情圣"的粗略感觉，发展到"为什么喜欢"这样更微妙的理解，这有助于他参与课堂讨论和写作，也有助于他完成必须要写的文章。

## 不要让他们只是"做学"

丹尼丝·波普在《"做学"》中概述道："现在的孩子在完成任务，即'做学'，而不是学习，就这样，他们的压力已经非常大了。他们学习完成任务，在一篇5个段落的短文中体现老师希望看到的所有元素，或者熟记每个生物学概念和数学公式。他们认为，为了实现人生的成功，下一个任务是进入某些学校，这种心态往往会延伸到事业和职业的追求上。"

我致电耶鲁大学招生官杰夫·布伦策尔（Jeff Brenzel），请他谈谈透过"做学"而不是自由思考的方式，他在本科生身上看到的情况。"我看到有些人继续表现出小心谨慎的倾向，把在这儿做的事情看作是一种职业建设步骤。这导致了他们的完美主义心态，不愿尝试、害怕失败、不会反叛，这不利于长远的实际工作。我怀疑他们 20 年后会不会遭遇中年危机，感觉戴上了紧箍咒。他们没有意识到自己必须拥抱教育，而不是等着别人把教育送到面前，这是真正的伤害。"

我在斯坦福大学听说并目睹了这种心态。学生很难对开放性和不确定性的问题发起挑战，而只想继续他们已经习惯了的方式，也就是擅长做别人要他们做的事情。斯坦福大学的一位老师教一门相当于大一英语的课程，她告诉我，她那个课程现有一个常见的现象是，当老师把一篇写满以下反馈意见的论文还给学生时，比如："介绍更多的情况；你怎么知道的？这里的动机是什么？然后呢？……"对于这些问题，大学生哀怨地恳求："我不知道你要我怎么办，告诉我你要我说什么好了。"

校园另一边，工程学的约翰·巴顿（John Barton）也看到了类似的动态变化。巴顿是斯坦福大学土木与环境工程系的建筑设计项目负责人，教授一门介绍性绘图课程，因为建筑师不只需要工程技能，也需要知道如何画画。许多学生找到他，瞪着大眼睛，担心自己根本连起码的能力都没有。"他们说一辈子都没上过绘画课。我现在经常遇到这种情况。"

学生对巴顿说这样的话："我知道要想进入一所非常好的大学，我得尽可能地多修 AP 课程。是的，我们学校对艺术有要求，但不是 AP 那种水平，我通过加入爵士乐队、出演一场学生戏剧或者类似让大学申请书显得好看些的方法，完成了任务。而且，我爸妈不希望我在这些科目上浪费时间。它们占用了一门 AP 课程的时间。"

巴顿给学生描述了他们高中时代的学习情景："你选 AP 化学时，我估计老师会告诉你，你需要考 95 分以上才能得 A，并且要重视每一项任务和测试。此外，如果你早早到实验室，帮忙布置，留下来洗烧杯，那他可能会给你

120 分。因此，你的学习水平可能是 C，但在班上还是得了 A。此外，所有测试都是电子扫描格式，没有论文，没有解释性题目，实验报告在老师列出的表格上。"学生们看着他，感觉他好像和他们并肩坐在教室里一样，纷纷点头称是。

然后巴顿告诉学生，他的课如何不一样："我告诉他们，准确性、精确度并不重要，但过程和反思很重要。我希望他们打破规则，爬到最高的枝头，然后把下面的树枝全部锯掉。我告诉他们，在设计中就是要面临风险和开放式问题。设计是一种解决问题的方法，而不是'任务'，这一点很不容易，因为迄今为止，他们接受的教育中只有任务。他们是斯坦福大学的学生，他们并不抓狂，但压力水平却上升了。不过这正是他们渴望的，然后他们欣然接受。他们需要一点时间适应，渐渐地才不再问我是否可以做某事。对于他们的这个问题，我的回答要么是'你可以请求原谅，但不要请求允许'或者'你可以吗？'到第 5 周的时候，有些学生会用其中的一个问题答复我。那时我就知道，我把他们带到了教育的人性一边。"

巴顿不是让学生"做学"，而是教他们思考。这件事并不容易，可以说是一场攻坚战。

## 教会他们坚持思考

在构成孩子生活的所有因素中，学术追求和进步似乎是最严峻的考验，而目前教育孩子的方法和途径一味强调记忆、复述信息、良好的作业、考试及标准化考试成绩。他们取得好成绩时，我们常常给出"你真聪明！"之类的评价。但研究显示，父母的这种反馈其实是对学术成功的破坏，而不是加强。

斯坦福大学心理学教授卡罗尔·德韦克（Carol Dweck）博士被举世公认为"成长型思维模式"（growth mindset）概念的先驱。她认为这种思维模式是我们努力继续成长、学习和坚持的途径。[9]

德韦克发现，得到"聪明"评价的孩子往往在后续任务中表现不佳，他们会选择较容易的任务，避免产生让人觉得他们不聪明的证据。而强调"努力"给了孩子一个可以控制的变量，[10] 他们认为成功在自己能控制的范围内。

天生的智力因素不在孩子的控制范围内，对它的强调使孩子感觉自己对事情没有控制力，而且这种评价也不是应对失败的好办法。[11]

德韦克的网站（mindsetonline.com）上讲授了逐步养成"成长型思维模式"的方法。[12] 她说："如何解读挑战、挫折和批评是你的选择。你可以用一种固化型思维模式进行诠释，认为它们说明自己缺少天赋或能力；也可以用成长型思维模式予以解释，认为它们说明你需要加强策略和努力，拓展自己的能力。这取决于你自己。"**成长型思维模式就是坚持解决问题，并引向更好的批判性思考。**

## 教他们不要只想着自己

如今，孩子们似乎只有时间思考学业、课外活动及个人事务。但你也可以通过谈论他们周围的事情，鼓励他们形成对人对事的看法，以此培养孩子的批判性思维。

教育者和心理学家最近常常把这句话挂在嘴边：**不管家庭成员的日程安排多么紧张，都要抽出时间共进晚餐。**研究表明，家人一起进餐会让孩子们觉得父母重视他们，从而对他们的心理健康产生积极影响，进而提高自尊心和学习成绩。除了跟孩子谈论白天的经历和生活，还可以谈论时事，这有助于提高他们的批判性思维水平，提高到理论挑战的水平，提高到对周围世界感兴趣的程度，提高到对他们尚且不知的东西保持谦卑的层次。这让他们渴望知道更多。

一旦孩子上了小学，能够表达意见了，就可以询问他们"相信什么"这个问题。你得根据你的兴趣、信念、价值观以及孩子的年龄，决定什么话题适合你的家人。下面谈谈如何进行时事讨论，以加强孩子的批判性思维能力。

### 1. 提出一个有不同观点的话题。

话题可能来自你读过的一本书、你看过的一部电影、你们全家一起观看的电视节目、学校的一项政策、当地报纸报道的一件事，或者是当地家长教师协会、学校董事会关心的话题。只要至少有几个不同的合理观点，就能形成对话。以与孩子年龄相适合的方式提出问题，难度最好略微超出你家小学生的理解能力。

### 2. 问问孩子的看法。

询问他们对这个话题的看法以及理由。他们的意见是基于什么价值观或预设？如果他们的观点没有胜出，情况会怎样？会有什么后果？如果他们的观点果真赢了，为什么情况会变得更好？

### 3. 充当"魔鬼代言人"。

这意味着无论孩子站在哪一方，你都要表达与孩子相反的意见，而且，你说的话与孩子表达意见所说的话数量要相当。解释为什么这个看法更好，说明你的观点依据了什么价值观或预设，以及坚持你的观点会有什么样的后果。用鼓励和打趣的语气，不要苛求或者过于挑剔。

### 4. 鼓励孩子回应你的观点。

鼓励他们说出第一次提问时没有陈述的理由，权衡孩子进行这种智力游戏的准备程度和意愿，别让他们感到不舒服。我认识一位成年女性，在餐桌上交谈时，她的律师爸爸会把他们逼到眼泪汪汪的境地，让他们不得不奋起捍卫自己的观点。别走那么远！

### 5. 高级的交谈：交换立场。

从头开始，和孩子对换角色，看看孩子是否能清晰地表达与原来观点相反的观点和价值观。或者，以新的话题开始，当孩子说出最初的想法后，让他停下，从另一个角度开始辩论。

在家庭餐桌上谈论世界大事，其作用不只是让家里每晚吃饭时都有刺激性的交谈。阿曼达·里普利在《世界上最聪明的孩子》中说，生活在父母爱谈论书籍、电影和时事家庭中的孩子，在 PISA 阅读测试部分有更好的表现。全世界概莫如是。

## 让他们为自己说话

在前面的章节里，我简单提到过一件事：当年我还在斯坦福大学的时候，有位新生和他父母来找我讨论做研究的事。会见过程中，他父母包揽了全部谈话内容，尽管我尽量直接向孩子发问，并将目光转向他，但长达 30 分钟的谈话结束时，我还是不知道那孩子对这件事有什么看法，也不知道他是否对做研究感兴趣。他父母对这个话题很感兴趣，这倒是毋庸置疑的。

我女儿埃弗里给我讲了一件发生在八年级的事。当时她被选进了一个学生小组，负责陪同来访的五年级学生参观校园。参加这项活动的老师没有让八年级学生和五年级学生交谈，而是一个人从头说到尾，然后，他转向站在一旁的八年级学生，看他们是否有什么要补充的。他们没有什么要补充的，不过那位老师把图书馆的位置搞错了，因为图书馆在五年级同学入校之前就要搬走了，学校本来交代他们讨论新址的。埃弗里和朋友们微笑着站在一边，努力显得负责、庄重，心里却觉得像个傻子。这位老师在怕什么？让八年级的学生自己说话会发生什么事？

我们不能挡孩子的道，要让他们在世界上发出自己的声音。该怎么做呢？以下是我的一些思考。

### 1. 重视。

你的孩子需要有独立思考能力，在遇到人的时候，要能够主动发起谈话，也能响应别人的谈话。无论是分享激动人心的消息、解释自己的兴趣或愿望，还是提出必要的问题，你的孩子总有一天需要完全自行处理这些事情，而童年应该给他们提供实践机会。

### 2. 为自己制定一个目标。

要下决心让孩子尽可能表达自己的看法，并且，随着你们彼此都对他的交谈能力有了更多信心之后，不断增加让他自陈观点的机会。每次你做到了，你都是在告诉孩子，你相信他有能力独立思考。

### 3. 实践。

当你知道孩子要和一位成年人交谈时，比如运动队教练，或者他们想要参加的项目的领导，可以提前说明你希望由他来主谈，你可以负责提供他不了解的信息，但你知道他可以应付自如。老师、商店店员也好，舞蹈老师、教练也好，都非常喜欢孩子问他们问题、提出想法或表达担忧。当孩子同成人交谈时，让他注意对方脸上的喜悦表情。声明一下：你最了解你的孩子，如果他性格内向、害羞，可能巴不得由你承担沉重的谈话任务，然而，即便你帮孩子发言，也请注意，你不是他们，并不能真正替他们说话。你可以说："苏西告诉我，她觉得……"或者"萨米告诉我，他对……有兴趣。"

**4.要坚决抵制干涉的冲动。**

不要怂恿他们说话，不要在他们耳边嘀嘀咕咕。给他们机会，让他们自己处理。在商店里，或者和指导老师、教练在一起时，你甚至可以站到一边，这样成年人就明白要把孩子作为交谈对象。

**5.必要时补充你的看法。**

在孩子长大之前，你对某个主题的了解往往要超过他，你对事情总是有自己的看法和想法。你的想法很重要，但只能作为孩子想要表达的意思的补充，而不是取而代之。就像工作中的好经理一样，让屋子里的下级，即你的孩子先发言，然后支持他的看法，只补充你认为必要的东西。这就是对他们赋权。

## 他们的思考，他们的生活

在斯坦福大学的时候，每周五下午是我的办公室接待时间，在那三个半小时里，我与学生们讨论他们面临的各种问题：有人寻求学术及个人事务方面的建议，如专业或者研究生院的选择、相互冲突的暑期活动机会，或者为了获得更多的喘息空间，为了追求其他的事项，需要放弃哪些科目、活动，等等。不管他们提出什么问题，我都会以问题作为回应，例如："为什么你想要这个，而不是那个？""你的长期计划会受到什么影响？为什么？""如果你不做那件事，会有什么损失？为什么？""如果可以随心所欲，你会做什么？为什么？"就这样以不同的方式问"为什么"，多问几次，层层剥开学生问题的外壳，深入问题的核心。这就是我在前面的章节讨论过的持续提问式的批判性对话。

的确，对学生提出的各种问题，我都有自己的看法，但我的任务不是给他们答案。我的工作是给学生提出好的问题，让他们更深入地了解自己。我会试着理清他们想法背后的价值观，帮他们认清自己的优点和所在发展领域的认识水平，以及心中的恐惧和梦想。然后我会帮助他们，根据对自己的了解，审视现有的选项。我教他们形成理论基础，并据此做出最终选择，而不是让他们依赖权威人物，即我的建议，或者是"应该"怎样，因为"其他人都这样"，或者因为"别人希望我这样"之类的理由，这些都是年轻成人常常脱口而出的话。眼见一个人敞开心扉、独立思考，进而把事情弄明白，我心里既震撼，又激动。

在《世界上最聪明的孩子》中，阿曼达·里普利谈到了美国青少年的批判性思维能力水平堪忧，但她指出美国有些地区施行了更好的教育，学生的学习情况更好，在 PISA 中得分极高。"无疑，美国青少年在复杂的批判性思维测试中，可以表现出全世界顶尖的水平。"[13] 借助更好的教学和更好的养育方式，我们可以给他们机会。

# HOW 16
## TO RAISE AN ADULT
## 帮他们做好努力工作的准备

我意识到，不能坐等别人来发现我的惊世才华，而要
有一个更大的计划。

——斯蒂芬·帕克赫斯特（Stephen Parkhurst）
千禧一代，导演

职场人士对千禧一代员工的惯常看法是这样的：

他们觉得一切都理所应当。他们认为自己了不起，只要露个脸，
就希望别人能拍拍他们的背。他们总希望别人告诉他们要做什么。他
们没有职业道德。

斯蒂芬·帕克赫斯特是一位雄心勃勃的电影导演。2013 年时，他 29 岁，
那一年拍摄的《千禧一代》（*Millennials*）模拟了前一辈人对千禧一代的看法，
一上线就被疯狂传播，观众超过 300 万人次。他承认千禧一代的这些行为，同
时也批评了养育他们的父母。2014 年 2 月，我给他打了个电话，想了解他创
作这部视频的动机。

帕克赫斯特住在纽约，是德纳斯公司（Deluxe）的数码放映员。德纳斯是
一家跨国公司，为电影电视提供各种后期制作服务。2007 年，他从新罕布什

尔州的基恩州立学院电影制作专业毕业时，正好碰上自经济大萧条以来最糟糕的经济时期。2014年的时候，他在德纳斯做一份全职工作，业余时间则做自己的电影。他的视频由4个千禧一代年轻人出演，[1] 以这段话开始：

> 我们糟糕透顶，我们对此心知肚明。我们以自我为中心，把一切视为理所应当，我们自恋、懒惰、不成熟。我们对此非常抱歉。我们是最差劲儿的！我们和父母没什么两样。

声音中有男有女，他们都是20多岁的城市白人，外表时髦，坐在沙发上、台阶上以及纽约高档公寓外的人行道上，阳光洒在他们身上。他们假装为自己这代人的享受、失败和冷漠表示歉意。他们接着说：

> 我们不知道发生了什么事！从小你们就让我们相信我们与众不同，我们如此特别，根本不需要做任何事予以证明。我在足球赛中上个场就得到了奖杯——出场奖，这很是特别。不知道问题出在哪儿，你们尽了最大的努力。

很快，歌词从对从小听到太多赞扬的质疑转入更为宏大的问题，指出婴儿潮一代人的政策和行为导致了一系列的经济社会影响，包括两场战争① 、房地产泡沫、经济大衰退和全职岗位的稀缺，以及对制造业的破坏、工会的空心化、大学学费的急剧上升、学生贷款负担和给地球造成的环境破坏。

> 视频中，一个女人的思考把讽刺意味推向了高潮，并最后总结道：天啊，要是有一代人如此胡闹、如此糟糕，那简直是疯了吧？因此我们代表全体千禧一代，为我们如此可怕的表现道歉。从现在起，我们要像婴儿潮那代人一样，因为你们这些家伙做得太好了！

近年来，接二连三有人撰文批评千禧一代缺少职业道德，于是帕克赫斯特

---

① 指伊拉克战争和阿富汗战争。——译者注

创作了这个视频予以回应。2013 年,专栏作家乔尔·斯坦(Joel Stein)在《时代周刊》发表了题为"千禧一代:'我我我'一代"(*Millennials: The me me me Generation*)的文章,同年,珍妮弗·格雷厄姆(Jennifer Graham)在《波士顿环球报》发表的文章题目是"蜜罐里泡大的一代懒人"(*A Generation of Idle Trophy Kids*)。批评总是针对千禧一代,好像这种局面是他们造成的。这种指责显然有失公允。我认识数以千计的千禧一代年轻人,相当了解其中的好几百位,我知道他们充满希望和决心,像之前的每一代人一样渴望成功。他们在职场表现出的负面行为特征并非他们身而为人的某些内在缺陷,而是我们的养育方式所致。看到帕克赫斯特的反击,我大为欣喜。

## 缺失的职业道德

然而,抛开这些责怪不说,千禧一代在职场中没有表现出坚持精神,也缺少前辈人的协作心态,这样的说法并不只是故作惊人的讽刺之语。

HOW 成长观察室
TO RAISE AN ADULT

2013 年,本特利大学委托一个课题组对劳动力准备情况进行了研究。3 100 名受访者包括高等教育界和企业界的领导人、企业招聘人员、大中学生及他们的父母,还有刚出校园的大学生。在非千禧一代的受访者中,74% 的人认为千禧一代缺少前辈人的职业道德,70% 的人认为千禧一代不愿意"承担责任"。相反,千禧一代受访者中,有 89% 的人认为他们自己有很强的职业道德。[2]这种认识上的严重错位至少说明在职业道德这一问题的界定上,大家存在着重要的分歧。

我们做父母的可以帮助扭转这种错位。如果你采用了本书第 12 ~ 15 章讨论的策略,那么,你已经做了大量准备,你的孩子有望成为职场中被珍视的那种人。

这一章在前几章的基础上，考察了一些策略，同时还会教孩子们勤奋工作，即投入并善始善终地完成一项工作，这样，他们就具备了成为积极公民进入职场的条件。我们希望他们说出这样的话：这是我应该做的，我决心把事情做好。相信他们能做得到。

## 建立职业道德：干家务的作用

第 13 章中讨论过的那些生活技能，如基本的仪容整洁、看管物品、做饭、保持家中清洁等，是每个人必须为自己做的事，也是我们的首要责任。在这份清单的基础上，本章提出了更多的任务，教孩子怎样为家人、家庭、团队或其他人群生活得更好，而投入并贡献自己的一分力量，善始善终地完成一项工作。专断型家长早就要求孩子做这些事情了，不过他们采取了武断的方式，而放纵型家长则根本不要求孩子。

**教会孩子生活技能，加上"坚韧不拔和投入"的心态，就可以培养孩子的职业道德，这是权威型养育的极好证明。**

做家务的孩子有更大的成功机会。明尼苏达大学的退休家庭教育教授玛丽莲·罗斯曼（Marilynn Rossman）把"成功"定义为不吸毒、拥有有品质的关系、完成教育并开始职业生涯。她依据戴安娜·鲍姆林德博士实施的一项纵向研究数据，得出了如下结论：**最成功的那些人三四岁就开始做家务了，十几岁才开始做家务的人则相对不那么成功。**罗斯曼从未正式发表这项研究，但她提出了儿童做家务的价值理论，这项理论被后来许多学者和作者引用。[3]

哈佛大学精神病学专家乔治·瓦利恩特（George Vaillant）所做的那项著名的纵向研究也认为，童年做家务是未来成功的基本要素。他这项研究的对象是哈佛大学的学生，时间跨度从这些人读本科开始直到整个成年期。在《纽约时报》1981年的一个访谈中，瓦利恩特解释说："工作在个人生活中起着核心作用。"对一个人成年后的心理健康状况的影响，工作超过了强大的家庭背景。[4]爱德华·哈洛韦尔（Edward Hallowell）是精神病学专家和作家，曾在哈佛大学做过教授，他认为做家务能培养"能做、会做的感觉"，这种感觉让人觉得自己是勤劳的人，而不是废物。[5]

所以，做家务琐事非常重要，然而如今，孩子做家务的时间比前几代人少多了。2008年，马里兰大学的研究者发现，6～12岁的孩子每天只花24分钟做家务，劳动时间比1981年的同龄人减少了25%。[6]《华尔街日报》报道这项研究时评论道："从社会学变化的宏观领域来说，这相当于自由落体式的下降。"[7]

韦尔斯利学院社会学教授毛尔凯洛·拉瑟福德研究了《父母世界》杂志1926—2006年发表的文章，考察社会对儿童家务要求的变化。[8]这份杂志是美国发行历史最悠久，也是目前最受欢迎的养育类杂志。她发现，在20世纪30～50年代，做家务是专家和普通人文章中的共同主题，儿童承担了维持家庭运转的大部分劳动，包括烧火、备餐、木工活、保管家庭账目及照顾生病的家人。而在20世纪60～80年代，做家务退出了《父母世界》杂志的话语主题。

20世纪90年代，做家务重新成为专家和普通人的话题，同几十年前儿童所做的家务活相比，这些文章提到的家务活都是些"琐碎小事"，如收拾自己的东西、照顾宠物、饭后收拾桌子和整理脏衣服之类。20世纪90年代以来，《父母世界》杂志上讨论家务劳动的文章有一个倾向，即主要讨论如何借助外部奖励措施来激励孩子做家务。"积分"是其中一种激励措施，积分可以"兑换"成现金，用来购买玩具或孩子喜欢的其他东西。而过去谈到家务的文章都把这些视为家庭生活的必需，孩子们则会"为活儿干得好而自豪"。

如果我们属于中产阶级，那我们的日常生活不会被那些曾消耗着我们祖先的辛苦劳作所占据。我们把维持家庭运转的大部分工作都丢给了机器、技术或雇工。

相反，我们的日常生活被孩子的课业和课外活动所占据。宾夕法尼亚大学社会学家安妮特·拉鲁把体育、艺术、家教等活动，及父母驾车接送孩子参加这些活动的做法，统称为"协作培养"，[9] 她指出协作培养如何耗尽了我们的精力。典型的家庭日程上已经有那么多的事情，如果竟然还能够完成家务，那实在堪称奇迹。

何况还有家庭作业的压力，家庭作业常常让孩子们自动免除做家务的责任。2014 年 9 月，在"挑战成功"召开教师、家长、孩子年度会议期间，心理学家、畅销书《放下孩子》和《B- 学生的祝福》(*The Blessing of a B Minus*)的作者温迪·莫格尔说，孩子只需要说一声"我要考试"，当父母的就会小心翼翼地伺候着他们，好像他们是"法西斯独裁者"或"有残疾的公子王孙"一样。[10] "狗把我的家庭作业本嚼着吃了"这句老话早就被淘汰了，现在的孩子有堆积如山的作业，哪有时间照顾狗、带狗玩儿。

课外活动、考试和家庭作业很重要，同样重要的是，要让孩子做家务，教他们一些技能和价值观。通过家务，他们会学到以下这些。

◆ 为家庭或团队工作、做贡献的责任感。

◆ 处理任务的自觉性。

◆ 满足最后期限和达到特定质量水平的责任感。

◆ 把工作做好的决心。

◆ 遇到挑战时坚持不懈。

◆ 采取主动，而不是说一句动一下。

即使家庭的顺利运转无须孩子出力，他们也必须做出贡献，懂得如何贡献，并感受贡献的回报，以便在踏上工作岗位和成为社区公民时，有自己的正确方法，懂得如何努力工作。简而言之，家务劳动能培养出社区和职场非常欢迎的职业道德。

## 培养"支援"和"妥善完成工作"的心态

孩子很可能明白，学习第 13 章中谈到的那些生活技能很重要。如果他们年纪还小，那他们会很喜欢自己做事或给你搭把手，并希望有更多的事情可以做。如果等他们十几岁了你才开始布置任务，那你可能会遇到抵制和怨恨，因为你让他们做这做那，搞得他们没时间做他们想做的事情。好在这个年纪的孩子眼看高中快毕业了，很快就要离开家了，需要自己起床、洗衣服、填饱肚子，你只需简单提醒一下，也许就足以让他们觉得这理由很充分，足以促使他们学习照顾自己生活所需的各种技能。

然而，职业道德与争当第一名无关，它需要的是能参与处理某些局面，即使那对你没有直接的好处。职业道德的含义可以用我妈妈老喜欢说的一句古老格言来表示："如果一件事值得做，就值得把它做好。"

HOW
TO
成长的力量
RAISE AN ADULT

如果培养生活技能意味着你知道孩子可以给自己倒橙汁，洒了以后会自己收拾，那么有职业道德就意味着，别人的橙汁洒了以后，你的孩子会帮忙收拾，而不是觉得"与我无关"，一走了之。

如何让孩子产生帮忙的冲动，愿意协助完成本质上不属于他们的任务呢？除非他们天生就有同情心和帮助他人的责任感，否则就需要我们给予教导。关于如何做到这一点，罗斯曼的研究富有教益；养育专家、爱与逻辑研究公司（Love and Logic Institute, Inc.）创办人、20 世纪 90 年代发明"直升机父母"

一词的吉姆·费伊和福斯特·克莱因的著作也很好；还有一些网络文章也很有帮助。基于我对各种研究资源的了解，加上对自身生活经历的回顾，就如何让孩子步出尽可能少干活儿的舒适区，进入承担自己部分责任的状态，我有以下思考和建议。[11]

### 1. 幼儿和学龄前儿童。

《韦斯特切斯特》（*Westchester*）杂志前主编埃丝特·戴维德维茨（Esther Davidowitz）认为，对你家的小幼儿，主旨是"利用他们的热情"。小家伙喜欢像个大人的感觉，所以，你叫他们把杂志堆好，给他们一块布擦擦灰尘，让他们把一堆衣服放到洗衣间、把浅色衣服和深色衣服分开，他们都会乐颠颠地去做。不要期待完美，通过让他们协力、做贡献，让他们因完成任务而感到自己很能干，因听从指令和受到重视而感到自信。

### 2. 小学生。

小学生可以帮你做很多家务事。以厨房为例，他们可以把车上的东西拿回家，拆掉包装，检查并收拾妥当，还可以收拾桌子、把杯盘碗碟放进洗碗机。

把每个任务分解成简单的步骤。例如，拆开食品杂货时，告诉他们要分门别类，有的需要放进冷冻室、冷藏室，有的需要放进食品储藏室，然后让他们把东西放到适当的地方。比如蔬菜和水果通常放在冰箱靠下的位置，那就可以让小朋友负责放这些东西，需要放到比较高的位置上的东西，如牛奶、果汁，可以让大一点的孩子负责。还可以让小一点的孩子把布袋子放进一个大口袋里，方便下一次拿出来用。仍然不要期待完美，如果你叫他们做事，又要微观管理每个步骤，那他们就会觉得不好玩了。他们不会像你做得那么好、效率那么高，你要接受这一点。随着时间的推移，他们会越做越好。

厨房里经常会发生满溢、食物掉到地上的情况，这是培养"支援"心态的大好时机。当这种情况发生时，可以叫来近旁的孩子："我需要你帮个忙。"如果他们没有做过清理工作，往往不知道如何才能帮到点子上，所以你要明确地告诉他们该怎么帮忙，让他们先把抹布打湿，然后把果汁擦干净，或者让他们把门厅壁橱里的扫帚和簸箕拿来，让孩子扫地，你端簸箕，活儿干完之前不要休息。事后记得对他表示自己的满意："干得好！"一定要谢谢他们，不是好像爬了趟喜马拉雅山的那种最高级别的表扬，用眼神和微笑就好，或者把手搭在孩子肩头，简单、善意地说一声"谢谢你"。这种类型的反馈会让孩子愿意继续努力，想再次体验那种表扬。

### 3. 初中生。

上初中的孩子可以出门做些事情，不至于让管闲事的邻居担心孩子"独自一人"。天气好的时候，让他们把你的车给洗了，让他们把门前的积雪铲开，让他们干些院子里的活儿，比如除草、把车道上的泥土送到花坛、耙树叶、把万圣节后腐烂的南瓜扔到堆肥里，或者布置节日装饰。如果孩子到这个年纪还没怎么染手过家务事，可能会皱起眉头，要不就干脆来一句："什么？为什么？"或者给你一个不能帮忙的借口。除非借口合理，否则请坚持你的要求。你只需要一个理由："我需要你的帮助。"许多父母发现，因果顺序法可以促使孩子行动，比如可以这么说："我需要你的帮助，请帮我把那些树叶耙走，完事以后我们去商店买你学校项目需要的材料。"

生活充满了所谓的繁重劳动，干这些让人厌恶的肮脏、乏味的活儿是培养职业道德的好办法。总得有人清理洒出来的果汁、清洗垃圾桶和废物回收桶，总得有人对付蚂蚁的侵扰、移动因屋顶漏水而发霉的箱子，或者铲狗屎。为什么不让上中学的孩子做这些事呢？记得表示感谢，但不是那种夸大其词的赞扬，只需要一句简单、真诚的"谢谢，我知道这活儿很让人厌恶，谢谢"。

孩子到了这个年纪，可以让他们预想任务的下一个环节，或者相关任务的长期顺序，以进一步帮助孩子形成职业道德，而不是等着别人来给他安排下一步的工作。你可以这么问："我希望垃圾下一次别撒出来，有什么办法吗？"或者这么问："卫生间的厕纸用完了，怎么办呢？"积极面对下一步任务，这对孩子未来成为成功的社会公民和工作人员非常重要。如果他们似乎不知道下一步需要做什么，那就询问他们的看法。要抵制为他们创建清单的诱惑。

### 4. 高中生。

上高中的孩子身材够高大，你做的大部分事情他们都可以处理，他们可以负责机器、登梯爬高及其他有危险的活儿。他们可以承担一些屋子里的活儿，如清理冰箱、扔掉过期食品、把内部和支架擦干净，以及擦洗烤箱、微波炉和灶台、清理吸尘器的垃圾等，也可以接手一些户外的活儿，如擦窗户、修剪草坪、跟你一起爬到屋顶上清洁水槽等。

你希望看到他们流汗的样子。让他们把圣诞树拖到路边，让他们和你一起用锤子和钉子修理篱笆，让他们帮你整理阁楼和车库。投入这样的体力工作时，他们的注意力会得到提高，家有多动症孩子的父母都知道这一点，而且他们的体力和耐力也会加强，还会因为完成了一项劳动，感受到那种工匠式的自豪。

**职业道德就是卷起袖子，做该做的事，预测将涉及的步骤，做事积极主动，而不是等着别人开口叫你。** 附近有没有上了年纪的邻居，每天早上都艰难地到外面取报纸，或者很难把垃圾桶推到路边？给你十多岁的孩子讲讲你曾经帮助邻居的故事，也许你会发现，孩子开始盼望为你和邻居提供那样的帮助。

## 不要逃避，这是父母的权利和责任

### 1. 示范。

不要让孩子去做事，自己却懒洋洋地躺在沙发上无所事事。传授职业道德

的最好方法是以身作则。不论年龄、性别或头衔，支援、协助是每个家庭成员
应尽的责任。让他们看到你在劳作，请他们加入，下厨、打理院子或车库时，
叫上孩子："我需要你的帮助。"

### 2. 期待他们的帮助。

你不是门房，你是孩子的第一任老师。培养孩子具备职业道德，最大的
障碍可能是我们自身，特别是，如果我们是放纵型家长，那我们往往非常关
注孩子的幸福与快乐，同时又知道他们要忙着做作业、参加课外活动。但我
们在努力把孩子培养为成人，他们需要从家务劳动中习得各种技能。家里的
家务活儿相当于就业后的"繁重工作"，是他们为"承担自己那份责任"而
做的事，因此才会有晋升机会。你要求他们做事或给他们布置任务，他们可
能不乐意，他们当然更想煲电话粥、玩儿电子设备、跟朋友扯闲篇，或者做
其他事情，但是，一旦他们完成了你要他们做的事，他们就会有一种成就感。

### 3. 不要道歉或过度解释。

父母不停地说说说是当今中产阶级养育方式的一个标志。如第15章所述，
和孩子讨论他们白天在学校的情况、让他们呈现自己的体会和学到的东西，这
些是建立批判性思维的好方法。同孩子讨论问题既有助于他们做决定，同时也
是显示你对他们关心的好方法，这也是权威型养育方式的标志。

在做家务这个领域，父母可以解释规则和家庭价值观，但没完没了地解释
你要他们做家务的原因，告诉他们为什么你知道他们不喜欢，但真的必须要做，
或者让他们做家务，你也感到很不好受等，这些都是废话。过度解释会让人觉
得你认为需要证明你的要求具有合理性，如果你在提出要求时、事件过程中或
者事后对他们道歉，那就会削弱你的权威。要知道，作为父母，要求孩子帮忙
既是你的权利，也是你的责任。短期内孩子可能会有牢骚，但终有一天他们会

感谢你。

### 4. 给出清晰明了的指示。

先想明白你要让孩子做什么事，然后直言相告。如果是孩子以前没有做过的事，解释一下步骤，然后就别管了。孩子做事的时候，别在旁边盯着，也别过问细节。你不是要他们按照你的方式做事，你的目的只是让他们做事。如果你在旁边唠叨，一会儿让他们这样做，一会儿又要那样做，那他们就没学会自己做。如果事情不是他们自己完成的，那他们就不会有成就感，也不会愿意再做这件事或者其他事。下一次，如果你不在一旁明确告诉他们要做什么，他们就不会有主动性。让他们尝试、失败、再尝试，告诉他们："做完了告诉我一声，我来看看你做得怎么样。"除非是有危险的事情，你有必要从旁监督，否则说完这句话，你就可以离开现场了。

### 5. 给予恰如其分的感谢和反馈。

切忌过度表扬。孩子只是做了最简单的事情，比如倒个垃圾、把自己的盘子从桌上子拿到了厨房，或者喂了一下狗，我们往往就会过度表扬，夸他们"干得好，伙计！"或是"完美！"孩子干完了某件家务活儿，一句简单、亲切、自信的"谢谢"或"干得不错"就足够了。留着你最高级的表扬，等到他们真的有超水平的发挥，或者完成了一件非常特别的事情时，再用不迟。

他们可能干得不错，甚至相当出色，但他们也需要一些建设性的反馈意见，才能知道如何做得更好。有一天他们进入了职场，也会遇到类似的情况。我有位朋友是谷歌管理团队的高级经理，负责监督一个由千禧一代组成的团队。她给年轻员工提出建设性反馈时，常常听到这样的话："什么？不可能，我以前从来没有得到过类似的反馈。那一定是你的问题,或者是谷歌的问题。"别让职场的首次绩效评估成为你孩子首次得到建设性反馈的机会。

大多数时候你都可以指出一两个问题，最好是下次他们可以做得更好的地方：“如果你这样提垃圾袋，掉出来的东西会比较少。”或者：“你看到灰色衬衫上的条纹了吗？你把它和你的新牛仔裤放在一起洗，结果就被染成了这样。第一次洗新牛仔裤时，最好单独洗，否则它掉的颜色会染上其他衣物。”

如果孩子没有完成任务，或者虽然完成了任务，但质量不高，你也应该让他们知道。你可以这样说：“晚饭后你收拾了桌子，这是一个好的开始，我看见你把碗也洗了。但那些罐子还需要手洗，台面也需要擦干净。”说话时面带微笑，表示你没有生气，而是在教导他，然后转身去做你之前在做的事情就可以了。

随着孩子更习惯于帮忙做家务，不用你叫他们就会主动去做，这种时候，更适于用言语、眼神和身体语言传达这样的意思：“我看到你做的事了，我很赞赏。”即便是在这种情况下，这样说也够了。别啰唆，回头去做你的事情，要知道，孩子的心里已经乐开花了呢。

### 6.把它变成常规。

如果你设定了期望，让孩子知道有些家务每天都要做，有些则每周做一次就可以了，还有些是季节性的，那他就会习惯于这个事实：生活中总有一些事情需要做，参与和帮忙能让自己感到有用，不但能让自己感觉良好，还会得到承认。如果你总对孩子说：“嗨，我想让你帮帮我。”或者在看到孩子做事做得很吃力时出手相助，久而久之，当看到家人、朋友、邻居、工友有需要时，孩子就会想办法去“支援”。

## 他们必须为自己的梦想努力

斯蒂芬·帕克赫斯特的视频回应了媒体对千禧一代的批评。对这些批评，他不表示赞同，然而环顾周围的同龄人，他发现对他那一代人的批评并非无中生有，而是确有真实的成分。

他对我说："是的，我们有一种得到了是理所应当的感觉，我自己就有这种感觉。"他的父母总告诉他要相信自己，说他什么都能做。有一段时间，他把这些话当真了，心里装满了自尊，没有什么职业道德。很快，他铩羽而归。"大学刚毕业时，我从一份工作跳到另一份工作，试图凭我拍的电影斩获些什么，结果全是幻象泡影。我多少有点儿这样的想法：问题在于我住的地方不对，而不在于我本身，是我还没有找到合适的地方。记得我曾这样想：'我都25岁了！为什么到现在还不是著名导演？'我们上了大学，做了应该做的事情，却没有立即得到自己觉得应该得到的回报。"

2009年4月，金融市场崩溃后，帕克赫斯特心灰意冷，回到了缅因州波特兰的家中。他把电影梦想放在一旁，在一家饭店找了份泊车员的工作维持生计。两年后，有个想法把他吓了一跳：40岁时，自己仍然是一个泊车员。

在为别人停泊豪华车的绝望时刻，帕克赫斯特脑中灵光闪现，他意识到电影的成功不会凭空掉到他头上。"不管我如何觉得'我很棒'，没人关心这个。在做泊车员的那两年，我认识到，我得有一个更大的规划，而不是东游西荡，等着别人赏识我的非凡才华。"

他搬到了纽约，开始建立自己的职业网络并锻炼技能。他在德纳斯当数码放映员，算是踏入了电影行业。他曾经希望靠制作自己的电影为生，而不是为别人的电影做幕后工作，但现在他明白了，要想实现他的电影制片人梦想，还有很多艰苦的工作要做，还需要一个规划。这个规划已经进入实施阶段了，虽然身负巨额学费贷款债务，但他对自己和女友在纽约共同创建的生活、对在德纳斯的工作和自己的电影都感到满意。"我觉得我的路子是对的，而过去有好几年的时间，我根本没有踏上任何道路，我只是在荒郊野岭中东碰西撞。现在我的感觉是：'这是我的事业，就在眼前'，而不是哀叹'我的事业在哪儿'？"

# 如何在求职过程中体现职业道德

为了承担自己的职场责任，从而步步高升，帕克赫斯特愿意承担繁重的工作，亚力克莎·格利福德（Alexa Gulliford）希望看到更多像他那样的年轻员工。格利福德是格鲁普搜索公司（Groupe Insearch）的总经理，这是一家企业搜索公司，帮助安排刚毕业的大学生到旧金山湾区的技术公司、金融服务公司和零售企业做辅助性工作。这些公司，包括像推特、销售力、风险投资公司和对冲基金、丝芙兰商城和复古家具公司等，他们的入门级职位需要优秀的年轻人，所以格利福德满世界为他们"挑选、筛选"候选人。她常常看到有些候选人一谈到"简单烦琐的工作"，比如一项工作的行政事务部分，眼珠子就转开了。格利福德和她的公司客户要找的是那种卷起袖子积极做事的人。

格利福德根据自己的观察和客户的反馈，就如何体现职业道德，给年轻的求职者提出了以下建议。

## 1. 对工作本身感兴趣。

不要说："没关系，做行政工作没问题。"而要说："行政工作我手到擒来。"要说："这份工作和涉及的内容，让我感到很兴奋。"

## 2. 乐于承担自己的责任。

别让人觉得这份工作好像是一粒药片，你愿意吞下它，只是为了跨进公司的门槛。"踏进一只脚"的想法不可取，因为这个心思很快就会表现为，你只对升职之后的职位感兴趣，而对你面试的实际工作并不感兴趣。没有人愿意雇用这样的求职者。

### 3.一旦上任，采取主动，积极行动。

要能够预见到后续步骤。心里想想："这次会议他要了 X，之后我要做 Y，然后做 Z。"格利福德说，如果员工不能进行这样的思考："我知道接下来会发生什么情况，我知道如何先行一步。"并按照这些本能行事，那就会妨碍他们进步。

听格利福德分享她的企业招聘经验，我认识到清单化的童年可能对三年级甚至七年级的孩子有帮助，但如果我们让孩子以为永远有别人在承担烦琐的工作，总有人告诉他们接下来该做什么，那我们基本上就把他们带入了歧途。格利福德像是看穿了我的心思，于是补充道："我们教孩子等待暗示、指示，所以他们不具备雇主期待的思维方式。"

## 在家勤劳的孩子，工作后更容易升职

25 岁的千禧一代青年汉娜完全具备老板想要的精神。她在得克萨斯州一家金融服务公司担任高级项目经理，从杜克大学获得政治学学位之后的几年间，她在这家公司已经晋升好几次了。

她对我说："上大学以后，我才意识到自己的成长是多么的与众不同。"她出生于旧金山湾区一个富裕的家庭，是三个孩子中的老大。父母可以为她做许多事情，但他们没有那样做。"我父母把我和弟弟妹妹养得非常独立，他们让我们做很多的家务活儿，从而强化了自己做事的价值，而不是处处等人帮忙。"上大学后，汉娜看到同学的父母"把他们当婴儿对待"，坐飞机到学校帮他们装饰宿舍房间、买东西、洗衣服。

在杜克大学读本科四年级时，求职历程开始了，她把重点放在了大体育赞助商上，"感觉在那种公司做什么事都行"。她给父母看了看简历，此外她说：

"整个过程都是我一个人完成的，我靠自己的优势得到了工作。"汉娜的一些朋友认为理所当然要通过父母的关系找工作，但汉娜认为："在今天的经济环境下，这没什么错，但我真的珍视自己找工作、靠自己取得成功的感觉，从一开始，我所有的账单就都是自己支付的。"她说这话的时候，声音中洋溢着自信："相反，我很多朋友的父母帮他们付房租、买汽车保险。他们待在通往成人道路半途的舒适区，不用承担作为成人的压力和艰辛。"

HOW TO
成长的力量
RAISE AN ADULT

只当"半个成人"，这在工作场合可不是什么好兆头。"如果你的行为与人们对千禧一代的刻板印象一致，那就会阻碍你在职场的进步。小时候父母手把手地教导，与职场上理所当然应该受到特殊待遇的感觉，这两者往往密切相关。如果一个孩子不曾被迫做家务，或者一遇到困难父母就帮忙解决，那职场很可能是他们头一次不得不去处理这种情况的地方。"

我问汉娜孩提时代都做些什么家务活儿，她不假思索地说了一串："每天自己整理床铺，把玩具、书籍和干净衣服收好，帮着洗碗、做饭，帮着洗衣服、除草、浇水、做园艺活儿，学会开车以后给我妈跑腿，擦窗户，一般的大扫除，清扫储物区，清洗汽车。"

汉娜接着说："向经理和同事证明自己的机会就在这里，但我看到有些人走了另一条路。"她的一些朋友已经"走了另一条路"，大学毕业才一年半就已经跳了两次槽。对此她说："因为不喜欢自己的工作，他们就辞职了。他们不理解这样的概念：第一份工作是入门级的，目的是学习。它可以迫使你加快成长步伐，不然就得让父母在你跳槽的时候继续支持你，帮你买单。"

"有个同事跟我同龄，她的自我意识极度膨胀，工作不太努力，经常把事情推给别人，老认为目前的工作对她来说是大材小用。到了晋升周期，她没有得到升迁，这让她大为震惊。升职失败后的那一两周里，她闷闷不乐，下午两三点钟就下班走人了。她破坏了自己在经理眼中的形象，因为她像个小孩子一样气馁，而不是勤奋工作。她父母以幽默的方式对待她的这种行为，告诉她：'哦，如果你没得到你想要的，干脆放弃算了。'她从来没有学会投入自己的工作，她的父母总说她多么了不起，多么迷人，多么棒，这完全影响了她真实地评估自己相对于同龄人的能力。"

那位同事在办公室生闷气时，汉娜继续承担起更多的责任。她经常应邀参加面试。**公司希望筛选的是这样的人：知道自己想要什么，并且愿意为实现目标而努力。**他们希望招到另一个汉娜。

# HOW 17

## TO RAISE AN ADULT
# 让他们自己规划人生

我可以给儿子施加压力，但我想让他学会的并不是应对这些压力的能力。

——塞巴斯蒂安·特龙（Sebastian Thrun）
优达学城（Udacity）联合创始人、CEO

"你长大后想做什么？打算主修什么专业？"大人常常把这类问题抛向孩子和即将上大学的学生，然后根据孩子的回答，做出不同的反应，或面露喜色，或满腹狐疑、眉头紧蹙。即使根本不了解他们，我们也很肯定哪些追求对他们有价值，哪些没前途。

当我女儿的幼儿园老师把我拉到一边，盛赞她的画作时，我承认自己心里的想法是："对对对，但那不能让她跨进大学校门。"埃弗里那时才4岁，但对于她"应该"做什么，我心里已经有主张了。我那时还没有意识到，剥夺孩子的艺术天赋对她有害。然而，在担任斯坦福大学新生教务长期间，我很快就明白了我思维上的错误之处。我听到太多的学生跟我诉说"每个人"希望他们学习或追求的东西，当我问他们："是啊，但你想做什么呢？"这时很多人潸然泪下。我在和学生进行正式或非正式的交谈时，形成了一些口头禅，其中一句是"找到你的声音，尊重你听到的内容"。我的话表达了这个意思：在这个世界上，你要决定自己想成为什么样的人，打算做什么事。到你自己内心去寻找线索，看看什么对你来说是真正重要的，允许自己成为那样的人，做那样的事。

在家里，我的态度也发生了180度的大转弯，我不再期望埃弗里和她哥哥成为任何特定的人，比如医生、律师、教师、企业家等。**我不再把他们看作是我可以精心修剪的小盆栽，而把他们当作种属不明的野花，相信只要我给予合适的营养与环境，他们就会展现出独特而瑰丽的美。**我开始把斯坦福大学教育学教授、斯坦福大学青少年研究中心主任威廉·戴蒙所说的"人生目标"作为我最希望我的孩子和学生发现的东西。

## 使命感很重要

戴蒙的研究表明，使命感对于实现人生的幸福和满足至关重要。他把使命定义为一个人的"终极关切"，一旦认识到自己的使命或说人生目标，这些问题就有了终极答案："我为什么做这件事？为什么这件事对我来说很重要？"戴蒙区分了人生目标与短期愿望，后者包括考试得 A、约女孩跳舞、掌握一项新技术、让球队拥有一席之地、进入某所特定的大学，等等。戴蒙认为短期愿望可能有更长远的意义，也可能没有，"相反，目标本身就是目的"。

HOW 成长观察室
TO RAISE AN ADULT ----------------------------------------------●

2003 年，戴蒙和他的同事启动了青年目标项目（Youth Purpose Project）。这项研究的对象是全美范围内 12~26 岁的年轻人，历时 4 年。研究结果是，只有 20% 的人找到了有意义的人生目标并愿意为之奉献一生，另有 25% 的人处于"漂泊"状态，不知道自己真正想做什么，也无意去探索，其余的人介于两者之间。戴蒙认为，找到目标的人只有 20%，这个比例实在太低了。他最近出版了《人生观培养》( *The Path to Purpose* ) 一书，这本书不仅是他在人类发展研究方面的最大成就，其创作发端也是出于这样的感触：当今社会，太多的年轻人感到空虚。

● - - - - - - - - - - - - - - - - - - - - - - - - - - - - - - - - - - - - - - - - - - - - - -

这种空虚感并非因为他们不想拥有人生目标。净影响（Net Impact）是一家非营利性组织，致力于帮助人们通过职业生涯改变生活。2012 年，这一组织发现，72% 的大学生觉得，对他们来说，要想获得幸福，有一份工作、能对社会和环境发挥积极的影响非常重要，甚至至关重要。亚当·波斯沃尔斯基（Adam Smiley Poswolsky）是千禧一代，2014 年，他的职业指导畅销书《20～30，如何突破人生瓶颈》（*The Quarter-Life Breakthrough*）出版，他在书中告诉年轻人如何找到人生目标，还谈到他和许多同辈人都希望寻找"有意义的工作"。对他来说，有意义的工作能"提供个人意义，反映你是谁以及你的兴趣是什么，允许你凭自己的天赋帮助他人，经济上允许你过上理想的生活"。"有意义的工作"与"平庸的工作"相反，后者可以让你支付账单、打发时间，但不符个人价值观，可能使你实现经济上的成功，但"不属于你为世界做出的独特贡献"。

"同我交谈的很多年轻人在确定自己的发展道路时，最终都屈从于父母的压力，而没有遵从个人意愿，"波斯沃尔斯基告诉我，"这会导致困惑和怨恨，有时会让他们心生不快。父母可能并不知道什么工作对孩子最好，尤其是今天的就业市场与他们那一代所经历的已经完全不同。"

作为教务长，我兴致勃勃地帮助学生获得认识人生目标的智慧，以此帮助他们踏上有意义工作的旅程。我会告诉他们：**忘记你认为"每个人"都希望你学习的东西，或者应该从事的职业，学习你所喜爱的东西，其他的自会水到渠成。**

我总对他们说："学习你喜欢的科目时，你就有动力去上每一堂课。你会完成所有的阅读任务，甚至连补充阅读材料也不会放过。你想在课堂上发言，会在办公时间去老师办公室。你会把阅读内容、老师课堂上讲解的内容，以及后来你与教授和同学们讨论的内容结合起来，形成你自己对材料的看法。学习你喜欢的功课时，你可能会考得很好，因为你有掌握那个主题的内在动机；哪怕没有取得好成绩，如果你学习了自己喜欢的东西，那也是在所取得的成绩当中投注了心思。你真的付出了很大的努力，不管成绩如何，通过这些努力，你会结识一位欣赏你的教授，他可以给你写一封非常有意义的推荐信，以此说明你的好奇心和决心。更重要的是，在面试中，你可以以令人信服的方式谈论这个话题。如果你有勇气去研究你所喜爱的东西，不管别人怎么说，这都恰恰会导向你孜孜以求的成功。"

德鲁克研究会（Drucker Institute）是一家社会组织，隶属于克莱蒙特研究大学，以"加强组织，从而加强社会"为使命。研究会执行董事里克·瓦茨曼（Rick Wartzman）赞同我的观点："学你喜欢的东西"。2014 年，为了获知瓦茨曼对人生道路和目标观念的洞见，我同他进行了交谈。当时，他的女儿刚刚大学毕业，身为声名卓著的作家，他给女儿写了一封公开信，谈德鲁克原则在生活中的应用，这封信发表在《时代周刊》上。他写道："你热爱的东西很可能可以发挥你的长处，那是你最有可能取得成功的领域。"交谈中，瓦茨曼补充说，如果你从小就做自己喜欢的事情，那么"你实现卓越和达到精通的机会最大，因为你有那么多的时间"。

塞巴斯蒂安·特龙与瓦茨曼看法相似，他出生于德国，是无人驾驶汽车、谷歌眼镜和免费在线大学优达学城幕后的硅谷天才，他认为目标和使命感不仅能导向幸福和有意义的工作，也能导向成功。他对我说的第一句话是："我不是儿童教育专家，我知道这个世界充满了各种看法，我并不比任何人博学多闻。"随后他告诉我，每当有年轻人向他寻求职业建议，他都会分享一个简单的观点：找到你的激情所在。听到这个观点，我有点儿不自在。虽然"找到你的激情"曾经是个可爱的哲学理想，但如今已经变得功利化了。这就好像在说，激情就藏在旁边的书架上或者一块石头下面，赶快找到它！这样就可以报告给大学招生官。我反问特龙，在这个标准的陈词滥调之下，隐藏着怎样的价值。

"倾听你自己，聆听你的直觉，"他说，"很多孩子跟自己的内心情感完全脱节，相反，他们习惯于'告诉我该做什么，我去做'。"

> HOW to
> 成长的力量
> RAISE AN ADULT

> "如果你对自己做的事情充满热情，那你就能找到工作。相对来说，对自己从事的工作充满激情的人很少，而一旦充满激情，你可以'一个顶俩'。进入职场后，若想真正成功，没有人会告诉你该做什么。你得对自己有充分的了解，知道自己想做什么。"

他还说："如何让孩子在生活中取得真正的成功？这是比进入斯坦福大学更重要的问题。我发现很多人有着完美的学历背景，却缺少激情。看看乔布斯、扎克伯格、比尔·盖茨，他们的道路并非一帆风顺。在相同的时间，把所有孩子拖去接受相同的教育，这样的模式很糟糕。父母的初心毋庸置疑，并且他们自己也在其中甘愿忍受着许多困难，但对孩子思想和心灵的独立，以及从自己的行为中获得快乐的能力，他们置若罔闻。"

瓦茨曼谈到，做喜欢的事情也有潜在的缺点，那就是你可能不会大富大贵。这是一大难题，中产阶级的父母可能尤其觉得难以接受。什么？孩子的生活水平还不如我们？不能过上他们习以为常的生活？买不起我们这种社区的房子？也许。在经济状况和生活开销方面，情况可能确实如此，但这里值得探究一下成功究竟意味着什么。孩子对家庭的贡献可能有限，可能不得不削减开支，但他做着自己喜欢的事，内心洋溢着难以言表的幸福、满足、喜悦，使命感十足。我们凭什么说这不是一种有意义的生活？

戴蒙说："孩子们必须有一种感觉，即他们在寻找属于自己的通往目标的路，父母不能帮他们做这些选择。"父母不能给孩子设定人生目标，不能帮孩子确定那个目标是什么，也不能把目标强加给孩子，戴蒙正色说："正如父母不能选择孩子的个性，或者给孩子写一个人生脚本。"

那么，父母能做什么呢?

## 拥抱你拥有的这个孩子

"拥抱你拥有的这个孩子"，这个要点似乎显而易见，但仍然值得强调。一旦我们决定要亲自为孩子确定他应该探索什么、学习什么及如何谋生时，立马就会出现这样的风险:我们关注的不是他们，而是我们心目中某个理想的人，这摆明了是在无视且不珍惜、不喜欢真实的他们。

我的一位朋友珍妮弗·艾尔（Jennifer Ayer）是帕洛阿尔托私立女子中学的校长，也是 3 个女孩的妈妈。孩提时代，她"特别讨老师和家长欢心"，但并不真正知道自己想做什么。"我知道怎么当学生，知道怎么跳跃铁环、拿到所有的成绩，但内心却感到空虚。我直到 30 岁才开始注意自己内心的声音。"她把这些教训用到了子女养育和教育工作中。**"我相信孩子们可以学会倾听自己内心的声音，发现共鸣。人生旅途中，遇到坎坷是最好的事情。"**

但艾尔还没有充分意识到激情的重要性，直到一次活动改变了她的观念。几年前，为了给必应幼儿园募集资金，她邀请"挑战成功"的联合创始人丹尼丝·波普到她家做分享发言。那时，艾尔的 3 个女儿还没上小学，但她和她丈夫都很肯定，几个女儿会走上与他们相同的道路，从童年到研究生院都要上最好的学校。"但波普的话强烈吸引了我，"艾尔告诉我，"晚上睡觉时，我对我丈夫说:'我希望女儿们健康，不要割腕、厌食;我希望她们有道德情操;我希望她们离开我们时，仍然喜欢学习，以后做她们喜欢做的事。'他说:'但心底里你还是希望她们上常春藤。'我说:'我们必须放弃那个想法，如果命中注定就是那样，那就顺其自然吧。'作为学龄前儿童的父母，我们改变了自己的思维定式和养育方式。'她们应该做自己喜欢的事',这句话成了我的口头禅。"

透过我与全美各地教育者和家长的交谈，同时也基于我自己的观察，我认识到，美国的社区和家庭都急需实现这一焦点的转变，它涉及孩子是谁、能做什么，以及他们不是谁、不能做什么。我一再听到类似纽约上东区伊丽莎白这样的看法，她说："我们必须得为孩子本来的样子感到庆幸，我们缺的就是这个态度。我们有太多的精力'放错了'地方，总是告诉他们'这儿不足，那儿不够'。我们很少为孩子的优点和长处欢呼。"

霍利是弗吉尼亚州北部的一位家长，她听了心理学家玛德琳·莱文的谈话后，打从心底里实现了这一关注焦点的转变。霍利告诉我："根据莱文的谈话和我自己的经验，我发现，我女儿被称作'天才'并不意味着她总是永远擅长每门功课。她讨厌历史和英语，喜欢数学和科学。但我照样要她学荣誉英语，结果她考了个 D。听了莱文的讲话后，我改变了想法。为什么我千叮万嘱，要她选所有的高级课程？为什么让孩子做她根本就非常厌恶的事情？我意识到，不能指望孩子事事完美。我女儿选了荣誉化学，考了 B，上课的每一分钟她都很开心。"

## HOW 成长观察室
## TO RAISE AN ADULT ----------------------------------------◦

索耶上高二的时候，我也有过类似的经历。当时他要应付许多有挑战性的课程，包括荣誉化学、代数和三角，三年级的西班牙语把他搞得焦头烂额。西班牙语是我要他学的。一个又一个夜晚，他要应付西班牙语作业，还要做其他 5 门功课的作业，他机械地完成作业，理解力每况愈下。每天晚上他要做 4 个小时作业，到后来，他已经眼睛发红、疲惫不堪，第二天早晨醒来的时候，对学校和生活的态度都缺少热情。为了减轻接下来一周的作业压力，他用了一整个周末的时间提前完成西班牙语作业，然而每天完成作业的时间似乎从来没有减少。

这种情况我看在眼里，周末，当全家人在活动和放松的时候，儿子在苦啃西班牙语。就这样过了两周，我多少感觉"不大对劲"，于是我和他爸爸决定放他一条生路。学西班牙语是我的主意，根源于我自己没有熟练掌握这门语言的悔意。我们同他商量该如何实现更好的平衡，提出了放弃西班牙语的想法。他立刻振奋起来，显得非常高兴，当晚就写信给指导顾问，第二天就去和顾问见面讨论了，而且是他自己去的。

顾问的反应不出意料，但可以理解。他说："大学希望看到你学习一门语言达 3 年。"索耶抗辩说："但我压力太大了，它影响我学好其他的功课。如果放弃，我就有时间做我最在意的功课的作业。而且我的西班牙语学得不够好，达不到大学希望的理解水平。"索耶也同西班牙语老师做了沟通，最终他放弃了那门课。现在，他每晚做 3 个小时的作业，仍然很吃力，但可控多了。他在这件事情上有自己的选择，从那以后，他的脚步变得轻快了起来。

----

对我和我丈夫而言，做出这个决定并不容易，因为我们非常重视孩子第二语言的学习，这是一项重要的实用技能，能让他有机会获得宝贵的文化经验和其他方面的意识。但索耶每天下午和晚上的压力难以控制，影响了他的睡眠和整个人生观。我们决定让他从喜欢的科学、历史、英语和摄影等学科中汲取更多的东西，而不愿看他被西班牙语压垮，以致牺牲这些功课。至于大学，有些招生官可能会质疑这个决定，因此认为他不适合成为他们的一年级新生，但我有信心，而且有极大的信心相信，适合索耶的大学会理解他为什么做出这样的选择。

## 通过聆听发现线索

戴蒙及其他人的研究表明，上中学之前，大多数孩子在发育上还没有形成反思自我和思考未来的能力，而这些能力是思考人生目标的先决条件。所以，作为父母，无论你多么希望促进孩子对自我的了解，从而形成极为重要的目标感，在他们达到能够"自我反思"的发育阶段之前，就是做不到，尽管这也因人而异。对于年龄较小的孩子，你的任务是观察，看他们是哪种人，让他们接触不同的事物，看他们对什么事情感兴趣，就去培养他们的那份兴趣。

"父母应该做的，"威廉·戴蒙建言，"是引导孩子朝着有希望的选择努力。"

> 父母可以帮助孩子厘清选择，琢磨孩子的才能和兴趣如何与当今世界的机遇和需要相匹配。父母可以支持孩子自行探索各种目标方向，并为他们发现可能的目标开放更多的潜在资源。在做这些事情时，父母处于配角地位，而不是主角，因为这出戏的舞台中心属于孩子。父母最有效的帮助是间接的，但也是无价的。[1]

谷歌眼镜的发明者塞巴斯蒂安·特龙让他的小儿子自己决定很多事情，于是小家伙的课外活动比大多数孩子要少。"也许我可以让我儿子下棋下得非常好，滑雪滑得非常好，但我不想剥夺他自己发现事物的能力。我可以给他施加压力，但我想让他学会的并不是应对这些压力的能力。我不在他身边的时候，他必须得有自己做事情的能力。衡量标准不是我能否让他做事，而是他是否会做事。我不想逼他去想这个想那个，而是鼓励他自己去发现这个世界。"

或者，如波斯沃尔斯基所说："父母能为孩子做的最好的事，就是允许创意，允许试验，让他们追随自己的内心。"

# 青少年是野花，不是盆栽

身为父母，我们怎么才能帮助孩子形成戴蒙所说的目标感、使命感，和特龙所说的激情，而不是热衷于为他们制定道路？我以戴蒙的研究和波斯沃尔斯基的建议为基础，加上个人的经验和观察，提出以下建议，其中特别谈到，在来自外部的大学压力，以及你那似乎一点就着的青春期孩子所造成的内部压力之下，你该如何保持强大。

### 1. 接受这一点：这不是你的事，是孩子自己的事。

抛开你对成功职业的定义，别去想跟别人说起孩子时，什么能让你感到骄傲，或者你一直认为孩子应该成为什么样的人，希望孩子做什么事。这可不是小事一桩，它要求你在根本上信守这样的观念：他们的生活与你无关。许多父母为此纠结，但你必须做到这一点。把你的生活与他们的生活区分开，这对他们的心理健康和你的健康都非常重要。

### 2. 注意观察孩子实际上是什么样的人，擅长什么、喜欢什么。

这是你孩子宝贵而独特的生命的展现，他有着无限的可能性，无论是在家里还是在外面，孩子擅长什么、对什么感兴趣，相关的线索无处不在。例如，他们对哪些功课有学习热情，喜欢兴致勃勃地讨论，并且在遇到挑战时能够坚持不懈？他们爱读哪些类型的书籍和杂志？他们爱在 Facebook 上发布什么话题？在 Twitter 上推什么话题？在 Pinterest 上贴什么照片？他们会在什么时候表现出好奇、爱问问题、兴致盎然？会对什么事情投入，你拖都拖不走？又会为什么事情烦恼？关心什么样的不公？

也要注意孩子喜欢介入世界的方式。他喜欢与人交往吗？善于组织工作吗？擅长解决问题吗？能说出大局吗？是否对每一个小细节都感兴趣？是理想主义者，还是现实主义者？喜欢了解很多信息吗？是数字型的人吗？是交际高手吗？是否热衷竞争？善于说服别人吗？喜欢动手做东西吗？喜欢帮助别人吗？

一旦技能和激情相结合，孩子就大有机会过上有意义的生活。在这种状态下，他们将体验到米哈里·希斯赞特米哈伊所说的"心流"，这时，他们面临的挑战略高于他们的能力水平，怀有强烈的兴趣和动力，他们会对自己及自己做出的贡献感觉良好。即使你并不完全明白他们在做什么，但他们的喜悦之情溢于言表。这才是最重要的。

### 3. 借用诊断工具进行探索。

"优势"指那些能让你充满活力的存在方式，如果加以利用和磨炼，就能导向专业上的成功，这是民意调查机构盖洛普的唐纳德·克利夫顿（Donald O. Clifton）的研究范围。通过克利夫顿优势识别测试（Strengths Findertest），可以从盖洛普研究人员归纳的 34 种天赋或能力中，了解自己的前 5 项优势。作家马库斯·白金汉（Marcus Buckingham）是全球畅销书《首先，打破一切常规》（*First, Break All the Rules*）和《现在，发现你的优势》（*Now, Discover Your Strengths*）的作者，还是在工作场所开展"优势运动"的先行者。《发现孩子的优势》作者詹妮弗·福克斯在新泽西州担任普儒诺私立女子中学（Purnell School）校长期间，把"优势"概念融入到了全部高中课程的教学中。

父母们可能会发现克利夫顿的优势识别测试是一个有趣而实用的工具，可以借此深入了解一下孩子该如何找到有意义和有目标感的工作。这个测试适合 15 岁以上的人群。类似的工具还有斯特朗兴趣量表（Strong Interest Inventory）及迈尔斯·布里格斯类型指标（MBTI）。斯特朗兴趣量表会根据个人兴趣匹配可能的职业，迈尔斯·布里格斯类型指标有助于更好地了解一个人希望在世界上发挥什么作用，以及认为有价值的职业类型。

这3种工具，全美的高中升学指导顾问、大学就业服务中心都在使用。对于年龄较小、10~14岁的孩子来说，"优势运动"为他们提供优势探索测试（StrengthsExplorer）。

### 4. 感兴趣、愿帮忙。

按照威廉·戴蒙的说法，当发现孩子的兴趣火花时，家长可以起到很好的"煽风点火"作用，帮助孩子和我们更好地了解他们的兴趣，以及他们希望如何发展。家庭晚餐谈话是发现火花和煽风点火的好时机。谈谈他们白天的情况，问问他们在学校时或者放学后，什么事情最令他们感到愉快，以及原因所在。持续提问，触及他们愉快经历的核心，要抑制自己给出答案或做出假设的冲动。一旦了解到孩子的兴趣，我们就可以支持他们，选择能够帮助他们发展兴趣的学校活动、夏令营及训练项目。

### 5. 知道何时推进、何时撤退。

谁都不想让自己的孩子浪费才华，也不希望孩子在学习乐器之类的东西时，一遇到困难就半途而废。在确定某项特定追求值得付出极大努力、大量时间乃至金钱之前，我们需要从孩子那里寻找线索，看他们是否真的有兴趣。如果孩子在某件事情上展现出天赋，有浓厚的兴趣，那无论如何都要尽量支持。如果孩子缺乏兴趣，那就等于亮起了红灯，警示你，不管多有天赋，他们并不愿意为之付出毕生精力。如果你不管不顾照样推动，不管他们多么"成功"，或者你可以多么骄傲地说他们成功了，他们最后可能还是会非常怨恨你。

### 6. 帮他们找导师。

根据戴蒙的研究，"除父母外，有远大目标的青年几乎都有导师。导师对年轻人的人生目标追求有着重要的作用。"所以，我们也可以为孩子引荐同一条道路上的先行者，请他们做孩子的导师，这也是一种煽风点火的方式，这些人有助于深化和强化孩子的兴趣。在孩子的生活中，有很多成年人可以为他们充当极好的榜样，向孩子示范如何过有意义和有目标的生活。你的孩子喜欢科学吗？鼓励他问问当科学家的阿姨，了解一下她最早对自己的领域萌生兴趣是什么时候，以及采取了什么步骤进一步发展兴趣。你的孩子喜欢飞机吗？把他介绍给你那位造飞机、驾驶飞机的大学同学，问一下前面那些问题。你的孩子有最喜欢的作者吗？带他去参加签售活动，鼓励他去见那个人。事后鼓励他写信给作者，询问他是怎么开始走上创作道路的。

每个孩子都有两三个热爱自己工作的老师。鼓励他们同最喜欢的老师交谈，询问老师在事业上是怎么起步的。即便孩子对教书没兴趣，与一个有目标感的人交谈也有助于他们了解目标感是怎么回事，他们会渴望自己也拥有那种感觉。

说到和大人交谈，几乎任何年龄的孩子都会感到紧张，但正如我建议我的学生在办公时间去拜访的那些教授一样，几乎所有成年人都乐意回答这个简单而有思想的问题："你好像很喜欢你的工作，你从什么时候开始知道这是你想做的事？又是怎么知道的？"这个问题很简单，却能很好地开启谈话，每个孩子都可以用它向成年人发起提问，交谈到后来，这个人可能会建议兴致盎然的年轻科学家、飞行员、工程师或其他专家如何深化对那个主题的了解。

### 7. 让他们为即将到来的艰苦工作做好准备。

就像千禧一代电影制片人斯蒂芬·帕克赫斯特的经历一样，父母经常告诉孩子，他们想成为什么人就可以成为什么人，或者，他们的梦想一定会实现。这两句陈词滥调都只说对了一半：相信自己、拥有梦想的确很重要，但问题的另一半是艰苦的工作，舍此别无他途。过分赞美孩子，把他们做的每件事都说成是"伟大"或"完美",那就给了他们一种错觉,他们不了解等有一天进入了真实世界,实现目标是需要付出努力的。给孩子真实的评价和建设性的反馈意见非常重要。

为此,我们需要告诉孩子,在现实世界中,取得成功需要有所付出,包括勤奋、人际关系上的联系、毅力、抗挫力,还要加上一点好运。戴蒙说:"要让他们记住,为了真正精通一件事,必须持之以恒,同时也要给他们诚实、坦率的意见反馈。"我们必须给他们分享我们知道的外面世界存在的挑战和局限,不是要阻碍他们,也不是要让他们感到自己很蠢,而是让他们做好思想准备,知道要想梦想成真,必须付出努力。

例如,如果你的孩子雄心勃勃地想当一名职业足球运动员,那么身为家长你可以这么说:"儿子,只有3%~4%的高中足球队员有机会进入大学足球队,其中只有一小部分人能进入全美足球联盟……"接下来要鼓励孩子,告诉他如何才能达到下一个层次:"如果你有这个愿望,那就需要增加一倍的训练,并发挥你的优势。如果你愿意投入努力,我认为你办得到。我会全力支持你。"

### 8. 别为他们做太多。

如果孩子的兴趣令你兴奋,你可能想为他们做很多事,以便积极推动他们前进。但孩子必须自己掌握方向盘,无论那是什么事,都得由他们自己去完成。时下很流行在儿童领域开办小微企业或社会创业活动,部分原因是我们认为"大学希望"在申请书中看到这些名目。这类活动可能是孩子发展更多技能和培养目标意识的好机会,但请记住,如果企业是你创建的,卖的东西是你订购的,储存物品的方法是你想出来的,是你把东西送到学校或带到路边的,过程中的困难都是你克服的,活动结束后,收摊的也是你,孩子就做了一个标志或海报,然后站在那里微笑,负责收钱,或收取别人捐赠的物品,那么,你根本就没有帮助他形成能力和目标。

你的举措也无助于加深你对孩子目标的理解。西雅图一位名叫蒂娜的妈妈把这种情况形容为："父母好像是厨师长，孩子好像是朱莉娅·察尔德（Julia Child）①。"你的正确做法是站到一边观察，留意孩子有哪些闪光点：是收钱和找零吗？是招揽新顾客吗？是与人交谈吗？是介绍收集、出售物品背后的目的吗？这些观察可以让你很好地了解孩子的目标是什么。

### 9. 拥有你自己的目标。

这要求父母将"自我"置于突出位置上。孩子经常听到我们怨天尤人。跟孩子说说工作为什么吸引你，而不是为什么令你感到厌倦。你从工作中感受到了意义和目的吗？如果是，原因何在？你从中得到了个人成长吗？你对别人有帮助吗？你是服务社区，还是在为广大社会做贡献？为维持家人的安全和温饱而出外谋生，你感到自豪吗？你的工作是一种自我体现吗？告诉孩子工作带给你的意义和目标感。如果你是全职家长，告诉孩子你为什么喜欢抚养他及经营家庭；如果你外出上班，就谈谈当天工作中有意义的事情。如今的孩子普遍涉猎广泛，却成了半吊子，他们对很多东西都是一知半解，缺乏深度。要想获得深度，需要他们对一件事情真正感兴趣，并且要有时间，以及进一步追求的意愿。如果你帮助他们了解你是如何成为一个有目标的人的，那就会激励他们产生同样的愿望。

读到这里时，如果你像很多身处职业生涯中期的人一样，觉得目前赖以谋生的工作并没有带给自己多少满足感，那也可以实话告诉孩子。不要过于悲观，你不希望他们担心你饭碗不保、家庭生活因此受到干扰，但一定要让孩子知道你将来真正想做的事情。无论你将来想做什么，把你的计划告诉他，让他感

---

① 朱莉娅·察尔德是美国著名电视美食栏目主持人。——译者注

觉到你对那件事的热情，看到你为实现梦想做出的努力，并为你感到欢欣鼓舞。

## 想跟他们保持密切关系？那得先放他们走

我们为孩子描绘的人生道路通往我们以为的声望、荣誉、头衔和金钱，我们以为这样做很安全。许多家长渴望孩子拥有那些东西，但也是为了证明自己是好家长，所以，我们成了为另一个人的人生制订计划的建筑师。如果计划"可行"，那就说明我们的直觉和理想与孩子的内在动力相一致。有时候，我们和社会认为我们的计划似乎可行，因为孩子成了医生、律师、工程师、钢琴家或者职业网球运动员，但是，孩子可能会在某个时候打开眼界，当他们发现周围还有很多别的选项，决定为自己的人生做主时，他们已经经历过巨大的内心创痛了。

我们已经了解到，威廉·戴蒙认为父母在帮助孩子发现目标方面可以发挥重要的作用，不过他也警告说："家长不能简单地给孩子设定一个目标，事实上，强行要求或控制可能会产生不良影响。"[2]

2014 年夏天，我听说了一件后果非常糟糕的事。一位我不认识的成年人在 Facebook 上联系我，他为我写作本书感到高兴，表示希望他母亲在他小的时候读过这样一本书。几分钟后，我们进行了电话交谈，他讲述了自己的故事。

在很多人眼中，泰勒（化名）是专业成功的典型代表。他还不到 30 岁就成了洛杉矶一家著名律师事务所的合伙人，还是哈佛大学和斯坦福大学法学院的毕业生。但要说到过度养育如何可能延误孩子发现自身目标的能力，泰勒的故事很有教育意义。他以有力、雄辩、温暖的声音叙述了他的成长经历。

"我从小学习非常刻苦，我的父母真的很重视这一点。这本身并没有什么问题，他们没有为我做家庭作业，但他们对每节课的情况都了如指掌，每一项作业他们都要管。我十二三岁时，他们让我坐下，宣布研究生院不是我想不想上的问题，而是必须上，而且必须上法学院。他俩都是律师，如果他们要我那么做，我就做啊，我总是按他们的要求行动。他们传达的信息很简单，'就这条路，坚持下去'，这条路之外的任何道路都不会得到他们的认可。"

泰勒谈到他在哈佛大学主修政治学时说："我妈每天都要打几通电话给我，他们俩老来看我。"这不仅影响了他的学术选择，也影响了他与他人建立关系的能力。大学毕业后，他在纽约一家铸造公司工作了几年，然后父母说："该上法学院了。"

泰勒选择斯坦福大学，一定程度上是为了躲避父母，但他们还是跑来了。"他们为我挑了一套公寓，他们亲自和房东谈判并付了房租。我什么都不用做，甚至连室内装饰都是他们搞的。我有些朋友抱怨要自己承担费用，我告诉他们：'这是有意义的。你们已经独立了，我还在努力取悦我父母呢。'"

在法学院，泰勒注意到他的同龄人"好像是自愿去的。而我之所以去，是因为这是我妈为我铺设的道路的下一步。我知道他们那样帮我有很严重的问题，但我怎么能说不呢？我父母都是在小小年纪就失去了一位至亲，我知道，能够这么广泛深入地参与我的生活，为我做这些事情，他们感到非常快乐。"

研究生第一个学期，他妈妈仍然每天给他打电话，而且往往一天要打几次。"我一直是个安静害羞的孩子，但有一天我终于不想再和她说话了。我无法控制我的情绪，我被这种情绪给淹没了。我怒吼着对她说："我满脑子都是你的声音！我必须得听听我自己的声音。'从此，我开始了重建完整自我的过程。

那个电话极大地改变了泰勒和他母亲的关系。"我差不多有半年的时间没跟她说一句话，对她来说，那真的非常艰难。我告诉她：'我不会永远离开，但这么做是正确和必要的。'然后我开始接受强化心理治疗。"

两年中，泰勒大部分时间都在接受心理治疗。我问他从什么时候开始觉得有问题的。"小时候，但凡我自作主张做了一件事，如创作歌曲、录制音乐，都会受到责备。对我妈来说，学钢琴很好，因为那可以写在简历上。15 岁的时候，我带回家一张我创作和录制的唱片，我妈的反应是：'他们认为你是下一个埃尔维斯吗？不是？好吧，我也是那么想的。'有时候，我奶奶会说：'哦泰勒，你的声音真好听。'而我妈的反应是："我们还是适可而止吧。'我不明白她怎么会担心我有辍学或者不上大学的危险。事实上，她甚至不承认我从音乐爱好中得到的那种纯粹的快乐，她抑制我的喜悦，竭力压制我的爱好，连我奶奶都觉得需要出头帮我说话了。她那么做是有问题的。"

回忆起他所说的严重抑郁时，泰勒变得严肃起来。"我不是一个受到虐待的孩子，为此我心里每天都很感激。但在某种意义上，那些人至少知道他们应该生气，而我不知道我有权利怨恨、愤怒，这是一种逆向的忽视。在治疗过程中，我处理了那些情绪，它们一直都在，而我不觉得有理由承认。这件事花了我两年半的时间。"

受过教育的慈爱父母给孩子们提供了大量机会和忠告，对此，包括泰勒在内，任何人都很难进行批判。"你觉得你应该感激父母给你的安全感，有人实实在在在为你铺平了道路。你认为这是件好事，你认为你很幸运。但你看到了那些真正独立的人，你看到他们对自己做的事情充满热情，然后你意识到你根本就不了解自己。你努力成为你妈妈觉得最好的那个人，此外别无自己的目标。你觉得父母从来没有把你当成一个个体看待，从来没有。你是他们的副产品，只会走他们希望你走的道路，这不是你的安全和保障，而是为了实现他们的自我。这只会让你心生怨恨，恨那些认为自己努力想把事情做好的人。"

在法学院的最后两年，泰勒已经完全改变了他和母亲之间的互动方式，而且还一跃成为社交达人。"我非常喜欢自己那个状态，那跟学习法律本身无关。26 岁的时候，我开始感受到大学一年级孩子就应该有的那份自由，我终于可以为自己做一些有创意的事了。"

在那两年里，泰勒在家人中有自己的盟友。"我爸从不压制我，他只是被动地按我妈的话去做。过去，如果他和我交谈，谈得也都很肤浅。但在我中止和我妈的沟通后，我爸就成了中间人。他会跟我妈说：'泰勒说的在理。'而我妈则告诉她的朋友：'泰勒在生我的气。'她的朋友会说："那就别管他了，他已经是 25 岁的大男人了。'她的朋友明白这一点，而她不明白，她眼中只有她可以控制的那个儿子。她没把我看成一个大人，直到那个控制圈被彻底斩断。

"现在，她和我每周交谈一两次。一切都今非昔比了，好多了。她会说：'对不起，我知道我在你姐姐身上做得要好些。'她很难有更深的认识，我以为她会说她需要更多地关注自己，少关注孩子一点。我想，如果她把20%的注意力从我身上转移到自己身上，那对我们都会很好。等你有了小孩的时候，可能会觉得：'哦，这是我的重心，我可以让这个东西完美，终于有我可以控制的东西了。'"

泰勒认为艾克哈特·托尔（Eckhart Tolle）的话对他很有启发，让他觉得可以改变自己的生活。"托尔在接受采访时说，有些孩子并不真是他们自己，因为他们只是父母的延伸。他的话马上引起了我的共鸣。"

威廉·德雷谢维奇有相同见解。他在《优秀的绵羊》中说："**有些东西比父母的认可要重要得多：要养成没有父母认可也能行的习惯。所谓成为成人，就是这个意思。"**[3]

# HOW 18
## TO RAISE AN ADULT
# 教他们面对挣扎的人生常态

*我们一起哭泣，共同面对恐惧和悲伤。我多么希望带走你的忧愁。然而，不，我要和你一起坐下来，教你如何感受它。*[1]

——布琳·布朗（Brené Brown）
研究员、作家、励志演说家

几年前，一位斯坦福大学的同事阿迪娜·格利克曼（Adina Glickman）注意到，越来越多的学生不懂得如何应对逆境，甚至包括考试得 B。格利克曼是学术技能教练，负责监督学术支持项目，为学生讲授时间管理、克服考试焦虑和拖延症、做笔记及其他学习技巧。她发现很多学生一旦表现得不像童年时代习惯的那么完美，就不知道该如何应对。这样的学生越来越多，让她深感担忧，为此咨询了哈佛大学的阿比盖尔·利普森（Abigail Lipson）。利普森当时刚刚在哈佛大学启动了"成功与失败项目"，并制作了名为"反思遭拒"的小册子。格利克曼和利普森都认为，如今越来越多的学生"被剥夺了失败权"。

如果学生都十几二十岁了才第一次面对自己作为人类正常的不完美，那他们往往会缺乏"没事儿，翻身上马，再试一次，坚持下去"的心态，而这种心态早在童年时代就该养成。后来，格利克曼创办了斯坦福抗挫力项目，这一项目的在线图书馆有斯坦福社区的学生、一名最高法院的法官、一位备受学生欢迎的计算机科学教授，还有我提供的视频及文档，大家分享了各自经历的奋斗、失败、被拒，叙述自己是如何应对的，以及收获如何。[2]这个项目的目的是把奋斗"正常化"，让学生意识到每个人都会遇到困难，不必为此感到羞愧，并且证明，困难能让我们从中获益，帮我们开启新的可能性。早期研究证实，斯坦福抗挫力项目对本科生产生了积极影响。

害怕失败、缺乏应对困难的能力，这不仅是斯坦福大学、哈佛大学年轻学子的问题，当前，无论是美国还是世界其他地方，这个问题都已成为中产阶级生活的一面，而且正在日趋严重。

## 忍受让他人失望的不完美

肯·罗宾逊（Ken Robinson）爵士[①] 是国际知名的教育家，他在 2006 年的 TED 演讲中指出，我们正在扼杀儿童的创造力。他的演讲在所有 TED 演讲中位列榜首，观看人数达 2 800 万。他在那次讲话中说："美国现行的教育系统中，犯错误被视为最糟糕的事情。但是，**如果你不准备犯错误，那你就永远拿不出任何原创性的东西**。长大成人后，大多数孩子都失去了这种能力，他们害怕犯错。"[3] 即使是想当军官的孩子也不能幸免，"西点军校和军队里的人都认为，如今青年男女的抗挫力都不如过去，"西点军校化学与生命科学系的教授利昂·罗伯特（Leon Robert）上校告诉我，"你说话声音大一点儿，他们就眼泪汪汪的，好像以前从没有人纠正过他们的行为似的。你得能够忍受挫折才行，要振作起来，拍掉灰尘，然后继续前进。"

洛杉矶拜特·舒瓦戒毒中心的哈丽雅特·罗塞托表示，缺少抗挫力的情况

---

① 全球知名教育家，排名第一的TED演讲人肯·罗宾逊在他所著的"教育创新五部曲"中详尽阐述了自己对教育及儿童天赋开发的创新观点，这套书系中的《让学校重生》《让天赋自由》《发现天赋的15个训练方法》《让思维自由》等的中文简体字版已由湛庐文化策划、浙江人民出版社出版。——编者注

在吸毒者中很普遍。

预测成功的最佳指标是抗挫力、勇气以及失败后重新站起来的能力。如果没有感受过不悦，没有失败过，那你根本就不会懂得如何去处理那些情况。

缺乏抗挫力对职场上的年轻人也有影响。密歇根州立大学的就业指导专家菲尔·加德纳（Phil Gardner）告诉我："雇主喜欢有职业道德和抗挫力的孩子，这样的孩子往往来自中低收入家庭或蓝领家庭。"美丽美国旧金山湾区的执行董事埃里克·斯克罗金斯表示同意："我们看重勇气和毅力。我们不是从 22 岁的年轻人中随意选一些人，而是选择前 15% 成绩最好，且能表现出坚持不懈精神的人。"

我感觉斯坦福大学的现状大致是这样的：如果你对孩子奉行不惜一切代价也要取得好成绩的文化，加上身为父母的警惕性，帮他们抹平生活中的各种粗糙，包括玩耍、考试成绩以及人际关系等，而且无论他们完成的任务或事项是否有客观优点，你都不吝夸大其词地赞美他们"干得好""完美"，那么，你实际上是帮孩子做好了在大学遭受精神崩溃的准备。因为在大学里，成绩得 B、C、D 甚至 F 的可能性都有，他们还可能与室友之间发生误解，遭到运动队、俱乐部、男生联谊会、女生联谊会的拒绝……而到那时你鞭长莫及，就没法再帮他们修复后果了。

还记得斯蒂芬·帕克赫斯特这位创作了《千禧一代》视频的天才电影制作者吗？有一天，他觉得自己做泊车员是浪费时间，寻思着自己电影制作的惊世才华如何才能得到世人的关注时，想起了母亲常说的话："你只需要有积极的态度，好事情自会发生。"小时候，这话让他感觉很好，而在真实世界中打拼时，这话让他感到愤怒："她说的那是废话，那就是所谓的娇惯。"他知道母亲只是人云亦云而已,那个时代的社会文化鼓励父母那么说,她尽了自己最大的努力。帕克赫斯特给当今父母的建议是,当然不妨告诉孩子他们可以取得了不起的成就,"但也要记得告诉他们,得非常努力才能实现目标"。

在这一点上,西点军校的罗伯特上校与他看法一致。"每个人都需要承担个人责任,接受自己工作的客观质量,"罗伯特说,"我们并不都是巨星,所以必须停止以这样的方式赞美人。"

HOW to
成长的力量
RAISE AN ADULT

威廉·德雷谢维奇也为这种明星心态叹惋:"你想抵达山顶?不存在山顶。无论你爬得多高,总有人在你之上……我现在就可以把你的结局告诉你,你会和我们其他人一样,处于中不溜的位置。"4

我们剥夺了孩子拼搏和学会坚持的机会,一心想让他们在各个方面都成为第一名,然后盛赞他们的优秀,这是好心办坏事的典型。也许我们没有意识到,"保护"孩子、不让他们遭受挫折和失败,结果可能反而害了他们。没错,我们需要重新定义成功。成功是指做一个好人,一个善良的人,付出艰苦努力,无论最终成败。我们应该帮助孩子,让他们在事情不如意时,拥有足够的抗挫力。但我们受不了看孩子受苦,那又怎么能做得到呢?

有时我会开玩笑说,很多像我这样生活在斯坦福社区的父母一旦风闻大学重视诸如毅力和韧性之类的能力,就会想着去发起一个艰苦体验夏令营,而不是认真审视在孩子的童年时期,我们有哪些做法剥夺了他们自然养成这些特质的机会。精英大学的录取好似一个圣杯,为了得到它,有时候我们会做一些匪夷所思的事情,比如帮孩子写申请书。我们没办法像购买家教、辅导书、考试准备资料和大学申请指导那样,为他们购买韧性。韧性来自实际困难,无法刻意制造。

作为中产阶级的家长，我们不遗余力地为孩子提供特殊待遇，抹平他们生活中的粗糙棱角，那我们要如何让他们贴近生活、茁壮成长，并且持之以恒？我们要实施怎样的培养方案，才能让他们在面对世界的"宰杀"时，不是像小牛一样掉头往家跑，而是迎头而上做一个勇士？如果他们得到的那么多，几乎从来都是要风得风要雨得雨，那他们怎么会追求卓越并渴望成功呢？詹姆斯·威尔科克斯（James Willcox）是渴望公立学校（Aspire Public Schools）的总裁，工作时，他教育家庭条件不好的孩子；下班后，又在富裕的家庭环境下抚养自己的 3 个女儿。他深深地叹了口气说："**我们得让孩子吃点儿苦头，必须让他们学会挣扎**。说起来这些都是基本常识，但做起来很难。"

在理智的层面，我们可能理解放手、让他们犯错或失败的价值，但这真不是一个让人满意的指示，因为作为父母，我们太想积极地采取措施了。那么给你一个好消息：我们可以采取措施，以正常的眼光看待孩子的奋斗，帮助他们建立必需的抗挫力，以便成年后在世界上独立成才。我们可以培养他们的心理承受能力。

## 培养孩子承受挫折的能力

抗挫力，即韧性、毅力，指从逆境中恢复过来的能力，它能给我们继续前行的决心。培养孩子抗挫力的智慧和建议有着丰富的来源，这些研究代表不同的学科领域，包括医学、心理学、社会工作、青年辅导、宗教和灵性、文学等。下面是几个例子。

我们在第 15 章谈到过斯坦福大学心理学教授卡罗尔·德韦克，她首创的"成长型思维模式"概念与实践可以作为一个很好的开端。德韦克专注于解除"固化型思维模式"。"固化型思维模式"来自夸赞孩子聪明，结果会导致孩子回避更大的挑战，因为他们不想得到有违"聪明"标签的结果。在某种意义上，德韦克教导的是学习方面的抗挫力。

应该让孩子知道，要想取得更高成就，靠的是努力，这在他们的可控范围内，而不是靠与生俱来的智力，这是他们无法控制的。成长型思维模式的口头禅是继续前进，继续努力，通过努力认识到，你可以抵达你想去的地方。

《纽约时报》畅销书作家、研究者、深受爱戴的故事高手布琳·布朗传授的是精神上的抗挫力。近年，布朗凭借《脆弱的力量》(*The Gifts of Imperfection*)①、《活出感性》(*Daring Greatly*)等鼓舞人心的著作，在一些主题上成为美国的思想领袖。大多数人觉得不知道如何讨论脆弱、不完美和羞耻感之类的话题，而当事情出错或预料到会出现不好的结果时，我们就会陷入这些情绪，如果我们屈从了，这些情绪就会腐蚀我们的抗挫力。

布朗2010年在休斯敦所做的TED演讲是目前为止观看量排名第4的TED演讲，观看人数超过1 600万，深刻地触动了美国人的神经。布朗以她的研究和声情并茂的诉说方式，帮助听众和读者理解，接受恐惧、缺陷和脆弱可以让我们的生活更快乐、更幸福。她创造了"全心全意生活"一词，她形容一个"全心全意生活"的人每天上床睡觉时想的是："是的，我不完美，我脆弱，我有时会感到害怕，但这并不能改变我的勇敢，以及我应该得到爱和归属感的事实。"

宾夕法尼亚大学的研究者安杰拉·达克沃思(Angela Duckworth)提出了"坚毅"这个概念，指对长期目标保持兴趣和努力的能力。她的研究表明，高水平的坚毅会带来各种各样的好结果，除了通过IQ、SAT、其他标准化考试等能力测试，身体健康，还包括承受西点军校第一个夏天的艰苦训练、进入全美拼字比赛(The National Spelling Bee)决赛、留在美国特种部队、新老师留任并表现良好，以及从芝加哥公立中学毕业，等等。坚毅与终身教育程度呈正相关，

① 美国极具影响力的TED演讲者布琳·布朗所著，第一本从脆弱、羞耻感的角度探讨爱、归属感与人生的著作《脆弱的力量》，中文简体字版已由湛庐文化策划、浙江人民出版社出版。——编者注

与终身职业变化状况和离婚状况呈负相关。我认为坚毅就是持之以恒的抗挫力。

蒂姆·埃尔莫尔（Tim Elmore）博士撰写了 25 本畅销书，是亚特兰大非营利性组织"成长领袖"（Growning Leaders）的创始人、总裁。他撰写领导力方面的著作，为年轻人和公司做领导力培训。在《千禧一代》（Generation iY）中，埃尔莫尔谈到我们告诉千禧一代的"7 个谎言"："你可以成为你想要成为的人；那是你的选择；你很特别；每个孩子都该上大学；你现在就可以拥有；因为你参加了，所以你就赢了；你想要什么就能得到什么。"他声称这些"谎言"导致千禧一代成年后"情绪不稳定，对社会和人事的理解很天真。"[5] 他认为应该对孩子诚实、直率，以此培养他们承受挫折的能力。

肯尼思·金斯伯格（Kenneth Ginsburg）是儿科医生、青少年发展专家，他的著作《培养儿童和青少年的抗挫力》（Building Resilience in Children and Teens）由美国儿科学会（AAP）出版。本书对儿童抗挫力的培养进行了全面探讨，也许是这方面的一锤定音之作。他在书中教导说，抗挫力由能力、自信、联系、性格、贡献、应对和控制组成，他称之为"7 C"。它们源于积极青年运动，这项运动本身就是积极心理学运动的产物。

看看斯坦福大学的学生和他们的挣扎现状，回想自己多年的生活和抚养孩子的体会，同时借鉴以上众人的研究，对于什么是抗挫力，我有了自己的定义。

HOW 成长的力量 RAISE AN ADULT

拥有抗挫力就是有说这话的能力："我还好。我可以选择解决这个问题，或者另外想个办法，或者决定那根本就不是我想要的。我还是我，我依然被爱着，生活会继续。"

# 如何培养孩子的抗挫力

## 1. 在孩子的生活中存在。

众所周知，过度介入孩子生活的父母像直升机一样在孩子头顶盘旋，孩子一有需要就立即俯冲下来，然而吊诡的是，研究表明，他们并没有与孩子建立起有意义的情感联结，与孩子的相处也没有给孩子带来意义。以下方法有助于你通过在孩子的生活中存在，来培养孩子的抗挫力。

◆ **表示你的爱。** 孩子放学回到家、参加活动回来，或者你下班回到家，都请放下手上的事情，离开电脑，放下手机，让孩子看到他们的存在带给你的喜悦。我们需要知道我们对彼此有意义。眼神接触之类的简单动作非常重要，那是表达爱的第一步。被爱的感觉能增强抗挫力。

◆ **表达对他们的兴趣。** 对他们的兴趣、想法、经历和关切，表现出兴趣，设法每天多了解孩子一点。选择一个时机，如放学后、做饭时、吃饭时，或者乘车时、遛狗时、晚上睡觉前。不要局限于"你今天过得怎么样？""很好。"之类老套的亲子对话，将谈话扩展到"真的吗？为什么很好呢？有什么好事吗？有没有什么不好的事呢？你有什么感受？"等。

◆ **展示你的关心。** 孩子遇到挫折时，是你向他们展示无条件的爱的大好时机。这时，和他们一起坐下来，表示你体会得到挫折给他造成的伤害。也许可以做点事情转移一下情绪，帮助他们想想下一次如何取得不同的结果，告诉他们你遇到过的类似情况。但不要落入把坏结果归咎于别人的窠臼：坏老师、有偏见的法官、不公平的教练或者卑鄙的朋友。不要亲自出马处理，而是告诉他们，有时生活中难免会发生这样的事情，不过，相信他们会有很多办法，可以通过自身能力予以控制。向孩子保证你的爱。

## 2. 站到一边。

在他们做事的时候，如果我们老是守在旁边，或者事前、事中、事后通过电话进行检查，那就会动摇他们的信心，因为我们有意无意中传递了这样的信息：“我认为你没我不行。”以下建议让孩子自己去经历，以此培养抗挫力。

◆ **让他们做出选择，并决定如何做事情。**比如：如果孩子还小，可以是今天穿什么；如果孩子在上初中，可以是天气是不是太冷，是不是需要带外套；如果孩子在上高中，可以是按照什么顺序进行晚上的活动，是先做家庭作业还是先做家务。不要进行微观管理，不要检查每一个细节，不要挑剔每一个结果。孩子只有通过实际经历才能形成能力，并学会相信自己的判断，做出负责任的选择，面对困难的局面。

◆ **让他们冒险，犯错误。**犯错是唯一的学习途径。除非孩子的健康和安全真的受到了威胁，否则，他们做的有些事情看起来有风险，会出错，最初好像很恐怖、很困难，但终将带来巨大的真实成就感。

### 3. 帮助他们从经验中成长。

并不是说什么都不为他们做，只是不要什么都为他们做。以下谈谈如何帮助孩子从自己的经历中成长。

◆ **在孩子经历过后，做出决定或选择之后，与他进行一次提问式对话，了解他从经历中学到了什么。**如果有问题，就帮助他自己思考该如何解决，你可以这么说：“嗯，听起来很难。你认为怎么处理好呢？”可以提供建议，也可以以我们自己生活中的事例示范解决办法，但不能代劳。

◆ **持续提高标准。**人类希望成长和学习，希望自己会做的事越多越好。当孩子表现出他值得信赖、有良好判断力时，可以给予他更多的责任、机会、挑战和自由。这有助于他培养能力、建立信心，这两者都可以培养抗挫力。

◆ **抵抗完美主义。**“只要尽你所能做到最好就行了”，这种说法纯属异想天开。只要尽你所能做到最好？最好是你能做到的最好，除此之外，没有更好。孩子，当然也包括任何人，怎么可能总是不失理智，总是以那么高的标准行事呢？说这句话时，我们的意思更接近于"在那个时刻，尽你所能做到最好"，甚至更宽容的"尽量做出最大的努力"，这两种说法都承认在任何特定的时刻，都有一些因素在抑制我们的能力发挥，妨碍我们做到实际能够做到的最好，也承认重要的是尝试和努力。

### 4. 塑造他们的性格。

今天，父母的注意力往往集中在孩子的课业成绩、课外活动和录取结果上，而不重视他们是什么样的人。有太多的人都人到中年了，还在纠结父母是否为自己的生活感到骄傲。每个人都希望真实的自己受到珍视，人的价值不是来自成绩，而是来自我们的性格，也就是我们的善良、慷慨、公允和努力工作的意愿。归根到底，性格是在没人看见也没人评分时，我们怎么做事。品行良好的人会赢得世人的善意、赞扬和感激，这有助于他们克服不可避免的挫折。告诉孩子，让我们骄傲的不是他们的分数、成绩和奖杯，而是他们的优秀品格，我们可以以这种方式培养孩子的抗挫力。

◆ **他们表现良好时，请予以注意**。孩子表现良好的时候，我们要予以注意，并在事后反馈给他们，以此培养他们的品格。如果他们在商店帮别人从货架上取东西，那回家的路上你可以说："你的心地真善良，你助了那位女士一臂之力。"如果他们让兄弟姐妹或朋友走前面，或者让他们多玩了一轮，你可以简单地说："我看见你那么做了，你真好。"这些事情都不到说"完美，哇！你真了不起！"的程度。你需要传达的是：我看见了，我注意到了，你是个好人。你那样做的时候，我感到骄傲。听到这些话，孩子会感觉非常好，会寻求更多这样做的机会。

◆ **帮助他们形成另一种视角**。当意识到有些人的实际境况比我们看到的更糟糕时，孩子会认识到他们有心怀感激的理由。不用让他们到遥远的国家去服务，你们的社区里就有日子过得很艰难的人。一家人一起帮助他人，这不仅是帮助了你服务的人，给他们带来良好的感觉，同时也帮助孩子形成了另一种视角，无论是当他们感到沮丧的时候，还是从长期来看，对孩子都是有益的。

## 5. 给予具体、真实的反馈。

婴儿潮后期的那批父母、X 一代父母还有首批千禧一代父母都是出了名的溺爱孩子，没有能力批评或惩罚孩子。"完美""聪明""惊人""美妙""伟大"之类的词往往脱口而出，乍听起来像是在赞美，可随着时间的推移，它们能变成匕首，刺向一个成长中的灵魂，最终削弱了孩子的抗挫力。动辄使用这样的词语，会让孩子对自身的技能和天赋产生不准确的印象，任何相反的证据都会让他们惧怕，觉得那意味着自己不够好。

因此，正如德韦克的研究所示，在课堂和课外活动中，孩子们宁愿谨慎行事，而不是选择更高水平的挑战，因为结果可能会表明他们其实没那么聪明。或者，他们会一往无前，走向极端，最终成为完美主义者，按照你、老板或者某个他们重视的人的意见行事。我们希望孩子建立真实持久的自尊，这种自尊要建立在努力和能看到良好结果的基础上，而不是来自任何第三方，包括父母的看法。以下建议涉及如何通过诚实的表扬和建设性的批评来培养孩子的抗挫力。

◆ **如何赞美**。在校内校外活动的成绩成就领域，具体针对所完成任务的赞美更具爱心，更有助于培养孩子的抗挫力。例如，对小孩子可以说，我喜欢你那幅画使用的颜色；对小学生可以说，整个芭蕾舞表演过程中，我发现你都按照老师的要求，踮着脚尖；对初中生可以说，你用胶枪制作学校项目，把握得非常好，胶枪用起来很棘手的；对高中生可以说，你关于《大鼻子情圣》的论文详细描写了大鼻子情圣的情绪波动，你真的深入到他的内心了。这样的特定表扬有助于培养孩子的自信心，因为这表明我们用了一点心思，看过孩子究竟做了什么。

◆ **如何批评。** 我们希望孩子通过学习与成长得到发展，从而变得更好，为此，真实评估当前表现是唯 的途径。与表扬一样，批评孩子时需要确保是在针对行动和努力，而不是针对人本身。"你把午餐盒放在了过道，现在上面爬满了蚂蚁，请把它洗了。不，不能再等了，否则情况会更糟糕。"在纠正行为时，这样的说法比另一种说法更有效："为什么你不听我的话！我告诉你别那样。现在好了，到处都是蚂蚁。"当然，如果我们冲过去，亲自对付蚂蚁，那就什么都没有教会孩子。我们可以批评他的行为，因为行为是可以纠正的，而不是指出，或暗示孩子是个"坏人"，因为这无法纠正。

## 6.示范。

心理学家玛德琳·莱文在帕洛阿尔托的高中进行演讲时说，孩子只看到我们是成功人士，而不了解我们一路遭遇的曲折、坎坷和挫折，并且还将继续经历这一切。**对人生的挣扎和奋斗做正常化看待。培养孩子抗挫力的最佳途径之一，就是让他们了解我们当前和曾经遇到的挫折，如工作中的失败、失望，好朋友的翻脸，以及这些事情对我们的打击。** 要让他们知道，也许你有些方面做得不对，可以另外采取别的做法，以及你在未来要吸取的教训。让他们听到你的反思，看见你微笑着继续前行。

## 让坏事发生

人类会犯错误。我们一直在犯错误，未来还会继续犯错误，孩子也不例外。

**HOW to 成长的力量 RAISE AN ADULT**

童年是个训练场，孩子们在此犯错误、学习经验教训、形成应对技能和抗挫力、复原力之类的能力。让孩子拥有那些基本经历，让他们苦恼、失败、倒霉，这不只是帮助他们学习和成长的好方法，而且是最好的方法。错误是人生最伟大的老师。

杰茜卡·莱希（Jessica Lahey）是教师，也是《大西洋月刊》和《纽约时报》的作者，著有《失败的礼物》（*The Gift of Failure*）。[6] 她在自己班上观察到了过度养育的现象，就此写了很多文章。她认为，孩子犯错时，父母一定要记住，**"从错误中得到的教益对孩子来说是一份礼物，千万不要推卸责任"**。她写道："一年又一年，我'最好的'学生，也就是最快乐、最成功的学生，都是这样的：**父母允许他们失败，让他们为失误负责，面对错误时，鼓励他们尽力而为。**"

什么是生命中的难题？我们会犯错误，但有时候，即便我们的行为无可挑剔，可能还是会出现负面后果。当生活丢给孩子一道难题时，我们接过来帮他们解答，这种做法对他们没什么好处，除非真的是涉及健康和安全的问题。他们得学会自己接住那些难题，或者躲开。

20世纪初，在明尼阿波利斯工作的心理学家迈克尔·安德森（Michael Anderson）和儿科医生蒂姆·约翰松（Tim Johanson）发现，如今的孩子和年轻人似乎都缺少看问题的视角和坚持不懈的精神，而这两种特质都产生于犯错误和经历难题的时刻。2013年，他们在《要意》（*GIST*）一书中写道，父母的主要任务应该是保证孩子的安全，把孩子养育成人，然而"许多家庭关心得更多的是安全问题，继而强调表现和成就，而对为未来人生做准备的重视程度远远不够。"

## 必须让孩子经历的错误和难题

安德森和约翰松在《要意》中谈到的"准备"，是指无论发生什么事情，都可以应付的状态。他们列出了以下几种艰难的情况，帮助孩子为成年生活做恰当的准备。注意，这个清单上的东西可能会让你眉头紧锁，不过，那就对了。[7]

## HOW 18 岁清单
### TO RAISE AN ADULT

### 18 岁，必须体验过哪些人生挫折？

☆没被邀请参加朋友的生日聚会。　　　　☆朋友出去玩时，未获邀同行。

☆打碎一个贵重的花瓶。　　　　　　　　☆体验宠物的死亡。

☆出门在外时，汽车抛锚了。　　　　　　☆花了功夫写论文，成绩仍然不理想。

☆被告知想去的班级或活动营地满员了。　☆眼看新手栽的小树死掉了。

☆因为帮助老人，错过了一场演出。　　　☆因其他成员行为不端，活动被取消了。

☆受到莫名其妙的指责。　　　　　　　　☆没进入校队。

☆被炒了鱿鱼。　　　　　　　　　　　　☆被另一个孩子打了。

☆某门考试得了最后一名。　　　　　　　☆为说过的一些话感到非常懊悔。

☆曾经学过的东西被他人否定。　　　　　☆最后一个被邀请加入社团。

---

你不仅要让孩子体验这些事情，而且一定要欣赏它们的重要意义。安德森和约翰松认为，善于养育意味着**"学会把你本来试图要为孩子避免的事，或者害怕孩子生活中发生的事，视为能为他们带来成长的事"**，视为能帮助孩子形成智慧和观点的机会。发生这些事情时，父母应该默默地对自己说："很好，非常好，在他的童年时期，这样的事情至少应该发生一次。"

畅销书作家、心理学家温迪·莫格尔在这一点上与安德森和约翰松不谋而合。在《B-学生的祝福》中，莫格尔说，这类事件发生在孩子身上等于是"给他们带来好的痛苦"，能让他们准备好应对成年生活中更严峻的挫折和困难。莫格尔说，等到离开父母的时候，孩子应该熟悉这样的"情绪波动模式"："我感觉很糟糕，但现在，因为跟朋友交谈，或者跑步，或者同教授交谈，或者睡了一觉，或者为室友的男朋友来此过夜而提出交涉，或者写了一份提高足球技巧的计划，或者去了一趟健康中心，或者完成了一些任务，我感觉好多了，而这事我爸妈一点儿都没插手。"[8]

"我感觉好多了，这件事我爸妈一点儿都没插手"，这是莫格尔想象中的年轻成人能够自己得出的结论。的确，即使我们有保护孩子和避免让孩子感到沮丧的冲动，也必须收手，作壁上观。要让他们明白，他们有能力忍受不适，想出解决办法，然后继续迈步向前。

美丽美国旧金山湾区的执行董事埃里克·斯克罗金斯见证了家长通过正确的参与方式培养出孩子抗挫力的事例。美丽美国是教师成长和体现领导能力的绝佳机会，最富成效的父母能明白这一点，并努力与孩子形成共鸣，而不是帮他们找借口。他们会善意地说：'是你报名参加这个项目的，凡是值得你做的事情都具有挑战性。你的期望是什么？你怎么寻找需要的资源，如何评估现有的支持？'起反作用的父母则会说：'这件事情不公平，我来帮你解决。'"

## 特殊待遇如何让我们感到匮乏

低收入家庭和工薪阶层的父母因缺乏经济资源、社会资本，凡事都要付出大量的时间才能取得好的结果，而他们的孩子有时反而因为艰难的生活经历而得到了锤炼，以一种相当具有讽刺意味的方式实现逆袭，比那些出生于富裕家庭的同辈人要强大得多。保罗·图赫（Paul Tough）在《性格的力量》（*How Children Succeed*）一书中谈到了这个现象。

HOW 成长观察室
TO RAISE AN ADULT

渴望公立学校是一家全美性的非营利组织，总部位于加州奥克兰市，座右铭是"必须上大学"。渴望学校为低收入家庭的孩子提供全面的 K - 12

基础教育，从幼儿园开始就给孩子们灌输学校的座右铭。等这些孩子从渴望学校高中毕业、上大学时，这句座右铭差不多已经把他们的耳朵磨出茧子了。渴望学校开办 15 年了，现在在加州和田纳西州有 38 所学校，已成为美国办得最好的贫困学生学校系统。在过去 4 年里，渴望学校的学生百分之百都考上了大学。2014 年 10 月，《纽约时报》在头版报道了他们的教师培训项目。[9]

在 2014 年的年度筹款晚会上，渴望学校的毕业生、当时还是大学生的雷娜谈到渴望学校如何改变了她的人生。"'渴望'成了我的家，这里是让我感到安全的地方。有时候我会步行去渴望帝王学院，在停车场坐坐；有时候我在里德老师的教室坐到晚上 8 点，在她工作时去'打扰'她，她从来没有一句微词。相反，她会提出开车送我回家。"然后雷娜谈到她在费斯克大学期间，有一个时期遇到了很大的困难。历史上，费斯克大学是纳什维尔一所私立的黑人文理学院。"费斯克大学的二年级好像一个路障，减缓了我的进展。那是我承受的极限，也是对我力量和抗挫力的实在考验。我面对的挑战很简单：负担不起食宿费和学费。我不得不在我的未来和生存必需品之间做出选择。在渴望学校时，老师告诉我，我可以改变人生的结果，教育是改变那个结果的关键。"于是，雷娜选择了暂时居无定所，继续上学。她已经从费斯克大学毕业了，现在是一名教师。

● - - - - - - - - - - - - - - - - - - - - - - - - - - - - - - - - - - - - - - - - - - - - - - - - - - -

渴望学校的总裁詹姆斯·威尔科克斯毕业于西点军校，在军队服役近 8 年后，他来到加州，在斯坦福大学攻读医学和 MBA 双学位，他有 3 个年龄在十几岁到二十几岁的女儿。他和我聊到像雷娜那样的孩子和渴望学校其他的孩子。他谈到低收入家庭的学生尚未得到开发的巨大潜力，以及他们所拥有的在艰难困苦中形成的动力和毅力。他公开表示，他自己那几个生活优渥的孩子根本就没有经受过同样的艰难困苦，也从来没有机会养成同样的能力。

威尔科克斯认为，作为一个工具箱，抗挫力有几个工具托盘。其中一个托盘装的是父母给你的东西，另一个装的是你在学校获得的能力，第三个托盘装的是人生阅历。[10] 每个学生都带着一个工具箱去大学。

"在生活阅历方面，我认为像雷娜这样的学生拥有大量的工具，这些工具是我家那样的孩子不具备的。雷娜的工具是通过难以想象的艰难困苦锻造出来的，在艰难的时候咬牙坚持，他们真正体会过、经历过非常艰难的选择和权衡。大多数来自中产阶级家庭的学生根本没有面对过太艰难的选择，也没有经历过真正艰难的时光。雷娜在高中期间也曾有过居无定所的日子，我确信那段经历也是组成她性格的一部分。我的孩子从来没有过那样的经历，所以她们去到大学，第一次亲身体验'困难时刻'时，会发现缺少一个工具托盘。来自低收入家庭的学生拥有未曾开发的巨大潜能和难以置信的工具，这些能指引他们的大学生活和未来人生。我们其他人得好好琢磨琢磨，如何能以不那么痛苦的方式，给自己的孩子以同样的工具。

"另一方面，雷娜在进入大学时，不具备中产阶级家庭孩子所拥有的工具托盘，即对成功的期望，以及认为他们属于大学的信念。如果我们可以让他们拥有那样的期望，也就是'必须上大学'的心态，那他们就势不可挡了。这种心态加上内心的勇气和毅力，他们的心态就不再是'我属于大学吗？'而是'给我让开！'他们的准备比没有经历过生活考验的孩子要强得多。有了大学文凭和良好的教育，他们将改变世界。

"雷娜和渴望学校其他学生的人生阅历既残酷又宝贵。假以支持，他们就能获得可以带给他们毅力和勇气的工具，就可以所向披靡。而且，这是最难复制的工具。"

但是，这并非无法做到。

# 选择大学时不要只盯着那几所顶尖名校

我们生活在乌比冈湖（Lake Wobegon）的泡沫中。我们拥有社会经济地位的优势，所有父母都毕业于名牌大学，我们当地中学的学生就可以填满常春藤盟校。学术界荒诞可笑，被拒的孩子SAT成绩能考过98％的孩子，空闲时他们的父母却在治疗癌症，或忙着盖房子。这对父母来说太疯狂了，对孩子来说也太疯狂了。①

——威廉·里维拉
父亲，来自弗吉尼亚州麦克莱恩

有天晚上跟朋友喝酒时，听说帕洛阿尔托的一位母亲宣布她的儿子刚考了个B，她对儿子说："你在想什么呢？你以为可以凭那样的成绩进入斯坦福大学吗？我看你只能去亚利桑那州立大学。你以为我会为这种学校付学费吗？我才不会呢！"显然，这位母亲对亚利桑那州立大学评价不高。她可能不知道，这所大学贡献的富布赖特学者人数在全美排名前10，有史以来卖座第二的浪漫喜剧电影《男人百分百》（*What Women Want*）的制片人苏珊·卡特索尼斯（Susan Cartsonis）是该校校友，以自己的名字为设计的手袋命名的设计师凯特·斯佩德（Kate Spade）也是该校毕业生！

① 乌比冈湖效应，也称沃博艮湖效应，意思是高估自己的实际水平。——译者注

实际上，大多数人根本不知道如何判断一所大学是否适合孩子。我们垂涎《美国新闻与世界报道》的排名，可它只反映了一所学校费了多少心思才挤上去，反映了其他教育者的看法，而这也正是很难挤进排行榜的原因。2007年，斯坦福大学教育学教授米切尔·史蒂文斯（Mitchell L. Stevens）在他的著作《创造一个阶级》（*Creating a Class*）中，批评了广泛将录取选择性作为一所大学的声望和教育质量评估指标的做法。[2]他写道，没有一个能准确评价教育质量的系统，招生统计数据已经不只是地位的指标，而成了"地位"本身。他认为这是一种同义反复："越多人想去的地方，文凭越高级。"《美国新闻与世界报道》刊载的录取比例数据绝对没有传递一所大学的本科教育质量，也不表示它适合你的孩子，然而，我们就是为之痴迷。

孩子们把我们的痴迷看在眼里。大多数孩子的"常春藤短视症"不仅来自《美国新闻与世界报道》的大学名单，斯沃斯莫尔学院教授、畅销书《选择的悖论》（*The Paradox of Choice*）[3]的作者巴里·施瓦茨（Barry Schwartz）① 认为，这也来自父母的影响。施瓦茨发现，"父母告诉孩子，只有考进最好的大学才行。他们无意间给孩子传达了这个标准，于是孩子们采取了同样的思维方式。把学校当成高压锅不只是没有意义，其恶果比没有意义还要糟糕。我的研究表明，如果你的决策态度是只有最好的才行，那就意味着麻痹和不满。"

巴里·施瓦茨在全美各地就此话题发表演讲时，喜欢给听众展示已故漫画家利奥·卡勒姆（Leo Cullum）的一幅漫画。这幅漫画刊登在《纽约客》杂志上，刻画了一个穿运动衫的年轻女人，她的胸前写着："我在布朗大学，但我的第一选择是耶鲁。"

---

① 跨界大师巴里·施瓦茨是一位善于将来自心理学的洞察力应用在经济学和决策学中的心理学家，他在《选择的悖论》一书中阐释了自由的选择和幸福之间的悖论关系。本书中文简体字版已由湛庐文化策划、浙江人民出版社出版。——编者注

HOW
成长的力量
RAISE AN ADULT

今天，有很多学生身在很好的地方，却觉得应该去另外的地方。如果你怀着这种想法，那你的大学经历就毁了。这些地方都是礼物，却不被视为礼物，因为你一门心思认为自己该去另一所学校。你没有充分的理由，却对自己的大学经历感到不满。

父母的思维导致孩子们没来由地对自己的大学经历感到不满，在我看来，父母的思想本身是他们所处的朋友圈、种族与社会团体、专业环境及家庭观念的产物。这座充满了地位、声望和价值，或美其名曰"质量"的意见大山让我们望而生畏，只有让孩子进了最难进的学校，我们才能真正为孩子和自己感到骄傲。这种带着恐惧的感觉成了我们给孩子戴上的眼罩，这样他们就可以专注于我们为他们设定的清单化童年。

**这是孩子的生活，孩子的旅程，孩子的跑步比赛，而给孩子戴上眼罩的人却把孩子当做赛马，让他们冲向理想的终点。**他们跑得越来越艰难，可在我们的推动、引导、激励和鞭策之下，仍然咬紧牙关，沿着这条赛道拼命奔跑，尽一切可能克服几乎不可能克服的困难。有些孩子做好了赛跑的准备，但很多孩子想选择不同的比赛，也许他们希望有机会享受童年的旅程，而不是浮光掠影般匆匆度过。我们知道，有些孩子只是得过且过。

还记得拉里·莫莫吗？他是纽约著名的三一学校的升学指导顾问，曾任哥伦比亚大学招生官，他看到很多戴着眼罩的孩子。拉里知道他的学生在很多学院和大学都可以过得非常怡然自得，他面临的一大挑战是让学生的家长更广泛地考虑更多的选择。在一些非常能干的高年级学生中呈现出一个趋势，他们把申请大学的过程当作一场需要赢得的比赛，而不是进行匹配。他为此感到忧虑。"有一个问题要求学生回答：在那些他们认为自己具有现实竞争力的大学中，哪些具体的大学对他们有吸引力？这几年，他们的回答往往是：'我会提前申请耶鲁大学，如果不行，我将正常申请哈佛大学、普林斯顿大学和斯坦福大学。'这种态度忽视了这些学校不同的学术文化和校园文化,好像是为了赢得低录取率大学的彩票似的。我们把这种情况称为超低录取率现象。"拉里说道。与威廉·德雷谢维奇所持的观点一样,拉里认为,最有竞争力的院校录取率超低,其他许多学校渴望效仿,因此创造了这样一批大学生:他们"内化了大学录取过程的制胜策略,因此变得焦虑而厌恶风险。他们的思维方式过于策略化,整个人变得未老先衰"。

## HOW 成长观察室
TO RAISE AN ADULT ------------------------------------------------●

由于父母的心态和孩子们的盲目,更多的学生开始踊跃申请那些选择性最高的学校。据美国大学招生咨询协会的数据统计,申请 7 所以上大学的人数占比,1990 年是 9%,2000 年是 12%,2011 年则达到 29%,申请人数的增加使得录取率已经非常低的学校似乎变得比实际情况更为苛刻。并不是申请顶尖大学的合格学生增加了那么多,而是这些人申请的学校数量增加了。最终,每个孩子只能在一所学校占据一个位置,然而无法回避这样一个事实:进入最挑剔的大学的概率只有 5% ~ 10%。也就是说,机会渺茫。

让我们用另一组数字来看看概率有多大。2013 年,录取率在 10% 以下的 12 所学校是:斯坦福大学、哈佛大学、哥伦比亚大学、耶鲁大学、普林斯顿大学、美国海军军官学校、库伯联盟学院、麻省理工学院、芝加哥大学、美国陆军军官学校即西点军校、布朗大学和爱丽丝·劳埃德学院,这些学校共有 15 000 个新生名额。美国大约有 37 000 所公立高中和私立高中,如果每所高中绩点最高的毕业生都想上这 12 所最难进的大学之一,这些学校也只能容纳其中 40% 的人,没有多余的位置可以给其他人。此外,这些学校大多数都会接纳相当数量的国际学生,这样一来,他们的机会还要进一步降低,就更不用说其他孩子了。

●------------------------------------------------

我们必须拿掉眼罩，扩大孩子和我们自己的视野，否则我们大多数人在过程最终结束的时候，会精疲力竭、黯然神伤，感觉很失败。在孩子本该为人生的下一个阶段感到兴奋的时候，我们却让他们觉得自己一败涂地。

## 第一步：对可能性持现实态度

如果重视大学挑剔程度的人有勇气把眼罩撕开一点，对大学的了解稍微多一点，就会发现，下一个层次的最挑剔大学有 30 所，2013 年，它们的录取率为 10% ~ 20% ；再把眼罩撕开一点，我们会发现有 50 所比较难进的大学，它们的录取率为 20% ~ 33% ；被认为"最难进"的学校共有 100 所，总录取率不到 33% ；另外美国还有大约 3 000 所得到认可的四年制学院和大学，加在一起，总体的平均录取率是 63.9%。

尽管我们有很好的理由认为不应该只盯着大学的高选择性，在本章后面的部分可以看到，有些学校能够提供最好的本科教育，是尚未被发现的瑰宝，它们没有收到大量申请，所以不是很挑剔，但如果我们的确很关心大学的高选择性，那么，至少让我们把眼罩撕到能够把"最难进"的 100 所大学看完整的程度。这些学校吸引了非常优秀的教师，以及非常有才华、有上进心又有趣的学生。他们有很好的资源，他们的校友生活得很好，有很好的工作，有朋友，过得很幸福。这不是最重要的吗？

前面提到过史密斯学院的招生官西多妮娅·多尔比，她直率的看法深入我的内心，影响着我对低录取率大学招生机会的看法。其实，我不是唯一一个被她改变想法的人。有一天，新英格兰州立法院的一位法官对多尔比说："我记得你在我们当地中学的演讲，那次演讲给了我最好的建议。感谢你让我为最终结果做好了准备。"在多尔比的帮助下，我和那位法官取得了联系。以下是法官的话，由于职业规定所限，她只能匿名发言：

我像其他人一样争强好胜。我自己上的是耶鲁大学，我丈夫上的是约翰·霍普金斯大学，我女儿史黛芬妮亚的智力水平远在我之上，所以，我们认为她会去那些学校。我希望我女儿拥有那样的优势。[1]

在听到多尔比的演讲之前，法官希望把控史黛芬妮亚的大学申请过程，即便她是公立学校的孩子，史黛芬妮亚却不喜欢父母介入，也不喜欢朋友们所"享有"的那些私人大学申请咨询服务和额外的考试准备。她最好的朋友中有人请人帮忙"处理"整个过程，法官认为她女儿也应该有人助力，史黛芬妮亚却断然拒绝了她妈妈提出的帮她审阅论文的要求。法官问我："什么样的父母才不会帮孩子审查这种关键性的论文？"女儿不让插手，当妈的只好在一边干着急："你应该让我看！我可以帮你！"史黛芬妮亚不为所动，她想自己完成这件事。

就在这个时候，法官听到了多尔比的演讲。"我承认，虽然我按照史黛芬妮亚的要求退出了，但心里并不好受。我知道这些学校的竞争有多惨烈，你需要具备所有的优势，充分发挥你所具备的任何一点小优势。我愿意花这笔钱，别人都给孩子提供了这些好处，我却在努力创造公平的竞争条件，这个事实折磨着我。我知道赛场上人头攒动，史黛芬妮亚已经处在了最拥挤的位置。我希望帮她获得额外的支持，我在寻找说服史黛芬妮亚的办法，让她相信我是对的。"

但在听了多尔比的建议后，法官说她"转了一个圈儿"，彻底改变了想法。"一旦完成了这个转变，你的感觉就好多了，"她如释重负地说，"你可以做更好的父母，你可以给孩子打气，支持孩子。"

史黛芬妮亚申请了几所常春藤大学，一无所获后，开始接受其他选项。她选择了巴纳德学院，这是纽约一所令人崇敬的小型文理学院，隶属于哥伦比亚大学，2013年，该校的录取率是20.5%。"多亏多尔比我们才转向了一些'够得到'的学校，并开始强调其他学校的一些积极面，"法官说，"多尔比挽救了我。如今的孩子们可能具备所有条件，他们有最好的成绩、志愿服务活动、体育特长等，可还是进不了顶级的学校；如果他们没能进入那些学校，他们需要你百分百的支持，请告诉他们：'你让我们很高兴，我们很开心。重要的是你要在大学里获得丰富的经历。'这才是最重要的。"

法官的女儿史黛芬妮亚后来在巴纳德学院过得如鱼得水，正好应验了作家丹·埃德蒙兹（Dan Edmonds）的观点。2013 年，埃德蒙兹在《时代周刊》发表文章说："满足了那些竞争激烈的学校对学业和课外活动的要求时，学生们仍然有机会进入低录取率的大学，只不过不一定会进入某一所"特定"的竞争激烈的大学。"[4] 换一种说法就是，大学录取不是抢座位游戏，在这个过程中，每个人都是可以找到自己的位置的。

## 第二步：为其他学校做宣传

法官承认，当其他家长说"巴纳德？没听说过"时，她心里会"发毛"，她说："我心想，'你应该听说过呀。没听说过？你什么意思？'记得当有人表示不知道时，我有些恼火。现在我意识到，我不应该有这种感觉。从他们的反应中，我也学到了一点东西。"

> **HOW**
> **成长的力量**
> **RAISE AN ADULT**
>
> 大学录取通知书到来的时候，人们通常会比较激动。许多父母觉得孩子的选择反映了自己的水平，因此与自己休戚相关。我想这可能不是一个好的态度。这是孩子的未来，不是你的未来。你的利益应该是孩子的幸福。

如果你了解巴纳德学院，那恐怕很难想象有人进了这所学校还会哭鼻子，更难想象有人竟然不知道这所学校。这就很好地说明，我们很多人受到了品牌宣传的干扰。所以，有人没听说过纽约有一所很难进的巴纳德学院，还有很多人不知道威斯康星州的伯洛伊特学院、缅因州的贝茨学院、俄亥俄州的安蒂奥克学院，以及俄勒冈州的里德学院。有些大学非常好，却至少有一部分人"没听说过"，刚才说的这5所大学只是其中几例。我们执着于高校的品牌，就好像又变成了痴迷名牌牛仔裤的青少年，渴望拥有似乎每个人都有的东西。我们太不成熟，太缺乏自信，不敢独树一帜，去选择最适合自己和孩子的东西。

为了与品牌宣传相抗衡，我在帕洛阿尔托一有机会就在谈话中说起"谁也没听说过的"那100所最好的大学，我鼓励朋友们也这样做。哦，明尼苏达州的圣奥拉夫学院开始赞助我们当地的美国国家公共电台时，我高兴得手舞足蹈！我可以想象爸爸妈妈们在上班的路上，或者去参加孩子活动的途中听到广播时，心想："圣奥拉夫？那是啥？如果它在美国国家公共电台上做推广，那一定是很好的学校。"的确，随着更多的人骄傲地说起孩子在"没人听说过的"大学接受到了很好的教育，我们的同辈人就会予以注意，那有助于他们摘掉孩子的眼罩，让他们的孩子及所有的孩子都更充分地了解各种可能性，做出对他们而言正确的选择。

## 第三步：了解去一所选择性稍弱的大学的好处

2000年，艾伦·克鲁格（Alan Krueger）和斯泰西·戴尔（Stacy Berg Dale）的研究对象是这样一群人：他们拿到常春藤盟校或类似高选择性学校的录取通知书，却选择上一所"选择性中等"的学校，也就是其他前100名的学校。事实证明，20年后，这些学生的平均收入与名牌大学的毕业生处于相同水平。克鲁格和戴尔发现，那些足够聪明、能够被顶尖大学录取的学生，后来的收入"相差无几，无论上的哪类大学"。换句话说，成功是因为学生本身，而不是因为他们所去的学校。[5] 今天，大多数高选择性大学的招生官承认，符合他们录取条件的申请者有几千个，甚至几万个，而这些大学的新生名额，最少的只有150个，最多的有1 700个，大多数合格的学生只能去别的学校。好消息是，克鲁格和戴尔的研究表明，他们后来在经济上的实际水平不相上下，说不定在其他方面，他们表现得可能还更好。

那就是说，去别的大学对你有好处？一些思想领袖是这样认为的。在《优秀的绵羊》中，威廉·德雷谢维奇指出，在《美国新闻与世界报道》中排名前20的学校里，通常90%左右的学生在高中班上属于前10%。"我会提防这样的学生，"他说，"并非每个前10%的人都是优秀的绵羊，但其中有很多人，你在决定接近前，需要认真考虑一下。"

HOW TO
成长的力量
RAISE AN ADULT

> 声望不那么高的学校出来的孩子往往更有趣，他们好奇心更强、更开放、更能欣赏他们得到的东西，远没有那些名校出来的孩子那么趾高气扬、争强好胜。他们往往表现得像你的同伴，而不是竞争对手。[6]

卢·阿德勒（Lou Adler）表示赞同。阿德勒是公司招聘方面的专家，撰写了亚马逊畅销书《选聘精英5步法》（*Hire with Your Head*）及《招聘与求职的基本指南》（*The Essential Guide for Hiring and Getting Hired*）。他以常春藤盟校康奈尔大学的学生为例，"遇到康奈尔大学的孩子时，你会发现他们都很聪明，但他们是不同类型的孩子。他们似乎更加脚踏实地，因为他们意识到自己处于常春藤盟校的'底层'，根据某些人的标准，'那些人'都在他们'之上'。这可能摧毁了他们的自我，但他们表现出了更强的人际交往能力，更现实，不是眼里只有自己的那种人。"

马尔科姆·格拉德威尔说，就读于最难进的大学甚至对你有害。在畅销书《逆转》（*David and Goliath*）中他解释说，大多数孩子不应该去上他们进入的最有名的大学，因为在每所大学，都是只有最优秀的孩子才能得到关注、资源和机会，这些是他们在研究生院取得成功的条件。去一所你属于后50%的学校，不仅意味着你得不到老师的关注及其他类似的好东西，在所选的专业中也得不到特别好的经验，而且，格拉德威尔认为这还会损伤你的自尊心。如果你希望大学是你未来生命中最强有力的跳板，那么，格拉德威尔建议你去一所你知道自己会进入前 5% 或 10% 的学校。这个规则的唯一例外是那些来自弱势背景的人，对他们来说，无论他们在大学班上的排名如何，上名校似乎都会对他们大学毕业以后的选择有所助益。

在接受《纽约时报》专栏作家托马斯·弗里德曼（Thomas Friedman）的采访时，谷歌人力运营高级副总裁拉斯洛·博克（Laszlo Bock）说，决定你是否能获得聘用的不是绩点，不是你就读的学校，而是你的能力，包括在百忙中学习的能力，以及作为领导，知道什么时候上前、什么时候退后的能力，要能明白自己的权属，懂得谦卑。弗里德曼在文中引用博克的话说："没有谦虚精神，你就无法学习。"研究显示，这就是许多热门商学院毕业生裹足不前的原因。博克说："**因为那些成功的聪明人很少失败，所以他们没学会如何从失败中学习。**"[8]

## 第四步：借鉴更有参考价值的最佳大学名单

《美国新闻与世界报道》的排名束缚了我们的手脚，但他们的算法无关本科教育质量，不涉及更广泛的本科经历，也无关毕业生未来的职业与生活状况。年轻人是否能适应学校，是否有归属感，从而最大程度地插翅翱翔，这些都是他们的调查未涉及的可变因素所起到的作用。当孩子进入大学录取过程后，就一所大学为什么优秀、为什么值得起我们不菲的花费的问题，如果我们采取更为宽广的视角，那我们和孩子的压力都会得到缓解。

《美国新闻与世界报道》的竞争对手很多，它们各展其能，纷纷试图提供在那些大学当学生、受教育的感受。其中，《费思克美国大学入学指南》

（*Fiske Guide to Colleges*）是目前最畅销的指南，作者爱德华·费思克（Edward B. Fiske）曾任《纽约时报》教育编辑。这本指南自称对每所学校进行了主观分析，以自身在全美数百所大学的广泛联系为基础，最近已经开始对大学进行排名，以体验品质及费用为基础，即他们所谓的"物美价廉的好东西"。《福布斯》杂志也发布了自己的"美国最佳大学"名单，排名依据教育质量、学生体验，以及学生毕业后在生活中取得的成就。

《普林斯顿评论》（*The Princeton Review*）提供的大学排名完全依据学生的意见，基于对全美 13 万名大学生的调查，从最佳课堂体验、最佳教授、经济援助、政治，到社交活动、校园之美、最快乐的学生等方方面面，包罗万象。

《改变人生的大学》（*Colleges at Change Lives*）一书提供了全然不同的排名。这是一份短小的名单，只包含 40 所规模非常小的学校，这些学校致力于营造这样的生活和学习社区：本科生与教师、同学间相互密切联系，进行严谨的学习，做好进入职场和尽公民之责的充分准备。[9] 名单最初由洛伦·波普（Loren Pope）编写。波普照曾任《纽约时报》教育编辑，1990 年出版了畅销书《超越常春藤联盟》（*Looking Beyond the Ivy League*），对 200 所大学做了关键性的简要介绍，[10] 之后他成了全美首批大学录取专家之一。为了编写最佳本科学校名单，波普亲自去往各大学校园，感受它们的建筑、气质和氛围。有 40 所大学获得了他的极佳赞誉，它们的学生、校友、教师和行政管理者众口一词："这所学校改变了我的人生。"

波普于 2008 年去世，那是在继承他遗产的非营利性组织"改变人生的大学"（Colleges at Change Lives）成立之后。这是一个小机构，网站由志愿者更新，执行主管是兼职顾问，没有受薪员工，但有足够的可靠资源和忠实成员，保证波普的理念薪火相传。在"改变人生的大学"所提供的名单中，大部分学校在选择性上属中等或中等偏低水平，录取率介于 50% ~ 80% 之间。

《校友因素》(*The Alumni Factor*) 提供的是另一份让人大开眼界的榜单。这个排行榜 2013 年才面世，是大学排名典型范例之外的又一个版本。这份榜单是一位企业巨子与父亲的联手之作，他发现《美国新闻与世界报道》中的大学排名数据不足以帮他的孩子做出有意义的选择。他想了解各大学校友在社会上"混"得怎么样，对自己和人生感觉如何。他调查了超过 225 所大学的数十万校友，调查指标如下。

◆ 智力的发展。

◆ 社交与沟通能力的发展。

◆ 友谊的发展。

◆ 为事业成功做准备的情况。

◆ 直接就业机会。

◆ 向未来的学生推荐母校的意愿。

◆ 金钱价值观。

◆ 再次选择这所大学的可能性。

◆ 毕业生目前的家庭平均收入。

◆ 高收入家庭占比，标准为年收入超过 15 万美元。

◆ 毕业生目前的平均家庭净资产。

◆ 高净值家庭占比，标准为超过 100 万美元。

◆ 总体幸福水平。

除了这些指标外，《校友因素》的排名依据还包括校友对移民、枪支管制、同性婚姻、平权运动、堕胎、执法中的种族歧视、校园祈祷和媒体偏见等社会和政治问题的看法，以便让未来的学生及他们的父母看到，各学校校友对这些问题最有可能表示支持还是反对，从而帮助学生判断是否能融入学校、班级及寝室的生活政治环境。

也许《校友因素》最引人注目的是"最终结果"部分。这部分排名是两方面特点的结合，如校友兼具经济上和学术能力上的成功，或经济上和幸福感上的成功，或人际关系上和学术能力上的成功。下面以首字母排序的方式，罗列了"最终结果"排名前50中的前17所大学。

◆ 巴克内尔大学。

◆ 圣十字学院。

◆ 达特茅斯学院。

◆ 葛底斯堡学院。

◆ 明德学院。

◆ 波莫纳学院。

◆ 普林斯顿大学。

◆ 莱斯大学。

◆ 斯克里普斯学院。

◆ 斯沃斯莫尔学院。

◆ 美国空军学院。

◆ 美国海岸警卫队军官学校。

◆ 西点军校。

◆ 美国海军军官学校。

◆ 圣母大学。

◆ 华盛顿与李大学。

◆ 耶鲁大学。

萨姆·莫斯（Sam Moss）是独立学校大学升学顾问协会（ACCIS）的董事会主席，该协会是私立高中升学指导顾问的专业组织，是《校友因素》最早的用户。莫斯是达灵顿中学（Darlington School）的升学指导主任，这所学校位于佐治亚州的罗马市，是一所拥有百年历史的大学预备学校，学生来自美国22个州及世界上的40个国家。莫斯已从事升学指导工作40多年，他的书架上摆满了各种各样的大学指南。他告诉我，《校友因素》"彻底改变了我与学生和家长之间的对话"。

> 如果你申请一所超级挑剔的学校，你得明白，你跟其他人一样优秀，但100个人中会有90个人被拒。被拒的人与被录取的人没什么差别，不能说他们是失败者。这就好像买彩票，如果我赢了，我会非常激动，但我不会在接下来的9个月里思考其他地方会不会更好，其实你在其他学校也会一样成功、快乐。

莫斯告诉我，《校友因素》把最后一点讲得非常清楚："不管他们关心的是经济上的成功、知识上的严谨，还是人生的幸福，很多学校的校友都能做到这些。但它会让孩子和父母从不同的角度考察大学，比如投入与产出。我最喜欢它的地方是，它不要求受访者评价其他学校，只需要评价自己的学校和对教育的满意度。"

莫斯在田纳西州的西沃恩南方大学参加同学聚会时听说了《校友因素》。在那个周末的谈话中，副校长小约翰·麦卡德尔（John McCardell Jr.）告诉与会校友："现在有一种评价大学的新方式，我们的校友似乎对我们评价很高。"为学生做升学指导的莫斯一听这话，耳朵立马就竖了起来。麦卡德尔曾任佛蒙特州明德大学的校长，他有充分的理由为西沃恩南方大学在《校友因素》上的排名感到满意：在文理学院总体排名中位列第十六名，在知识发展这一项上名列第一，在社交发展这一项上也名列第一，在校友是否推荐给现在的学生上排名第二，在友谊发展上排名第四，在职业成功准备情况方面排名第九。

我得承认我没听说过西沃恩南方大学，但在了解了这些情况后，我兴奋不已，很想做更深入的挖掘和了解。后来我了解到，西沃恩南方大学培养出了26位罗德学者（Rhades Schlars），塞缪尔·皮克林（Samnel F. Pickering）是该校著名校友，此人是电影《死亡诗社》（*Dead Poets Society*）中基廷先生的原型，由已故演员罗宾·威廉姆斯（Robin Williams）扮演。该校也是不强制要求测试成绩的学校之一，这在后面将讨论到，而录取率达到了很友好的61%。

领英也在2014年秋季推出了一份大学排名，这份排名很可能在升学指导顾问及未来的学生和家长中引起了轰动。领英是目前全世界最大的职场网络平台，在美国有一亿用户，全球用户达三亿，他们拥有的数据超过其他任何渠道，大学毕业生最有可能在上面找到各个行业的工作机会。在领英上还可以看到不同专业毕业生的就业情况，不仅对"我能找到工作吗？"这样的问题给予了响亮的肯定答复，也展示了那些专业人士职业选择的"长尾"，他们有更多的长期选择机会。领英的"大学排名"页面依据应届毕业生在各个领域成功找到理想工作的情况，排出了大学的名次。

我们讨论过的每一种排名都以某种类型的定性或定量调查为基础，而领英的排名依据来自数亿名专业人士不断增长和更新的信息。在这个意义上，领英负责大学排名产品的总监克里斯蒂娜·艾伦（Christina Allen）称它是"常青树"。这些校友的就业结果实实在在地证明，成功的专业人士来自各类学校和各个专业。"这些数据和系统的好处在于，"艾伦说，"你可以从更广泛的视角看待学校排名，对你父母希望你不要选择的研究领域，你可以给出一个结论：没问题，那些专业的毕业生会有好工作。"这些数据令人惊喜。

艾伦谈到领英的一位计算机科学家，此人来自艾奥瓦州玛赫西管理大学。在考虑拿计算机科学学位的好地方时，大多数人不会想到这所学校，然而这位先生是一个训练极好的计算机科学家，所以艾伦对这所学校很好奇。"查看玛赫西管理大学的毕业生数据时，我发现，他们在像微软、谷歌和亚马逊这样的公司，无论是作为个人贡献者还是管理人员，都处于很高的水平。"关于全美哪些大学最好，领英的数据很可能会破坏《美国新闻与世界报道》引领的刻板印象。

## 第五步：考虑不强调考试成绩的大学

除了扩充值得我们认真考虑的大学名单范围，还有一类大学也值得考察：它们以更全面的方式评价申请人，而不以考试成绩主导审核过程。申请这些大学不仅可以减少过程中的压力，也可以促成学生与大学之间更好的匹配。

据美国国家公平公开考试中心（FairTest）的数据，[11] 有 800 多所大学不强制要求 SAT 或 ACT 成绩，或者以"灵活的"方式看待考试成绩。如果你提交 SAT 或 ACT 成绩，这 800 多所学校会给予参考，但他们更感兴趣的是你的高中在校成绩、论文和推荐信，因为这些指标能够体现申请人其他方面的学术能力和潜力，"灵活"看待考试成绩的学校会关心其他类型的测试。在不强制要求考试的大学和文理学院名单中，以下这些学校赫然在列。研读过排行榜的人对这些学校应该也不陌生。

◆ 美利坚大学。　　　　　　　　◆ 富兰克林与马歇尔学院。

◆ 亚利桑那州立大学。　　　　　◆ 曼荷莲学院。

◆ 贝茨学院。　　　　　　　　　◆ 培泽学院。

◆ 鲍登学院。　　　　　　　　　◆ 西沃恩南方大学。

◆ 布兰迪斯大学。　　　　　　　◆ 史密斯学院。

◆ 布林茅尔学院。　　　　　　　◆ 维克森林大学。

◆ 克拉克大学。　　　　　　　　◆ 卫斯理大学。

◆ 圣十字学院。　　　　　　　　◆ 伍斯特理工学院。

◆ 迪金森学院。

2014 年，有一所学校甚至不是考试可有可无的问题，而是根本不看考试成绩，因此上了头条新闻。这所学校是位于马萨诸塞州阿默斯特的罕布什尔学院。[12] 当罕布什尔学院在召开的新闻发布会上宣布这一决定时，该校的招生及财政援助主任梅雷狄思·通布利（Meredith Twombly）说："SAT 基本上就是某年某天进行的一次考试。学生的高中成绩、公民生活参与历史、导师推荐信及论文体现的自我呈现能力告诉我们的信息，远远超过它。"罕布什尔学院入选了"改变人生的大学"名单，拥有一批著名的校友，包括 Netflix 的首席通信运营官乔纳森·弗里德兰（Jonathan Friedland）、纪录片导演肯·伯恩斯（Ken Burns）、认知科学家加里·马库斯（Gary Marcus），以及获得奥斯卡金像奖的女演员露皮塔·尼永奥（Lupita Nyong'o），等等。2014 年，罕布什尔学院的录取率为 70%。

巴德学院位于纽约州哈得孙河流域的安南达尔，[13] 在纽约市以北，距市中心大约有几个小时的车程。2014 年，该校以其"革命性的大学招生实验"登上了新闻头条，[14] 该政策给申请人一个选项：可以走寻常的申请程序，也可以从 21 个论文题目中选答 4 个。如果申请人选择后者，他们的论文将由巴德学院的老师进行评审，如果每篇论文都能获得 B+ 以上的分数，那你就进了。无须标准化考试，无须绩点，无须注水和充满虚假志愿服务的简历。[15]

2014 年，丽贝卡·舒曼（Rebecca Schuman）在《Slate》杂志发表的文章中称，巴德学院的入学考试是"全美唯一真正的另类精英大学申请方式"。[16] 她接着说："巴德学院的入学考试瞄准的是这样的学生：由于种种原因，他们不适合地狱般完美的牢笼，而是像巴德学生事务副校长、招生主任玛丽·巴克伦（May Backlund）告诉我的那样，他们'真的很喜欢学习，但也许对他们眼中繁重的高中课业感到不耐烦，而投身于不被视为学业的地方，如音乐、艺术，或者干脆自己阅读。'"

2014 年，巴德学院的录取率是 38%。有些名牌大学的行事方式与众不同，我最喜欢的其中之一是马萨诸塞州梅德福的塔夫茨大学。现在，塔夫茨大学与前面两所学校属于不同的挑剔类型，2014 年，它的录取率只有 17%。我在这里提到它，因为它在名牌大学中开创了一个极好的先例，把考试作为总体招生过程中的一个因素，而不是指导评估过程中的唯一因素。该校本科生招生官李·科芬（Lee Coffin）说："我们愿意以更具弹性的方式看待考试。"我感觉科芬的方法是对的，因为2014年，他们录取了帕洛阿尔托一个非常聪明勤奋的男孩，我知道其他排名更高的学校不会看上这个孩子。我喜欢塔夫茨大学还有一个原因，他们已经接受了"间隔年"① 的概念，让学生在上大学之前有机会形成成熟的性格、自信和领导能力。[17]

科芬被同行称为"复古招生官"。许多招生官大谈更全面的大学招生方法，科芬则是著名的行动派。大多数学校领导盯着《美国新闻与世界报道》的年度排名位置，试图通过争取更多的申请人，即使把80%～95%的人拒掉，来提高自己的排名。相比之下，科芬称赞塔夫茨大学董事会和校长"非常理智"。几年前，他接受聘任时，校长说："我不会沉迷于申请量、录取率、收益率。我更感兴趣的是，你为塔夫茨大学招收的学生要一年比一年更积极地投入知识分子关心的问题。"

从此，科芬就兴致勃勃地执行着这个任务。"我们的首要任务是确定申请者有能力学好我们的课程，知道他们可以学好我们提供的严格课程。"但同其他许多学校的情况一样，对于这个要求，在塔夫茨大学19 000个申请者中，75%都办得到。因此，科芬告诉我，他们的下一个环节是寻找那些能反映塔夫茨大学创始理想的品质：利用智慧改变世界的社区意识，有能力成为创造性思想者，还有善良。"善良？"我问科芬。"是的，"他说，"我不想要一群杀手机器人似的本科生。"斯坦福大学招生与财政援助主任理查德·肖也常常向我表达同样的理念。为了了解申请人的善良水平，科芬在评估每一位申请人时，远不只是关心绩点、分数。

---

① 指在高中毕业后与进入大学前暂时休学。——译者注

何不就把学术能力合格名单上最前面的人录取了事？这当然不费神。一个原因是科芬和全美其他同事所说的为了"塑造一个阶级"，另外，他想招学业优秀的人，但不一定是最好的那一拨。"最好的学生往往没有太多的故事，我不会仅仅因为一个人在统计数据上是超级新星就把他录了。你通过激烈的考试准备取得了很高的绩点和考分，但是你对知识投入吗？"塔夫茨大学一位政治学系的教授告诉科芬，他注意到，塔夫茨大学四年级的学生，就是那些正在申请极富声望的杜鲁门奖学金和罗德奖学金的人，体现出了一个模式，"面试时，分数最高的人不一定比分数低半格的人强，即得 A 的学生不一定比得 A– 的学生强，得 A 的学生不一定次于得 A+ 的学生。成绩低半格的学生在知识上很投入，他们有话可说。他们的成熟度似乎更高，而那些受训考试、总是拿 A 的人一旦离开"脚本"，表现就不一定总是那么理想了。"

科芬问申请者："什么事让你感到快乐？"这是补充论文的选题之一。批评者认为这个问题很蠢，但对科芬来说，"幸福是人类的基本需求。'什么事情让你感到快乐'对高中生来说是一个非常重要的问题。"一个年轻女孩回答说是翻旧书，以及翻旧书时，旧书的气息、感觉和声音；有个年轻男孩写他带 3 个弟弟的往事。补充论文的所有选项中，这个问题最受欢迎，回答这个问题的学生被录取的概率也最高。

## 重视健康和归属感

我在学术界的职业生涯期间，老有未来的大学生及他们的父母就如何选择大学征求我的意见。我的标准回答是："这是一个适应和归属感的问题。"我会说，参观完学校，参加完情况说明会，看完视频等所有喧闹的正式活动之后，不要找学校的招生官，而要找真正的在校学生打听情况，比如："你好，我想申请这里。你喜欢这儿吗？"问完这个切入话题的问题后，接着问："如果有可能，你希望这里做出什么改变呢？"对第二个问题的回答可以充分说明一个学校的情况，不过也可能是充分说明了那个学生的特质，所以一定要问三四个不同的学生。

最后，你不仅掌握了有关这所学校的大量信息，同时也增加了你对自己的了解。产生了哪些共鸣？有什么不喜欢的地方？你希望对教师有所了解的话，可以问问他们参与本科教学吗？还是由研究生上课？你的同学们呢？你愿意和那些孩子身处同样的教室、寝室、广场、实验室、俱乐部吗？愿意跟他们一起玩儿吗？最后，我告诉学生，问问自己："在那里我能做我自己吗？真实的我会受到重视吗？"如果对最后两个问题的回答是由衷的"是"，那就符合我所说的适应和归属感。

现在我已经离开斯坦福大学了，自己也在做大学招生咨询，在工作中，虽然雇我的是学生的父母，但我还是努力为学生消除这个过程中的剧毒。如今，一个年营业额达数亿美元的行业正致力于告诉孩子们如何加工自己的童年，把自己"变得"符合大学的要求。申请过程中，论文是最具个性、最私人的部分，可那些自称"包装者"的冒牌专业人士和其他第三方大手编辑们，包括父母，有时干脆捉刀代笔。

作为教务长，我不喜欢与人为制造的孩子交往；作为家长，我非常反感这整个的观念。我改变不了那个系统，但一有机会和高中生促膝交谈，我就会把兴趣放在面前真实的孩子身上，努力把他们放在申请过程的中心位置。他们是谁，不是他们认为自己应该是谁，而是他们实际上是谁？什么让他们兴奋？什么让他们烦恼？什么吸引他们？他们是怎么知道他们所知道的东西的？

我们老把"寻找你的激情"挂在嘴边，好像大多数 17 岁的孩子都有激情，或者应该赶快去找一个激情，而事实是，大多数人还没有找到。

成长的力量

他们是年轻人，他们的自我意识刚刚萌芽，对于想成为什么样的人和想做什么事，意识还很朦胧。他们正在学习，这才是最重要的。他们有好奇心，希望成长，希望贡献力量，希望有一天能做一些有目标和意义的事情。他们正在设法弄清楚那件事情到底是什么。

对我来说，这就足够了。通过不断提问，如果我可以帮助一个高中生了解自身的真实情况，那他就可以写一篇有意义、能得到大学招生官赏识的论文。

父母们都很感谢李·科芬在塔夫茨大学"采取人性化的招生方法"。从科芬、罕布什尔学院和巴德学院的招生方法，以及那些对 SAT 或 ACT 成绩灵活处理的学校那里，我感到有些大学的招生过程少了很多折磨。我们从《校友因素》《改变人生的大学》和领英的大学排名中了解到，在人生和经济方面都获得了成功的成年人，他们所上的大学五花八门，有些我们听说过，大多数都闻所未闻。

所有这一切都让我们认识到，如果我们致力于鼓励孩子寻找他们觉得适合自己且有归属感的学校，有几种工具可以帮助他们弄清楚情况。如果我们撕开眼罩，不只关注最挑剔的学校，而像前面谈到的那位法官一样，为孩子所申请的和最终录取孩子的学校感到骄傲，那么，一切都会风平浪静。

对于一个发展中的人来说，大学 4 年可谓漫长，这份经历可能会很美妙，也可能改变人生。明尼苏达州布莱克学校的升学指导顾问弗兰克·萨克斯（Frank Sachs）说："大学是一场需要完成的比赛，而不是需要赢得的奖品。"的确如此。去到那里就是奖励，那就在那里蓬勃发展吧！

# HOW 20
## TO RAISE AN ADULT
# 倾听他们的心声

我们催他们出门，催他们准备打棒球，催他们完成作业。家不是绿洲，而是灾难。如果我们所有人，不管是居家父母还是在外上班的人，都可以摆脱种种外部活动的疯狂，花更多的时间，有意识地与我们爱的人在一起，那会怎样呢？

——玛丽娜
母亲，来自加州圣克拉丽塔

爸妈们越来越热衷于打造孩子，希望孩子未来能进入《美国新闻与世界报道》中排名前 20 的大学。安妮·弗格森（Anne Ferguson）像许多高中指导教师一样，站在保护孩子们的第一线，她是马萨诸塞州安多佛菲利普斯学校的升学指导顾问。2014 年 2 月，我和她通了电话，当时，她和毕业生及家长刚刚开始进入大学招生季。

"第一次跟十一年级的学生见面时，我们会问：'想到大学时，你头脑里出现的第一个词是什么？把它写在卡片上。'最常见的回答是'SAT、压力、自由、独立、申请'。下一个问题是：'如果可以对父母说一句话，你会说什么？'孩子们在卡片上写下这样的话：'我知道你们爱我，你们想做到最好，但请你们走开好吗？'"接下来，弗格森和学生家长见面时，让他们拿出一张卡片，给孩子写一段话。如果她没有先出示学生的卡片，父母们会写这样的话："力争最好！""我知道你认为你进不了哈佛，但努力吧。"然而，如果他们事先看了学生写的卡片，就会这么说："你全权负责。""我完全支持你。"

弗格森把学生的留言给家长看时，他们显得局促不安。

然后他们就会给孩子写下更鼓舞人心的话。"气氛变得温暖动情起来，家长们说：'我们没那样做。'每个人都信誓旦旦地要做正确的事情。但申请过程一升温，那次家长会的魔力就消失殆尽了。很多父母又回到了神经质的自我状态。"弗格森说。

弗格森目睹了父母的焦虑情绪对学生的影响。一个十一年级的学生来她办公室谈大学申请的事，弗格森整理着思路和材料，琢磨该如何跟这个孩子交谈，抬眼一看，见他双手抱头坐在那儿。她打住话头，把材料放在一边，稍事停顿后，她问孩子是否还好。他说不好。他告诉弗格森，他爸爸让他上安多佛菲利普斯学校的目的就是希望他进哈佛大学，然后他说："我数学考得不好，上哈佛是不可能的。"他说他睡不好觉，常常做噩梦。

"我们这些升学指导老师应该做看门人，守护孩子们。"弗格森告诉我。她跟男孩的家人谈了谈："你的孩子压力很大，为什么不让他享受这段经历，看看情况会怎么样呢？"与此同时，她对那个在她办公室双手抱头的孩子同情不已，她对他说："我知道你不以为然，但没什么比健康更重要。具体上哪所大学并不重要，如果你的健康状况不好，在哪所大学也待不下去。"他相信她的话。与关心他的人在一起，他感到如释重负。

为了达到具体的目的，许多父母都习惯于对孩子的生活施加诸多控制。随着越来越多的孩子申请更多的大学，大学的选择难度也加大了。眼下并不存在什么进哪所特定学校的秘诀，都是个人的猜想。于是，高校招生游戏的现状，连同父母对游戏缺乏控制的事实，可把父母们给"吓坏了"。弗格森知道，如果她能把父母的眼罩撕开一点，让他们看到更多奇妙的可能性，整个过程的压力就会减小很多。但是，在看似一团漆黑的情况下摸索，父母、孩子和弗格森都感受到了极大的挑战。

在像帕洛阿尔托那样充满奋进精神且竞争激烈的地方，父母不花时间倾听孩子,这样的情况早就开始了。有位叫梅芙的妈妈以前住在帕洛阿尔托,后来，为了让生活不那么紧张，她搬到了俄勒冈州的本德。我问及她对两个不同养育环境的印象，她说："只要父母有意识地与孩子建立沟通关系，在孩子身上投入更多的时间，那么事情在帕洛阿尔托的环境下也会进行得很好，"她说，"在帕洛阿尔托进行不好的问题是，不停地东奔西跑，听不到孩子说话。大家那么忙碌，在外面有那么多责任，我们发现家人之间无法真正地沟通。我们希望能有时间自由地交流，一家人一起说说话。"

## 如何真正地倾听你的孩子

美国心理学会指出，倾听和交谈是父母和孩子，尤其是和青少年建立健康关系的关键。以下内容基于美国心理学会"给父母的沟通建议"。[1]

### 1. 让孩子找得到你。

如果你有一个以上的孩子，请集中一段时间跟每个孩子单独交流。选择你知道孩子最愿意说话的时间，是睡前时间，乘车去训练的途中，还是事情不多的周末早晨？找到合适的时间后，发起谈话。不要从你心中的问题开始，对他们所做的事情、对对他们而言重要的事表示兴趣。青少年常常觉得父母只想谈成绩、成就或大学申请。向他们表达你对他们的关心，关心他们的兴趣、快乐和忧伤。如果你那样做，那就有利于你提出你所关心的话题，比如什么时候动手写大学申请书。

### 2. 让他们知道你在认真听他们说话。

放下手上的事情，听孩子说话。保持眼神接触，听的时候不要打岔，即便你很难接受他们的看法。他们说完以后，把他们的话复述一遍，你可以说："所以听起来你真的很喜欢这个……"或者"你觉得这件事压力很大吗？"询问他们解决问题时是否需要你的建议或具体帮助，还是说只是希望你听他们发泄一番。

### 3. 以他们听得进去的方式回应。

孩子们经常考验我们。他们往往先讲部分情况，测试一下我们的反应，如果你认真听，鼓励他们说下去，你就可以了解到全部情况。一旦我们情绪化或发火，孩子就会三缄其口，所以请注意你如何通过这道关隘。关注他们的情绪，尽量保持自己的情绪平稳；表达你的感受和想法，但不要否定他们的观点，不要争论谁是谁非。你可以说："我知道你不同意我的观点，但这是我对这件事的感觉。"

在研究本课题的过程中，我有机会倾听许多年轻人的看法。作为一种练习"倾听"能力的方法，作为了解倾听为什么如此重要的理由，我在这里呈现三个年轻人的故事。很难决定分享哪些故事，于是我选择了一个大学新生、一个大学毕业生和一个研究生，他们都体现了我们希望成年孩子所具备的价值观和能力。

## 布兰登的故事：拥有做自己的自由

布兰登来自得克萨斯州达拉斯的郊区，在那里，高中足球就像《胜利之光》（*Friday Night Lights*）里描述的情形一样。在高中球队，他打过中卫、直传球接球手、侧卫、边锋、后卫等多个位置。2014 年夏天和我交谈时，他 19 岁，刚刚在非常难进的莱斯大学念完一年级。

布兰登的妈妈在上大学时生下了他，"她让周围的人挨个抱我，"他笑着说，"我从小自由自在，按自己的想法去发现新事物，学我想学的东西，做我想做的事情。"他在得克萨斯州南湖的卡罗尔高中（Carroll Senior High School）上了三年学，这是一所公立高中。高三那年，他妈妈与继父离婚后，他搬到了旧金山湾区，与父亲和继母一起生活。高中的最后一年，他住在圣马特奥，就读于阿拉贡高中（Aragon High School），也是一所公立学校。

"我从来独立行事。六年级时，我吹过小号，那纯属个人兴趣，并不是父母为了让我出人头地强迫我学的。我吹了两年，吹得也很好，但我更喜欢足球，于是就放弃了。我父母对此没有意见。我在莱斯大学的许多同学拉过小提琴或弹过钢琴，我问他们为什么现在不弹了，楼下的大厅休息室就有一架钢琴。他们说：'没兴趣。是父母让我弹的，不是我自己的选择。那不过是我以前做过的事情。'

"高中时，我选了很多高级课程。高三的时候，我非常讨厌英语，我准备选AP化学和数学。我告诉妈妈我不打算选AP英语，她提出了不同的看法，她问：'你的理由是什么？'我说我不想学得那么辛苦。她说：'你终究应该努力学习，而不该那么说。'她像顾问一样，问我问题，我回答以后，她又在我回答的基础上提出新的问题。她对我有推动作用，但我做的事都是我自己的选择。

"作为男人，我继父要专制些。他就像一个主教练，在场外训练我，尽力让我做好在场上战斗的准备。场上就是人生。我一上场，他就爱莫能助了。我前进的方向取决于我自己。

"写大学申请论文的时候，我全靠的是自己。我让父母读过一遍，我妈在上面画了很多红线，看起来触目惊心。我和她讨论了一下，然后像往常一样转身上楼，自己决定哪些要修改、哪些不改。我对大多数红线置之不理，因为我认为我的方式更好。无论是作业还是大学申请，红线从来都不是终极权威。

"我有很多同学的父母都投入到了大学申请的过程中，投入程度不亚于他们本人。父母和他们一起写文章，或者花钱请别人代写。"

大学申请文章写的应该是学生的心声，而不是父母或父母请的人的想法。它应该是个人性格最纯粹的体现。他们本来应该呈现最真实的自己。

"申请时间到了，我选择了能给我较大成功机会和所需资源的学校。我申请了斯坦福大学，因为它是一所很棒的学校，但我没能入围。我还申请了几所常春藤盟校，还有莱斯大学和加州的一些公立大学。说到底，为了我的人生，我到哪里接受教育不是我父母的决定。那不是他们的人生，不是他们的教育，而是我的。我就是这么想的，我一直就是这样看的。"

布兰登没有进入莱斯大学的足球队，其实他们很早就找他谈过，但他想把学习放在运动之上，于是就谢绝了。"可惜的是，4 个月后我又想踢球了，可是为时已晚。"于是他就加入了橄榄球队。"我和很多很酷的人在一起，在校园里结识了很多新朋友。对我来说这真是一个非常好的选择，如果可以，未来三年我要坚持这一切。"布兰登的声音有一种膨胀感，似乎一切都有可能。

布兰登是医学院的预科生，为了完成医学院预科的要求，他主修了生物化学和细胞生物学。"我对拉丁文也很感兴趣，所以正在修古典文学的双学位。也许我四年级时会去罗马，在那儿刨故纸堆。我对神经科学也很有兴趣，所以也许会做一些神经科学方面的研究。"布兰登听起来很兴奋。

"我看到很多医学院的预科生僵化、刻板，因为他们的父母是会说这种话的人：'你必须成功。医学院预科是最好的。在这件事上你别无选择。'我父母都是金融界的，我想他们会希望我学金融，但我可以自行探索，学我想学的东西。如果我看到什么有趣的事情，我可以决定做更多的了解，我有获得知识的自由，我的兴趣发自内心。"

布兰登认识的一些学生说，自己是在父母的严格监控下长大的。"他们的动力完全不是来源于自身。知道自己想做什么、如何去做，这是一种生活能力。就以选课为例，如果父母向来深度介入孩子的事，那等孩子上大学后，选课就会有困难。有些同学说他们'想当医生'，顾问会告诉他们需要选什么课，但他们不知道如何为进入医学领域做准备，因为他们不知道怎么准备。他们从来不必考虑'怎么做'的问题，因为一直都有人告诉他们怎么做。我的室友每天都要和他爸妈通一次电话，讨论他的日程安排以及当天做了什么，他没法设定自己的目标。即使是现在，事情的做法对不对，他也得问父母的意见。我欲言又止，我得让他做他自己。

"我不想淡化我父母发挥的作用，"他总结道，"他们做得太好了。我爱我妈妈和我继父，他们一直很支持我，采取了各种办法。在养育我这件事上，他们做出了最佳选择，让我选择了自己的道路。"

## 艾玛的故事：所谓没用的学位

我们都不希望孩子拿个"没用的"学位，然后赖在我们的沙发上，啃着汉堡包度过余生。所以，2014 年我在《时代周刊》读到这篇题为"为什么我让女儿拿一个'没用的'大学学位"的文章时，就想对作者做更多的了解。[2] 一周后，我与文章作者兰迪耶·霍德（Randye Hoder）和她那个拿了"没用的学位"的女儿艾玛开着免提电话，进行了三方交谈。

2014 年春天我们交谈时，艾玛刚从斯克里普斯学院毕业没多久。斯克里普斯学院是一所非常精英的小型女子文理学院，与波莫纳学院、克莱蒙特·麦肯纳学院、培泽学院和哈维穆德学院等 4 所姐妹大学一起坐落在洛杉矶东南部。艾玛所谓没用的学位是美国研究，正巧那也是我的主修科目。

艾玛的大学生活始于约 3 000 公里以东的奥伯林学院，那是另一所备受推崇的小型文理学院，在俄亥俄州。虽然奥伯林学院不适合艾玛，但第一学期有一门叫"美国研究导论"的课却吸引了她，并把她推进了后来成为她知识家园的领域。

艾玛告诉我："上大学的时候，我并没有'我想当律师，我想当医生，或者别的什么人'的想法。"在查阅奥伯林大学的课程目录时，美国研究包含的话题，如殖民主义、美洲土著历史、监狱工业区、城市食品问题等内容吸引了她。课程大纲上的主题非常广泛，加上有一位"极其迷人"的教授，艾玛于是决定选这门课。"美国研究这门课程允许我进行探索，我学到了我想学的东西。"决定从奥伯林学院转学时，她高兴地发现斯克里普斯学院在美国研究方向也提供了一个很强的研究项目。到斯克里普斯学院后，她积极主动地与系主任会面，决定主修这个专业。她重点关注食品、政治和文化。

霍德的文章说得很清楚，她和丈夫都支持艾玛主修美国研究专业的选择。他们接受这样的理念：**在人的一生中，最受用的是获得最好的教育，并找到自己的激情**。在艾玛身上，这两点都实现了。但霍德告诉我，如果孩子希望追求一个没有明显职业前景的领域，父母为此感到担忧，是可以理解的。"现在市面上谈大学'投资回报'的文章可以说汗牛充栋。如果孩子学的是英语专业、美国研究专业或者什么食品政治与文化专业，作为家长，你难免担心他们会无法在这个社会上谋到一份职业。"

"这是增长最快的领域！"在一边听妈妈说话的艾玛大声说，"我得到了很棒的实习机会！"

"但我们当时并不知道。"霍德笑着说。她拥抱人文价值，撰文提出"STEM，即科学、技术、工程、数学类科目不应该是社会帮助下一代在竞争激烈的社会求得发展的唯一答案"。对最近的文章将专业与经济上的成功等同起来的观点，她感到黯然神伤。

有时候，霍德也发现很难跟朋友解释艾玛的专业选择。然而，随着时间的推移，她意识到自己心里觉得有必要为艾玛的专业进行辩护，于是决定不再这样下去了。"我做了更多的解释，试图合理说明艾玛的选择将如何变成稳定的薪资来源。好像她的就业状况是对我丈夫和我为她做的教育选择所进行的全民公决。回想起来，我落入了一个常见的窠臼：把艾玛的个人成功等同于我自己作为家长的成功。"

对于这些担忧，艾玛心里像明镜似的，但她不为所动。她的毕业论文题目是"我们先来做饭吧：探索为什么美国人应该回归厨房，以及怎样才能做到"。她考察了美国下厨人数持续减少的趋势、导致20世纪中期这一生活方式变化的原因，以及纠正这股趋势的各种努力，如社区园艺、饮食教育、抗击"食物沙漠"[①]等。

毕业前的那个夏天，她在一个叫作Food52的网站实习，并在那里获得了绝妙的体验。这家网站的创办人是《纽约时报》美食编辑阿曼达·赫瑟（Amanda Hesser），在那里，她测试食谱、协助编辑工作，她有一位非常好的女领导，而且，她就生活在热闹时尚的纽约市。回到校园写论文时，她发现同学们的研究课题大相径庭，但都同样引人入胜："有个女孩写乡村音乐如何改变了后9·11时代，另一个女孩的研究课题是一位写女性指南的历史人物，还有一个女孩从心理学角度研究悲伤。太刺激了！"我跟艾玛在电话上交谈，

---

① 指餐馆、超市不提供绿色蔬菜，只有汉堡包等快餐食物的情形。——译者注

无法看到她的表情，但她语速很快，语气中很有权威感，声音自信、清晰。

**HOW 成长观察室**
TO RAISE AN ADULT ----------------------------------------------------------●

　　艾玛让我想起我过去的学生杰夫。杰夫也是对自己想学什么很确定的人，即便别人会质疑"你拿那个学位有什么用？"来到斯坦福大学的时候，杰夫考虑学哲学或其他允许他探索人类存在的学科。最后他决定主修人类学，希望把它与自己相当强的摄影能力结合起来。一年级的时候，他告诉我，他的梦想是为美国《国家地理》杂志工作。

　　毕业没几年，杰夫成了《逐冰之旅》（*Chasing Ice*）的导演、制片人和摄影师。这部纪录片获得了圣丹斯奖和艾美奖，引起了美国公众对冰川融化和气候变化的关注，《国家地理》买下了影片的版权。

●--------------------------------------------------------------------

　　我对食品政治和文化一无所知，然而，艾玛对她所做的研究和兴趣的解释把我给迷住了，感觉像是杰夫的故事重演了一遍。确实，有些人可能会觉得难以置信，但这一切对杰夫来说都无关痛痒，现在，对艾玛也是如此。他们心里有目标，这就是激情的样子。

## 史黛芬妮亚的故事：我真心认为我可以自己来

　　再说之前说起过的那位新英格兰州法官的女儿史黛芬妮亚。她拒绝了母亲在大学录取过程中提供帮助的建议。现在她 26 岁了，当初从马萨诸塞州的公立学校北安普顿高中（Northampton High School）毕业后，史黛芬妮亚果真去了巴纳德学院，在那里发展得很好。正如马尔科姆·格拉德威尔认为在这种情况下可能发生的情况那样，她是巴纳德学院的优秀学生，拿到了多所著名法学院的录取函。她那位法官妈妈却一反常态，希望她去一个层次稍低、能提供全部费用的法学院，但是像往常一样，史黛芬妮亚充耳不闻。她上了哈佛大学法学院的等待录取名单，之后被正式录取了。她很高兴成为那里的学生，尽管需要贷款。我联系到她的时候，她已经上三年级了，夏天，她一部分时间在一家律师事务所上班，一部分时间在华盛顿一家非营利性组织服务。

"对我来说，一切都很顺利。最终如何进行大学申请非常重要，当知道我可以靠自己的能力进入巴纳德学院时，那感觉棒极了，我从中获得了信心。在那里，我一个人过得很好，而且从长远来看，这也是一个建立自信的好机会。"她对我说："申请大学这件事，我真心认为可以自己完成。"我发现她强调的语气非常尖锐，这才意识到学生完全独立进行大学申请是多么的不同寻常。"我高中学习时完全靠自己就能表现不错，所以我觉得没人帮助，我也可以在世上活得很好。还有，我的朋友们跟我处于类似层次的高中，他们的父母走的是SAT辅导、让人帮他们申请大学的路线。我对自己说：'好吧，我要自己做,我会证明给你们看，没有别人的帮助，我也可以做得像你们一样好。'事后看来，这种心态不够成熟，那是在跟自己过不去。如果当时所有学校都把我拒了，我肯定会有这种感觉。"所幸她没有被拒。

她那位有人帮忙"处理大学申请问题"的朋友去了达特茅斯学院，现在在哈佛大学念研究生。"我们最后到了同一个地方。她不是一个被宠坏的无能之人，我想就算没人帮助的话，她也能上她那个大学。"

我问她大学里那些"被宠坏的无能之人"情况如何。"那样的人经常抱怨。学生们对抱怨者有不同程度的容忍，但教授不会，他们是真正的专业人士，也真的很在意自己的专业领域。对他们来说，这不仅是一份职业，而且是激情所在。对那些抱有'你为我服务'想法的学生，他们不会尊重和容忍。只要学生稍微表现出理所应当得到教育的架势，或者抱怨质量差什么的，教授们马上就会敏锐地察觉到。这对他们与教授的关系没好处，但说到底，师生关系在成绩上是很重要的。

"知道自己有能力独立完成大学申请过程，这件事好像在我大脑里设定了一个标准。每次我选择自己做事情时，都会加强我的那个价值观。高中时，我看到许多家长使劲给孩子写大学申请论文。我在大学也看到过剽窃现象，在工作场所也看到过很多类似情形。我觉得，当你知道你必须自己完成任务时，靠自己独立完成的这个意识就会增强。

"老实说，这是用长远眼光来看待我的经历，但对于十几岁的青少年和他们的父母来说，我认为他们肯定会有失望和挣扎。进不了想进的学校很影响情绪，但并不一定是坏事，这其中包含了很多潜在的经验教训。从一个我并非事事如愿的地方起步，我会因此为了实现我没有达到的目标而加倍努力。我最终爱上了巴纳德学院。我觉得能进哈佛大学法学院非常幸运，我真的不认为这是理所应当的。

"有人就大学申请征求我的建议时，我说得最多的一句话是：**你真的可以把大学经历变成值得夸耀的东西。**

HOW
TO
成长的力量
RAISE AN ADULT

文凭上的校名无关紧要，不管你上哪所大学，你都能获得一些东西，如成绩、工作、课外活动，申请研究生院或者找工作的时候，你可以把这些东西编写成令人印象深刻的故事。不要去追求品牌，去一个会让你感到快乐、能让你表现突出的地方。

"我保证你会写出那样的故事，他们会选择你，而不会选择一个学校比你好，但没有令人印象深刻的东西可以佐证的人，因为那些人一直郁郁寡欢。哈佛大学的废物不会比华盛顿大学充满活力的人更成功。我在巴纳德学院过得很开心，我在那里取得了成功，然后将这一成功转化为更大的成功。要上一所能让你写出精彩故事的大学。"

我问她大学期间父母如何能帮上忙。她说："我看到比较好的情况是，父母给予情感上的支持，尤其是在一年级的时候，那是人生中一段非常动荡的时期。就我所见，父母的任务就是接听电话。'妈妈，我压力很大，我成绩没考好，我觉得大家都不喜欢我。'你只需要发泄一通，或大哭一场。你还不认识任何人，就是后来交到新朋友，碰到某些事情，在你脆弱无助的时候，还是跟父母说比较舒服。

"有个朋友和我一起从巴纳德学院毕业，她每走一步都要父母帮忙。不是说不应该和父母讨论重大的人生决定，但她不仅是这样。他们的意见对她来说太重要了，我认为她从来都不会表示反对，他们仍然对她有很强的控制力。她在一个她讨厌的城市工作，这份工作没有前途，这个她知道，但她不会离开，因为父母告诉她：'你之前做出过承诺了，你刚才说的话甚至连自己都不会相信。'她真的依赖他们的人生建议和情感支持。26岁了，你对人生已经有了更好的了解，因为你不住在家里，你才是最清楚自己的经历、感受和欲望的人。这对她是有害的，因为她没有跟随她的内心，也不肯冒险，因为她父母不愿意冒险。父母总是比你小心谨慎，因为你可能是他们生命中最宝贵的东西，你小心谨慎点儿对他们没有坏处。"

# 第四部分

# 敢于实施不同的养育方式

我们不必等着看别人怎么做。为了成为好的榜样，我们需要把自我放在第一位，只有这样，才能成为对他们最有助益的人。

HOW TO RAISE AN ADULT

## 测一测，你是理想的权威型家长吗?

**你认为孩子 18 岁以前，以下哪些挫折体验是他应该经历过的?**

A 出门在外时遇到意外事件，比如汽车抛锚。

B 没被邀请参加朋友的生日聚会。

C 考砸了，比如考了班里倒数第一。

D 亲手养大的宠物死去。

E 遭遇车祸。

你是理想的权威型家长吗?

扫码查看测试题答案。

# HOW **21**
## TO RAISE AN ADULT
## 恢复你的自我

父母死气沉沉的人生给周围人，特别是子女，造成的
心理影响之大，无出其右者。

——卡尔·荣格

　　凯瑟琳·雅各布森（Catharine Jacobsen）是西雅图的一位家长，在湖滨学校任升学指导顾问。她对自己的真实生活做了认真的审视，身为年轻妈妈的她，在足球场边给自己的妈妈打电话，抱怨那儿又冷又湿，泥泞不堪。她妈妈直言不讳地批评她："我不明白你站在那儿干什么，你什么也没向孩子证明。如果你想让他们明白体育运动很重要，那你就应该去跑步。如果你想向他们说明什么东西对你有价值，那就回家拿本书来读，要不去跟朋友聚会，或者去看场戏，然后回家说给大家听。为什么不去做点儿你自己的事情呢？那样你才是在过自己的生活。你的孩子会注意到这些，心里会觉得'很好，你有你的生活'，他们也想拥有那样的生活。但照你现在这个样子，他们到了25岁的时候会想：'从来没看到大人有什么生活。我只看到他们为我做这做那，开车送我去这儿去那儿，星期六的上午站在某个地方等我。'"

　　中产阶级家庭奉行的是社会学家安妮特·拉鲁所谓的"协作培养"方式，[1]

由于家庭日程安排太满，加上我们认为好父母应该随时陪伴孩子，为孩子鞍前马后，同时还有迫在眉睫的威胁，比如害怕邻居采取了更多措施，让他们的孩子跑到自己孩子的前面，所以，我们每天都感觉好像在参加一场持续时间不明确的比赛，觉得每项任务都很重要。无论是在外工作，还是做全职家长，抑或身兼二职，作为父母，我们的脑子里装满了这样的噪音：孩子今天过得好吗？如果不好，那这对我和他意味着什么？我应该怎么做才能把那个"方案"安排进我已忙碌不堪的生活中？

我们的日程表和心里都塞满了孩子的生活、学习、课外辅导和活动之类的东西，几乎没有多余的时间关注自我，父母患抑郁症的概率是一般成年人的两倍。美国心理学会 2010 年进行的一项调查指出，报告自己生活在压力中的父母比认为自己健康的父母人数平均高出了两倍。

加州大学伯克利分校的研究员克里斯汀·卡特（Christine Carter）在她的著作《好好工作，好好生活》（The Sweet Spot）中说，在职父母中，有 66% 的人说自己有些想做的事情没有做，有 57% 的人觉得和家人在一起的时间不够，有 46% 的人觉得没有闲暇时间。[2] 获奖记者布里吉德·舒尔特（Brigid Schulte）在她 2014 年出版的《不堪重负》（Overwhelmed）[3] 一书中，把这些持久的感觉称为"淹没感"。即使我们不在抑郁或极度紧张的家长之列，过度养育也很可能让我们在一定程度上是通过孩子在过生活，而不是在过自己的生活，这无论对我们还是对孩子，都不健康。

每个人都应该走在由自己的选择构筑的生活道路上，路上铺着我们的经历，通往我们梦想的目标。身为父母，我们的道路上包括孩子，但他们迟早会有自己的路要走，而我们的路还在延伸。

如果我们跟孩子一起走他们的路，或者帮他们走路，那我们不仅剥夺了他们形成自我效能这一人类基本需求的机会，也失去了继续构筑我们自身道路的机会。

如果你曾经把孩子的成就误认为是自己的成就，把孩子的幸福当成是你的幸福，把孩子的生活当作你的生活，即使这种颠倒混乱的状况只是偶尔发生，那么这一章就是特地为你而写。你看，即使你已经做了父母，你仍然很重要。你必须确保走自己的人生道路，不仅是为了你自己，也是为了你的孩子。

研究表明，孩子们认为父母是他们的英雄。他们对我们的尊敬超过了生活中其他的成年人，我们是他们最大的榜样。然而，当他们仰望我们时，我们会为他们所看到的这个"我们"感到自豪吗？你呈现给他们的是这样的形象吗？苦恼、疲惫，随时盯着手机、平板和电脑，似乎只关心他们的作业有没有完成，成绩怎么样，或者能不能准时和同伴拼车出发去球场；还是说，我们是以这样的形象出现在他们的生活中：对自己活在世间感觉良好，所做的工作能发挥我们的优势，反映我们的价值观，花时间与他们和其他人建立有意义的联系。我们做什么或不做什么，孩子都看得一清二楚，正如在那个又冷又湿的日子里，雅各布森站在足球场边时，她妈妈指出的那样。

我们不应该向孩子显示家长的主要目的和功能就是守着他们，促进他们的交往和活动，而应该通过我们自己的选择、我们所进行的活动以及我们重视的原则，来向他们展示什么是充实的成人生活。

为我们生活中珍视的东西留出足够的空间，这么做并不是自私，而是至关重要的。**为了成为好的榜样，我们需要把自己放在第一位。**这话听起来可能跟你的想法完全不一致，女人尤其可能会为此纠结，因为我们从小就被教导，要把别人的需要放在自己的需要之上。但在发生最坏的情况时，航空公司要求乘客先把自己的氧气面罩戴好，然后再去帮助别人，这个指示在日常生活中也非常实用；财务顾问给出的建议如出一辙，让我们先攒够自己的退休金，然后再给孩子准备大学学费；20世纪杰出的心理学家卡尔·荣格也持有相同的看法，他告诫父母要过自己的生活，否则，孩子最终还要处理由此而导致的神经症。航空旅行安全视频、财物规划和心理学理论所包含的智慧如此一致，可以概括为：**人类只有先照顾好自己，才最有能力照顾好别人，才对别人最有助益。**

本书前面的章节都在讨论如何成功地把孩子抚养成人，而这一章要问的问题是：你自己是一个成年人吗？你有没有照顾好自己的基本需要？有没有为自己着想？有没有努力工作，同时腾出时间来放松？你有抗挫力吗？你规划好了自己的人生道路吗？你能忽视旁人觉得流行的或是最好的东西，经过通盘考虑后，做出自己认为正确的选择吗？这些都是能够达到自我实现的成年人的特点，我敢打赌，对子女进行过度养育的父母大多都有一个共同的特点：为自己着想的能力不稳定，也就是说，有时会被他人的恐惧和意见的强大浪潮席卷了自己的生活。

当然，我们在工作和养育子女方面都很努力，常常到了心力交瘁的程度，但这能达到什么目的呢？我们在努力地过着一种被别人的神经症摆布的生活，因此没有时间放松和享受，也没有照顾自己的基本需要，从而平安度过不可避免会到来的挣扎期。当然，如果我们忙于追赶别人的生活，或者把孩子的生活当成自己的生活来过，那构筑自己道路的想法就半途而废了。

## 如何通过照顾好自己而成为更好的家长

那么，怎样才能找回自己，成为你真正想要成为的那种人和家长呢？借鉴积极心理学家克里斯汀·卡特、芭芭拉·弗雷德里克森（Barbara Frederickson）

和马丁·塞利格曼的研究，加上我自己的生活经验，关于如何做到这一点，我的想法概括如下。

### 1. 发现你的激情和目标，并据此规划人生道路。

如果你过于关注孩子，那你很有可能对自己的激情关注不够。尽管你可能会这样想，但孩子并不是你的激情所在。如果你把他们当作你的激情，让他们给你的生活带来满足感，你就让他们扮演了一个非常不牢靠、不健康的角色。支持孩子的兴趣，这没错；为他们感到骄傲，甚至非常骄傲，也行。但要找到你自己的激情和目标。为了孩子和你自己，必须如此。

以我为例。远离激情多年以后，我终于重新把它找回来了。当年我去到法学院追求我对社会公正的关心时，起初对家庭法产生了浓厚的兴趣，因为那可以帮助被忽视的孩子争取权利。但别人认为公司法律师声望高、收入丰厚，受这种看法的影响，我选择了走公司法的道路。在一家优秀的律师事务所做了 9 个月的合伙人后，我得了高血压，每个星期天的早晨，一想到第二天又要回到办公室，或者当天就要去，我就胃痉挛。工作时间是很长，但那不是问题，问题是我不太关心那份工作的核心问题。我赚钱很多，但感觉没意义，没有目标的感觉最终变成了绝望。当时我 28 岁。

一个周末，我坐在后院涕泪横流，心想："这不是我想用一生去做的事情。"我把人生想象成一幅地图，然后认识到自己已经偏离了中心。更麻烦的是，我不知道什么样的人生道路更有价值、更充实。我准备把这件事琢磨透彻，于是我拿出一张纸，绞尽脑汁地写下我觉得自己擅长的事情，即能力所在，和对我的人生十分重要的事情，即我的价值观，然后寻找两者的交叉点，我觉得那就是有意义的工作所在。这个练习表明，在能力方面，我善于跟人打交道；在价值观方面，我希望帮助别人减少痛苦。这也证实了家庭法对我来说可能是正确的道路,可惜这时我已经对法律感到厌烦了。我决定找一份能帮助学生的工作。我花了3年时间找工作,在第4次尝试的时候,我在斯坦福大学得到了一份临时工作。我知道,只要我能进去,展示我的工作能力,可能就会找到永久性的工作。果不其然。

那个小小的练习是我找到激情的方式,也由此找到了有意义、能给自己带来充实感的工作。你的激情可能是你通过工作、志愿服务或业余爱好追求的东西。且不说你一天花多少时间在你的激情上,问题是你是否找到了那份追求?花点时间好好想想,就像我多年前做的那样,列出你擅长什么、重视什么,还要问问自己想成为什么样的人,你希望以什么形象出现,希望在别人的生活中扮演什么角色,以及想做什么事,即吸引你的工作类型和工作方式是什么样的。

为了获得进一步的指导,你有很多求助渠道。你可以寻求像芭芭拉·谢尔(Barbara Sher)这样的人生教练的教导,谢尔共出版了7本畅销书,包括《如果我懂我就能行》(*I Could Do Anything if I Only Knew What It Was*);也可以通过迈尔斯·布里格斯类型指标或优势识别测试了解你的性格类型;还可以学习《纽约时报》畅销书作者艾克哈特·托尔这类精神领袖的智慧和研究,托尔的著作包括《新世界》(*A New Earth*)。你的激情可以是你希望的任何东西,只要不是"我的孩子"。

### 2. 学会说不。

如果你要发展你的激情,那就要少做一些跟它不吻合的事情,学会说不。过度养育的家长人群总有很多事情要做:实地考察、自制蛋糕义卖、学校拍卖会、家长会、志愿服务、社区会议、社会义务、足球练习,凡此种种,不一而足。别误会我的意思,这些事情对学校和社区的运转很重要,你的付出可能远远超出了实际需要,而且可能是出于错误的理由,比如为了跟别人攀比。**加州**

大学伯克利分校社会学家克里斯汀·卡特主张，为了生活得快乐，我们应该用 95% 的时间做对我们最重要的 5 件事情。

所以，请退后一步。可以把你的激情目标与当下的生活方式做个对比，看看吻合吗？哪些地方需要改变？需要放弃什么？问一问自己是否所有的事情都需要做，是否需要做到他人要求的程度。抵御那种恨不得把家长会开得像公司董事会一样的冲动，轮到你为踢球的孩子们准备小吃时，用不着把这看成好像是对你个人价值的全民公决。搞这些活动时，能不能做到够好就行了，而不用要求"完美"？因为这样你才有时间做其他对你更重要的事情。你可以拒绝做那些你觉得微不足道的事情吗？

记住，没人会帮你说不，你必须为自己说话，即使别人可能不高兴你有所退缩，或者说是有勇气说出这样的念头。不能做别人要求我们做的事情时，如果必须解释，多说不如少说。面带微笑，用肯定的语气说："对不起，我不行。"这比漫无边际的道歉性解释要有效得多，因为后者会让别人对你的决定有所猜测。

### 3. 优先考虑你自己的健康和福祉。

如果身体状况欠佳、情绪不好，我们帮助孩子、亲人、同事和朋友的能力就变小了。你上一次体检是什么时候？你的饮食方式对身体有益吗？你在以你喜欢的方式运动吗？你放弃了不健康的生活嗜好吗？不妨考虑通过冥想或瑜伽减轻压力，增强自我意识。如果你有这样的想法：我没法开始锻炼、学习冥想、减少坏习惯，因为我现在需要陪孩子度过这个棒球赛季或者学校申请过程，那么，我建议你停止这种想法，相反，认真考虑一下你自己的优先事项，至少想想你处理优先事项的方式。本着先把自己的氧气面罩戴好的精神，优先处理这些事情，而不是等其他事情都井井有条了，再来处理。这样，其他事情才能井井有条。

### 4. 为最重要的关系腾出时间。

哈佛大学精神病学专家乔治·瓦利恩特主持过一项历时最长的人类经验研究项目，就是著名的哈佛格兰特研究（Harvard Grant Study）。他发现，**从研究对象生命终结时来看，"生命中唯一真正重要的是你和他人的关系"，而且"幸福等于爱"**。如果你处于关系中，那么你给予了这段关系足够的注意吗？ [4] 每一天结束时，你们会看着对方的眼睛，让彼此知道对方对自己的重要，花点儿时间交谈和倾听了吗？

瓦利恩特写到的这种爱不一定指浪漫之爱，我们与朋友、邻居、孩子和其他亲人也可以彼此相爱。瓦利恩特表示，重要的是"有能力建立共情的关系"。与他人的共情关系能带给我们良好的自我感觉，并将注意力集中在对我们最重要的事情上。

### 5. 问问你与金钱的关系。

首先，如果你是少数富人之一，问问自己，金钱是否是你最珍视的东西。如果是，好吧，那是你的选择，但你得理解，你的孩子可能希望根据不同的价值体系生活。另外，如果你稍微想想，可能就会发现，正因为你对金钱的重视高于一切，所以才导致了你对子女的过度养育，因为你想保证孩子也达到高收入的标准。别忘了过度养育对孩子的伤害，如果父母一心要让孩子走某种有利可图的道路，那对孩子的伤害就更大了。孩子的生活幸福感比攀比资产的生活方式要重要得多。

其次，如果你像我们大多数人一样不算富有，那么认真审查一下你的财务状况。你的行为是恐惧驱动的吗？你有这样的担心吗：在这样的经济环境中，孩子如何养活自己？如果他们考不到最高的SAT成绩，因此拿不到经济资助，那我们如何支付他们的大学学费？你加入了一场绝望的比赛，因为担心赶不上左邻右舍，花了一大堆金钱搞训练、辅导、送孩子去私立学校和夏令营，你的恐惧无助于孩子的成功。先把你自己的财政氧气面罩戴上，然后去做这些事情吧：第一，找到对你有意义的工作；第二，量入为出；第三，管好你的退休金。

审查自己的财务状况可能会令人惶恐，但最终，更好地掌控各方面情况会降低压力水平和恐惧感。学会更好地处理与金钱的关系，这也是在给孩子示范一种更好的生活方式。你自己的财务状况看起来可能很可怕，但更重要的是，它最终会减少你的压力和恐惧感。如果你没资格获得更多的财务援助，孩子也可以在更实惠的大学得到极好的教育，如州立大学或城市学院。城市学院没有品牌，但仍然有聪明的学生和极好的教授。孩子未来的路还长，他们会发展得很好，如果你能好好的，那他们的情况就更好了。

### 6.练习释放善意和感激之情。

如果你准备过自己想过的生活，那么，学会说"不"非常重要，因为我们不可能全盘揽下别人要我们做的事情。但我们总是可以释放善意并表达感激之情，它们没有代价，不费多少时间，而且利人利己。为你认识或不认识的人做好心的事，在拥挤的车流中，让某人进入你的车道；帮某人开门，并谢谢帮你开门的人；对收银员或咖啡师微笑致意；看到别人的钥匙掉到地上，或者手袋里的东西掉了出来，或者东西拿得太多没法开门时，不要视而不见，停下来，给他们帮个忙。你还可以做些更大的事情，比如经常帮助你家社区那些需要帮助的人。

如果说"善意"是帮助别人，那么它的伙伴"感激"，则是认识到别人对自己的帮助。表达感激是承认别人的劳动。"别人"可能是厨师，无论他是陌生人还是你的伴侣，或者是看门人、商店店员、护士，或者是你的同事、孩子。如果有人的行动让你的一天变得更明亮、更美好、更轻松，或者减少了你的痛苦，请看着他们的眼睛，说出来。告诉他们你欣赏他们做的事，并且要具体。你的话会让他们感到自身的价值，也会让你感到更快乐。

HOW 成长观察室
TO RAISE AN ADULT ----------------------------------------------

　　善意和感激看似简单，以致有些人把它们当作琐碎、无关紧要的废话予以抛弃。不应该抛弃它们，它们对我们的幸福至关重要。很多学者研究过助人为乐的积极健康效果。在《加州大学伯克利分校的 10 堂幸福教养课》（*Raising Happiness*）一书中，克里斯汀·卡特对这些研究进行了总结，她的结论是，**善良和乐于助人的人活得更长久、更健康，周身疼痛较少、不易患焦虑和抑郁**。她在《好好工作，好好生活》中写到，加州大学伯克利分校至善科学中心（Greater Good Science Center）的研究证明，每天记下令自己感激的事，连续两周后，记录者报告称压力应变能力和对生活的满意程度提高了，头疼情况减少了，胸闷鼻塞程度减轻了，胃痛、咳嗽、嗓子痛的情况也减少了。[5] 如果你向世人传递更多的善意，注意别人对你的善意，并把你的感激之情表达出来，长此以往，这么做就是在增加你人生的幸福和健康。你会变成一个更好的人。

## 你的孩子只需要一个普通的家长

　　还记得奎因吗？就是第 10 章谈到的那位想当"超级妈妈"的硅谷母亲，一位密友告诉她，她似乎很痛苦，也让别人很难受，之后，奎因去看了精神病科医生。医生说她看起来焦虑不安、情绪低落。奎因把她精神状态不好的原因归结为她的孩子、丈夫和那些似乎越来越成功的朋友，医生不同意她的看法，但仍给她开了药。奎因同意服用依地普仑（Lexapro）。4 名妇女中就有 1 名靠抗焦虑药或抗重度抑郁药获得缓解，奎因成了这个人群中的一员。

对奎因来说，与药物同样重要的是，在急性焦虑和抑郁症状稳定下来后，她对生活做出了重大调整。"我看待事情的眼光更清晰了，决定退出妈妈比赛。我退出了家长教师协会，凡事也后退一步，开始对一些事情说不。我不再试图证明我是超级妈妈。我让孩子们做自己的事，犯自己的错误，打自己的仗。我快乐多了。孩子们不在乎我搞不搞书展，他们拿这事打趣了我一番。让孩子们自己做事后，我跟他们的关系也亲近了许多。唯一一个注意到这种变化的是我的大儿子，他现在是一名大二的学生。过去我压力很大，努力做了太多的事情，一有不满就朝他发泄。我还雇了一个保姆，这样我和我丈夫就有更多的时间在一起了。看来这是最好的办法，我感到非常平静。"

还记得雷切尔吗？她是来自洛杉矶的全 A 学生，在大学保持了 4.0 的绩点，同时每天酗酒、服用阿得拉，最终自杀未遂。在那次毁灭性的经历之后，她家不止她一个人发生了深刻的积极转变，她的母亲也重新审视了自己的生存方式。

"我妈是个典型神经质的犹太母亲，"雷切尔说，"我最兴奋的是，随着我的改变，我生活方向的转变，我妈也开始改变了。她是个控制欲很强的人，但她没有恶意，只是她表达爱的方式就是设法把什么事情都管起来。她的变化比我还大，我观察她后来带我弟弟妹妹的方式，她不再管控每一个细节了，而且她现在还指导其他家长如何放手。"

与雷切尔交谈后，我和她妈妈利亚谈了谈雷切尔吸毒的事如何改变了她的心态，以及她试图教给其他经历着类似斗争的父母些什么教训。利亚告诉父母们，第一次去拜特·舒瓦戒毒中心的主任哈丽雅特·罗塞托的办公室时，她学到了关键的一课。她丈夫坐在她身边，罗塞托坐在巨大的桌子后面，令人望而生畏。罗塞托问利亚和她丈夫觉得什么最重要，利亚回答道："我只是希望雷切尔快乐。"罗塞托用深邃、探询的眼神看着利亚，给出了建议。现在利亚把这番话传递给其他家长。

罗塞托说："只是希望孩子快乐的说法给了孩子巨大的压力。如果他们觉得不快乐，那你就失败了。偶尔不快乐是没问题的。我们的孩子需要知道这一点：奋斗使你成为自己。"

罗塞托说，"让孩子快乐"这个目标实际上是双重负担，对孩子和家长都有负面影响。"整个家庭系统必须得改变，"罗塞托说，"孩子沉迷于玩乐，父母沉迷于控制孩子的选择和行为，试图创造完美的人，所以他们的情绪一团糟。如果孩子某一天过得不错，爸爸妈妈就觉得心情舒畅；如果孩子哪一天不开心，爸爸妈妈就绝望抓狂。我们的家庭项目要做的就是剪断那条脐带，父母的幸福不能取决于孩子是否天天开心。"

除了给其他家长提供咨询，利亚还把罗塞托的智慧融入了另外两个孩子的养育实践中，这两个孩子还和父母生活在一起。她说："有时候我们把孩子的生活弄得太容易了，不让他们经历某些事情，害怕给他们造成伤害，但事实上并没那么糟糕，我们为他们解决问题，而不是让他们为某些事情烦恼。孩子在家里大发脾气的时候，我很容易认为'孩子生我的气了'，跟着就想采取点儿什么措施。现在，我可以接受他们不高兴、生气，我不需要安抚他们的情绪，这没关系。"

罗塞托让利亚深深地认识到，必须把自己的身份与孩子的身份分开。所以利亚给其他父母的首要建议是："花时间修炼自己，"利亚说，"我现在的快乐真的跟雷切尔无关，我们现在可以互相打趣了。"这是好事。

# HOW **22**
## TO RAISE AN ADULT
# 做你想做的父母

我们不必等着看别人怎么做。

———圣雄甘地

据说"改变世界从改变自己开始"这句经典的话出自圣雄甘地，其实他的另一句话更富哲理，也更实在："如果我们改变自己，世界的趋势就会随之改变。当一个人改变了自己的本性，世界对他的态度也会随之而变……我们不必等着看别人怎么做。"[1]

如果改变养育方式不需要等待整个社会的改变，而只是承认本书提出的思路，并相应改变我们做父母的方法这么简单，那情况会怎么样呢？如果我们接受以下这些原则，那又会怎么样呢？

◆ 这个世界比传说中要安全得多，我们应该让孩子学会如何在其中健康成长，而不是护着他们，让他们远离世界。

◆ 为狭隘的成功观念设计的清单化童年剥夺了孩子适当的发展机会，给孩子造成了心理上的伤害。

◆ 让孩子投入他们感兴趣的事情，他们会自己动脑筋，尝试、失败、再尝试，通过努力达到精通的程度，从而学习、成长，并最终赢得成功。

◆ 一旦父母的生活不再以孩子为中心，不再每时每刻都看管孩子的生活，
那他们的家庭生活就会更丰富、更有意义。

很多人都想象得到，如果根据这些信念过日子，如果我们可以改变惯常的家庭生活，开始一种全新的生活，那几乎马上就能感受到随之而来的解脱。然而做这样的改变在心理上并不容易，在美国各地的社区，过度养育模式就像我们在追随的一个广受欢迎的孩子，或是一个让人难以抵抗的霸王，因为我们害怕遭到嘲笑，或者受人冷落。正如克里斯汀·卡特博士说的那样，即使我们明明希望以不同的方式养育孩子，"离开羊群"也会令人感到恐惧。

卡特在《好好工作，好好生活》中说，我们在做有些事情时，别人可能觉得我们的做法很危险，对现状构成了威胁，或者在他们的世界观中，我们的做法愚不可及，这时，我们需要"额外的勇气"才能坚持自己的做法。看来，要想成为大家庭、街坊邻里、孩子学校或所在专业领域里第一个脱离羊群、停止过度养育的人，真的需要甘地那样的信念和毅力。

## 勇敢地面对其他家长

健康的生活需要与社区里的各种人和谐共处，但我们怎么可能与同一社区的人采取不同的养育方式，却仍能与他们和睦相处呢？如果你想成为一个权威型而不是专断型的家长，有意把孩子培养成一个独立的成年人，那你说话时既要果断，又要包容。一定要给其他家长一个"心理出口"。根据你家孩子的年龄、当时的情景以及你是否做好了将信念宣之于口的准备等，你说话、做事的方式会有差异。以下表达样本提示给你可以采取的新路径，帮助你表明自己的看法。

### 1. 其他家长出面调停时。

当孩子们为玩具或游戏次序发生争执时，不要掺和。如果另一位家长来找

你，可以礼貌但果断地说：也许我有点儿落伍，但我真的更愿意让孩子们自己去解决问题。我知道让孩子自己做出让步很难，但我认为这样孩子们才能学会如何相处。

### 2. 其他父母甘当司机时。

如果另一位家长想让你的孩子搭车去某个地方，而你想让孩子步行、骑自行车或者搭乘公交车去，那你仍然要礼貌但果断地说：不用了，谢谢你，我真的希望让他自己去。我相信他有必备的街头智慧，我希望帮他更加独立。

### 3. 其他父母帮孩子取东西、拿东西时。

如果你无意中听到有父母抱怨不得不把孩子忘带的午餐盒、背包或作业送到学校，在你的勇气允许的范围内，尽可能地直截了当，同时温和地表达看法，你只是在分享一种不同的观点。你可以笑着说：我让孩子自己承受，否则他会以为我下次还会给他送去。

### 4. 其他父母给孩子充当私人助理时。

让朋友们知道你已经结束了"助理工作"，孩子到了一定的年龄，你已不需要再照料他、不用再帮他清理东西了，现在帮他做这些事情已经不合适了。试试这样说：我当然可以做得更快更好，但他必须学会自己做这些事情。我可不是会跑到大学帮他做这些事的那种家长！

比如说，当你在和朋友散步、喝咖啡、参加鸡尾酒会，或者在读书俱乐部、高尔夫球场、家长会上，接到孩子的短信或电话，告诉你发生了小小的灾难，让你的朋友听到你说：听到这个消息很难过，宝贝。你打算怎么解决？

**5. 其他父母帮孩子做作业时。**

无论你的孩子是在上幼儿园还是在读十二年级，或者介于两者之间，在家长会上，你举手问：你们关于家长介入孩子作业的规定是怎样的？能否说明一下涉及数学、论文或学校项目时，家长介入的界限在哪里，是如何划定的？如果你在每门课上都这样做，那你就有成为别人口中"那个家长"的危险。但是必须得有人把这一点讲清楚，这个人完全可以是你。

如果孩子想让你过多地介入他的家庭作业，要求你提供问题的答案或告知他解题的方法，甚至帮他写作业，那么试着这样说：我以前也当过四年级（或者六年级、八年级）的学生，现在轮到你了。如果想让朋友们知道你如何处理孩子的"家庭作业问题"，那么试着这样说：我可以为他们做，但那样一来我就得一直为他们做。我不想让他们觉得没有我，他们就不会做。

**6. 其他父母包揽全部家务时。**

宣传家务劳动的重要性，让人们知道，家庭作业和课外活动不能成为孩子逃避家务的托词。如果不做家务，孩子就没有机会学到如何支援他人、如何努力完成可能令人不快的任务。告诉朋友你家孩子做了什么家务活儿，也许你还可以从朋友那儿听到很好的处理家务的思路。在家长会或其他亲子项目和活动中，发出这样的声音：在这个活动或项目中，如何让孩子们承担更多的责任？我不希望我们在做事，而他们在一边游手好闲。

**7. 其他父母设计孩子的人生道路时。**

假设你在参加一个社交活动，大家在互相交流各自孩子的情况。如果有人问及你家孩子的兴趣、学业和职业发展方向时，请开开心心地说：我真的不知道，这完全取决于他，或者，我想让他自己琢磨究竟擅长什么、喜欢什么，不管那是什么，充分发挥就好，或者，他真的非常喜欢远足、画画、读书、智力游戏或数字，我不知道他能靠那些做什么，但我支持他发展那项能力和兴趣。

如果听到有人说为了上大学，孩子必须在某项活动上达到某种水平，你可以笑着说：哦，我们已经不再去预测那一小撮大学的需要了。我们已经开始过自己的生活了，这种感觉非常好。

**8. 其他父母对大学的认识流于狭隘时。**

有时我开玩笑说，如果我们都记住 5 所"没人听说过的"好大学的名字，并在跟朋友和同事交谈时策略性地提到这些名字，就会改变周围人和我们自己对这些大学的看法。不过现在我可不是在开玩笑，你不妨一试。登陆美国大学理事会的 BigFutuer 网站，玩玩他们互动性极好的大学搜索工具；浏览一下"改变人生的大学"网站；查看一下《校友因素》上的大学名单，了解一下这些学校的校友实现经济成功、幸福、智力成长与友谊的"最终结果"；找 5 ~ 10 所令你感到兴奋的大学，想象你的孩子去这些地方上学，而不是去"每个人"，也许还包括你自己认为他"应该"去的地方。告诉朋友们：如果我家孩子想去卡尔顿学院、惠特曼学院或者我们这儿很强的城市学院，我会非常开心，并说明原因。

注意，这项任务不是说让你的孩子去任何特别的地方。记得吗？那是他们自己的决定，这么做是为了扩大你的视野，并且让孩子知道，那些令你感到兴奋的学校，录取标准并非高不可攀，录取率也并不惨淡渺茫。还有，当谈到大学录取过程时，别再用第一人称双数的"我们"！并不是"我们"在申请大学，上大学的并不是"我们"。

最后，公开表示进入某些学校的概率有多么可怕，那么大的压力根本不值得。在与朋友交谈时，耸耸肩，微笑着发出这样的评论：最挑剔的学校不得不拒绝成千上万名合格的申请人，这就是生活。在许多地方都能得到很好的大学教育，不必看得太重。记住，你的孩子真的需要听你亲口说出这样的话，所以也请在他们面前多说几次。

### 9. 其他父母不听孩子说话时。

孩子希望我们不要对每个结果都那么紧张，他们希望父母爱真实的他们，希望大人鼓励他们做擅长的事，希望为自己做事。想想你能否成为朋友圈中说这番话的人：孩子希望我退出他的活动，或者高中学业、大学申请、大学选择，我照办了，这对我们俩来说都更好。我们已经表达了期望，灌输了良好的价值观，剩下的就靠他们自己了。可能至少有一位朋友会说："那不是很危险吗？"但要相信，至少会有一位家长的想法是："你真勇敢。"即便他们可能觉得不自在，而没把这话宣之于口。

## 建立一个志同道合的成年人群体

到处都有像你我这样的父母，都觉得已经到了必须说"够了"的时候。现在我们可能属于少数，但我们需要停止跟随明知不对的养育方式，鼓起勇气采取不同的做法。团结起来有助于我们获得勇气，去做我们凭直觉认为正确的事情，成为我们想成为的那种父母。

### 1. 拉上你的伴侣。

如果你和你的伴侣共同抚养孩子，请和他谈谈如何把孩子培养成健康独立的成人。一旦你决定不再跟风，拒绝整个周末都坐在足球场边，不再迫使孩子学习似乎每个孩子都在学习的东西，拒绝雇人帮孩子处理大学申请事宜，那么这时，你的伴侣应该是和你一起离开"羊群"的那个人，其他人可能会窃窃私语、指指点点，但你们需要知道彼此是对方的后盾。

### 2. 寻找志同道合的父母。

你不必改变别人的想法，但要努力与那些采取类似养育方式的人成为朋友。寻找你觉得养育方式正确的人，考虑拓宽你的朋友圈，不要局限于你认识的人。我敢保证，如果你在 Facebook 上发个帖子，给你的邻居群发一封邮件，或者在其他论坛发言，你就启动了结束过度养育、把孩子培养成独立的成年人的谈话，你会发现一些志同道合的人迫不及待地跳上你的马车。如果你不是那种引领者类型的人，请明确告诉大家你希望把谈话进行下去，请相信，领导者会出现的。我们需要改变，让改变从你开始。不过别担心，你无须孤独前行。

## 来检查一下现实状况

放弃过度养育、把孩子培养为合格、独立的成年人，这个想法在哲学理念上很好，可如果你发现没人和你的孩子一起玩儿，因为其他孩子都有活动，或者，你是唯一没在足球场边陪孩子的家长，又或者，你发现你的孩子上了某所"改变人生的大学"，而你姐姐的孩子在哈佛大学……在这些真正让你处于孤独状态，或者体会到社交不适的时候，该怎么办？试着面对反映你价值观的事实，然后拥抱它。

脆弱研究专家布琳·布朗认为，脆弱、恐惧和"我们所谓不确定性的刑讯室"暴露了我们的情绪，这其实是大好事。

**成长的力量**
HOW TO RAISE AN ADULT

冒险、敢于面对不确定性和在情绪上暴露自己并不意味着软弱。很多人难以想象如何去体验或表达这些情绪，因为他们觉得自己必须事事都要做到完美，或者处处都要显得完美。我们非常担心别人对我们的看法，这样的脆弱和恐惧情绪使我们随波逐流，哪怕我们知道有更好的路径。

　　如果孩子有很多自由的时间待在家里，却没有朋友和他一起玩，请记住，你增加他们的自由时间是有理由的。抓住机会，让他们跟家人一起度过。可以一起阅读、玩拼图、散步，或者彻底放松，一起看看蓝天白云，聊聊令自己感激或期待的人和事。如果你有一个以上的孩子，鼓励他们兄弟姐妹一起做点儿什么。就像帕洛阿尔托一位叫布赖恩的爸爸告诉他家孩子的那样："你们认识彼此的时间比任何人都长久，你们需要花时间一起玩儿，如果总在参加活动，那就办不到了。"或者，让孩子独自琢磨如何打发自己的时间，这也很有价值。

　　如果只有你家孩子的爸妈没在足球场边，相信我，一旦有些家长把你的事例视为不必一直在场的许可证，这种情况就不会持续很久了。但在起初，请强调足球应该是属于孩子自己的丰富体验。告诉孩子，正如足球对他很重要一样，你的生活中也有对你来说很重要的事，比如工作、爱好、独处或者与朋友聚会。请他们选择几个他们非常希望你出场的活动，对这些活动，你无论如何都要到场。如果某天你没有去看孩子练球、比赛，那么在当晚的餐桌上，一家人谈到各自当天的情况时，一定要说说孩子踢球时，你干什么去了。

　　如果孩子去了一所能改变他人生的大学，或者上了一所优秀的社区大学，而你姐姐家的孩子进了哈佛大学或哥伦比亚大学，你得学会在心里说："那又怎么样？"如果你打心底里相信这个想法，那对你十分有帮助。重要的不是孩子在哪里，而是他在那里是否能如花朵般绽放。跟上大学的孩子通电话时，问问他最喜欢什么科目，理由何在。对他最喜欢的科目，管它是美国历史也好，生物实验也好，人类学研究也好，鼓励他思考如何从中学到更多的东西，比方说，了解老师。我经常给我的学生提这类建议。

　　记得有位学生在大三开学时找我交谈。他的绩点是 4.0，他显然为自己的学业成绩感到自豪。我祝贺了他，赞扬他学习努力，然后问他："有多少老师叫得出你的名字？"他回答说："呃……一个都没有吧？"我说："唔，你有一个 4.0 的绩点，但如果你只是完成任务，而不了解你的老师，那你的努力程度就只能算'B'。了解老师，进而对学科有更深入的理解，因此更有信心获得研究机会，并获得一份很棒的推荐信，这才是最大限度利用这个地方的方式。"每个大学的学生都能获得这些好处，在小型文理学院获得的可能性要超过研究型大学，因为研究型大学的老师要面对传说中"发表论文，或者滚蛋"的压力，指导本科生的重要任务可能被他们放在了次要地位，或者根本就排不上优先位置。

## 向身体力行的人学习

嘴上说要结束过度养育，把孩子培养为成人是一回事，加入那些已经想好如何"身体力行"、选择不过度养育的家长队伍，则是另一回事。这些早期行动者已有很多，留心发现，向他们靠拢和学习。

### 1. 适度参与孩子学校教育的家长。

玛丽娜是洛杉矶北部小镇圣克拉丽塔的一位家庭主妇。在教育资源短缺的地区，教育者都希望家长能更多地参与教育，然而圣克拉丽塔的学校并不缺少家长的参与。与其他许多家长不同，玛丽娜参与孩子学校教育的积极性不高，她认为应该让孩子们觉得学校是属于他们的领地，而不是妈妈在场的另一个地方。"家长开放日的时候，孩子们兴致勃勃地带我参观他们的地盘，而不是把学校当成妈妈一直都在的另一处地方。"由于不怎么卷入孩子的学校生活，她成了许多在校门口徘徊的家长口中的"那个妈妈"。

玛丽娜比其他很多家长年长，听得出来，她对别人的评价真的不在乎。她把别人用在学校或活动中的时间用来创造轻松的家庭生活，或者做自己的事，比如锻炼身体。"我们说自己是'待在家里的妈妈'，但我们从来都不在家！摆脱各种疯狂意味着，我有大把时间去创造积极、幸福的家庭生活。"

丽莎有两个孩子，家住明尼阿波利斯一个中产阶级聚集的郊区，在这里，"活动和荣誉都非常重要，竞争也很激烈"。高中二年级时，女儿申请加入美国国家高中荣誉生会（NHS），丽莎和她丈夫希望女儿自己申请，尽管其他学生都有父母帮忙。"她满足所有标准，服务啦，学习啦，等等，但她有一个表没填，因此被拒绝了。"一年后，她女儿再次申请，这次申请比上一次难多了，但她最终通过了。看到女儿遭遇更大的挑战，丽莎和她丈夫都感到很紧张。"不像上一年那样轻而易举。我敢肯定，没人像她填写申请表填得那么认真，因为她有去年的失败教训。让她体会一次安全的小失败，吸取一个大教训，这对她更好。"

卡罗尔是亚特兰大的一位母亲，她有两个孩子。孩子成绩不好时，当地学校用电子系统提醒家长，卡罗尔把这个系统称为"失败邮件"，不予理睬。如果孩子在学校发生了什么问题，她希望孩子亲口告诉她，在此之前，她不会听别人怎么说。到孩子们开始申请大学的时候，她强烈希望审阅他们的申请材料，但她忍住了。不过她仍然认为由成人为孩子检查论文、提出反馈意见很有价值。"我让他们找个自己信得过、我也认可的大人帮他们审阅论文，我相信他们的申请会反映他们是什么样的人，录取他们的学校会是能让他们取得成功的地方。"她儿子上大学一年级时，有一门功课遇到了大麻烦，在电话上跟卡罗尔和她丈夫讲了这件事。"他告诉我们，打电话之前，已经跟老师、顾问和院长都谈过了，我当时就知道他不会有事。这是我最感到骄傲的时刻。"

## 2. 把其他课外活动纳入视野的家长。

帕洛阿尔托的家长布赖恩认识的很多爸爸妈妈都把孩子视为自己生活的重心。"如果你以此建立社交生活、自尊或自我价值，那么，等孩子上大学、结婚后，你会怎么样呢？"布赖恩和他妻子的生活不"以孩子为中心"，而是他们所谓的"以家庭为中心"，这种生活方式基于这一简单的哲学理念："我们并不以孩子为中心，孩子也并非生命存在的主要原因。"

因此，布赖恩对他所谓的"儿童运动产业情结"不感兴趣，在有这个情结的家庭，孩子感兴趣的运动就是家庭生活的主要内容。"我有个女儿很想加入足球俱乐部，"他说，"我们没有同意，不是因为她进不去，而是因为每周三次训练、一场比赛和路途奔波会侵蚀家庭生活。于是她加入了老式的、普通的美国青少年足球组织（AYSO），那里每周只有一场训练和一场在当地的比赛。在她能够独自前去参加这些活动之前，就这么办好了。"

由于生活不围绕活动安排，布赖恩的孩子们周末有时间待在家里，没什么事要做，"我有些朋友感到诧异，"他说，"我的孩子们到外面玩儿，他们用沙子堆堡垒，制作视频。他们花几个小时唱歌、跳舞、东游西荡，还一起看电视。我们出去散步时，他们就一起读书、玩耍、做作业，而朋友们的孩子在训练、补课或者接受私人教练的培训。我们告诉孩子们，他们是彼此生命中认识时间最长的人，所以兄弟姐妹之间的良好关系很重要，如果互相连面都见不到，那就不可能建立良好的关系。"

卡丽是密歇根州安阿伯的一位母亲。为了追求精英竞赛，这个地区不少孩子都是早上6点就起床，由父母开车送他们去溜冰场，往返需要两个小时，结果每天上学都要迟到半个小时。针对这种对孩子的运动和活动孤注一掷的做法，卡丽问道："这是孩子想要的，还是父母想要的？做这一切仅是为了参加奥运会或者上哈佛大学吗？如果孩子没有达到那种极高的高度，毕竟只有很少的人能达到，那怎么办呢？所有的牺牲还值得吗？"

想到自己10岁的女儿，卡丽说："她希望有很多在家休息的时间。她喜欢画画和玩耍，让她参加太多的活动根本行不通。给她报名学什么东西时，我会认真地考虑这一点。也许娱乐性足球比竞赛性足球好，或者加入合唱队，也许让她试唱并入选市合唱团并不合适，因为那里的训练计划太紧张了，其实，低一个层次的合唱队才是她更好的选择。"

在像卡丽家这样的社区，如果不让孩子早早参与体育运动，或者学一门乐器，那就会破坏他们沿着这条道路走下去的机会。或者，这只是一些人的看法，而父母害怕做出"错误"的决定。卡丽说："我喜欢和大孩子的父母交谈，看看哪些说法是真的。有很多关于高中的神话，传说进足球队或管弦乐队的竞争多么激烈，为了有个机会，你必须做这个做那个。但我一直是个信息搜寻者，我想知道'真实情况是怎么样的'，例如，新生足球队欢迎所有的新生，只要有空缺就行。这样一来，'如果不是竞赛性足球队队员，就进不了高中球队'的传言就不攻自破了。管弦乐队也是一样，你可能不如其他孩子优秀，但你仍然可以加入，并乐在其中。这类神话惊人地流行，家长们当成宝典口口相传。我想跟那些人为伍吗？与他们为伍对我的孩子有好处吗？有利于他的健康吗？那种压力和强度与我们的家庭价值观太背道而驰了。"

### 3. 爱并支持孩子的父母。

克丽丝滕是密歇根州安阿伯一位有两个孩子的妈妈，她的大儿子是一所著名公立高中二年级的学生。他很有天分，从小学习就不吃力，除了会被执行能力所困。上高中后，他的功课需要勉力应付了，但他不想这样做。克丽丝滕和她丈夫都是名牌大学毕业的高才生，他们非常痛苦。一方面他们确信，只要儿子申请，肯定可以进入顶尖的大学，那将为他"打开新世界的大门"，尽管他们的儿子没有特定的激情，但克丽丝滕和她丈夫觉得，他想做什么都办得到，"浪费那些天赋"是他的耻辱，他们希望他"别把门都封死"，但另一方面，他们也感觉应该拆掉脚手架了，多年来，在他们的支持和帮助下，他得以持续努力地完成任务，然而他们明白，如果没有他们的支持，他可能不会成功。

"我最初觉得我的孩子很聪明，想做什么都能行，而且他年纪还很小，怎么知道有朝一日不会后悔曾经考C呢？"但晚上让儿子做作业的事开始扰乱大家的神经，破坏家庭和谐，克丽丝滕意识到，"因为我们不断地要求他，想控制他，结果把大家都搞得很痛苦"。

她找来一些与她儿子这种聪明却不好管的气质类似的孩子家长拿主意。作者、编辑、传记作家卡特里娜·凯尼森（Katrina Kenison）的著作《寻常一日的馈赠》（*The Gift of an Ordinary Day*）带给了她极大的安慰。克丽丝滕最大的洞见得自她周围那些成功者的观点。这些人做着自己觉得刺激和满意的工作，同时，他们的人生道路也是迂回曲折的。"我跟很多人交谈，发现他们的人生道路并非一马平川。有的人在高中并不是门门功课都拿A，有的人上的大学我连名字都没听说过，还有的人在大学一年级就被淘汰了。我最大的感受是，**我们与儿子的关系并不是从他高中毕业才开始的，我们'一起经历'，我们和他的关系是在当下，但当下不一定意味着样样都要成功才行。**"

克丽丝滕曾经觉得没有尽到家长的职责，没有给儿子加码，现在她认识到，还有另外一种做负责任的家长的方法，那就是让他在上大学之前"自己去摸爬滚打"。

"人们常常告诉我，对他这种孩子，如果在高中期间父母帮忙太多，或者控制太多，到了大学很容易情绪崩溃，那又有什么好处呢？最好在高中就发生这种事情。去上暑期学校并不是世界末日，在高中多待一年也不是世界末日。

"专业人士一再对我说：'即使他真的摔得很重，也仍然是可以爬起来的。'这才是我真正需要释然的地方。这就是孩子真实的样子，也许他会去一所名牌大学，也许他去不了，也许他会去一所声望很高的研究生院。我不知道他什么时候才能发挥自己的水平，我不能为他制订时间表。当我意识到我不需要控制这些东西，不需要为他打开那些门时，我感到无比的解脱。大学不会决定你的生活方式，他不必去一所名牌大学，用自己的一生做一些了不起的事情。他可能永远不会有钱有名，或者在他的领域出类拔萃，那也无所谓。"

克里斯蒂娜是加州米尔谷的一位母亲，她有 4 个孩子。这是一个中产阶级聚集的社区，位于旧金山北部的马林县，那里的人在"孩子还在幼儿园时就开始谈论大学选择的问题了"。克里斯蒂娜的大儿子在学校表现很好，但他从来就不真正喜欢上学。八年级时，他告诉父母："我不想未来 4 年过得那么紧张，也不想去大学过 4 年紧张的生活，毕业后找一份并不真正喜欢的工作。"她儿子说这番话的时候，她很多朋友的孩子在申请私立高中，正在为她儿子所说的节奏紧张、名声好听的高中经历制订计划，但克里斯蒂娜和她丈夫对他们的儿子没有这种期望，而是支持他思考自己想做什么选择。

他们的儿子后来选择上当地的塔马尔派斯公立高中（Tamalpais High School）。一年下来，他意识到他想离开他所谓的这个马林县的"泡沫"。他高中二年级的计划涉及许多内容，其中没有一样算得上传统学校教育内容：他一边在肯尼亚一所免费的女子学校工作，一边上网学习美国国家大学虚拟高中（National University Virtual High School）的课程，回到美国后，他和纽约大家庭的人住在一起，在国际摄影中心（The International Center of Photography）泡了一个夏天。他妈妈说："放他走很不容易，因为放弃传统路线是一种冒险，但我们放他去了。我们相信这些经验有助于他形成中的人格的成长，效益远远超过在家乡读高中二年级的学校生活。那一年，他各方面的事务都是自己处理的。"

克里斯蒂娜和她的丈夫很清楚，虽然儿子离开家的那段时间发展得很好，但他离开传统学校教育的决定并非没有后果。例如，当他注册入读塔马尔派斯高中三年级时，学校不允许他修读一些 AP 课程，因为他前一年不是本校学生。

"对许多人来说，冒这个险不值得"，但她觉得，重要的是她的儿子愿意承担风险。

> "我们支持他的决定，因为我们觉得，如果给他机会，让他独立去追求超常规的经验，他也许能更好地了解自己是什么样的人、会成为什么样的人，那么，就人生、大学和职业，他就可以做出更好的选择。我真的相信，以这种方式支持他可以增强他的能力，有助于他成为自己想要成为的人。"

莫里斯是一位牧师，同时也是一位历史学家，住在加州奥克兰市。他的女儿如今已经长大成人了，在她很小的时候，很多人发现她有天赋和才华，纷纷敦促莫里斯让她参加测试，进入一个竞争激烈的学前班，将来好上常春藤盟校。但莫里斯和他前妻想让女儿自然生长，无意对她揠苗助长。"我觉得养育的关键是知道你该在哪里停步，孩子该从哪里开始。不带焦虑的观察非常重要，我们的做法有着奇妙的效果。我认识到，她的需求在过去和现在都跟我的需求大不相同。在令我抓狂的环境里，她如鱼得水；而在我活力四射的地方，她却萎靡不振。最令人吃惊的是，她说她从我身上学到了很多东西，而这并不是我的刻意所为。"

### 4. 找到支持你的养育理念的社区。

三藩市的拉尼有两个孩子，她自己从小在斯坦福大学的校园中长大，是典型的"教授子弟"，她拿了两所名校的学位，是一位医生。

有了孩子以后，他们夫妻决定留在城里，让孩子上公立学校，而他们的许多朋友都搬到郊区去了。"我们选择三藩市的公立学校系统，因为周围多半都是不会过度养育子女的家庭，这使得我们可以抵制过度养育的倾向。我们兴奋地让五年级的女儿一个人沿着预定路线乘坐公交车，让她和她四年级的弟弟独自走几条街去街角的肉铺买肉。做这些事让他们感到很兴奋，对自己信心十足。"

为了减少压力，或者把重心重新转向真正重要的事情上，有些家长觉得需要离开居家的社区一个学期，或者一年。

杰·甘布尔（Jeff Gamble）是帕洛阿尔托很受欢迎的 Jefunira 户外夏令营的联合创办人，2014 年，他和妻子特丽就做了这样的事情，他们带着 3 个孩子到印度尼西亚的巴厘岛生活了一年。在那里，孩子们每天独自或与朋友结伴穿过丛林，步行 7 ~ 10 分钟去学校。丛林里遍布着十几米高的修竹、野香蕉树和椰子树，高大的树冠遮天蔽日，蜥蜴和壁虎在小径上飞奔而过。

"住在帕洛阿尔托的时候，孩子们最多单独在家周围的街上走走，但在这里，他们可以进行探索，变得更加独立。两个大孩子有当地的手机，负责向我们通报他们的所在，或者是否有什么计划，这样，他们就可以自由地和小伙伴一起在丛林里游荡，也可以在占地面积约8万平方米的校园里闲逛。校园里有小餐馆，还有几个游泳池，一条河流从校内蜿蜒而过。他们会选择自己的学习内容，有个孩子上潜水课，还有个孩子学习养蜂，做作业的时间也由他们自己决定。我们则退到一边，让他们自己去经历成功、失败，进而从成败中学习。这是我们摆脱过度养育的尝试。3个孩子都成长得很好。"

原帕洛阿尔托居民梅芙·格罗根和她丈夫帕特也采取了类似的行动，他们带着两个孩子做了一次为期半年的旅行，探索广大的世界。他们一直盯着两个儿子完成堆积如山的家庭作业，希望他们能进入好的大学，找到好的工作，但他们认识到自己其实可能是想规避风险，或者说是在艰难地应付不确定性。这种意识让他们踏上了为期 6 个月的旅程。"我们决定迎接超乎寻常的风险，走上不确定的道路，"格罗根告诉我，"我们想让孩子们学会如何在不确定的情况下做出选择和决定。"而且，他们和孩子重新建立了更深的联系。"在个人层面上，我们只是想了解孩子。在如此忙碌、有如此多外部责任的情况下，哪会有机会和他们一起漫无目的地交谈和闲逛呢？"

格罗根一家在结束这次旅行后，冒险活动以搬家而告终。他们决定从帕洛阿尔托搬到俄勒冈州南部一个安静的社区，他们有家人在那里。"在我们的生活中，优先事项是关系，而不是其他无关紧要的东西。那些东西都远去了，我们开始更多地用对话的方式讨论各种选项，而不是说：'你应该选这个。'这是那6个月的馈赠。在日程排得满满当当的情况下，你就没时间就选择进行对话了。"

围绕选择的对话，这很重要。

如果一味顺从当前流行的过度养育模式，没有能力考虑其他方式，那么，我们过的就不是有选择的生活，我们让群体为我们和孩子做出了选择。

正如许多大学生在顺从和勇气之间摇摆不定，许多家长也竭力在一个失去理智的体系中做到最好。两手一摊是不够的，我们需要有所作为。我们不能再继续随大流了，不管潮流多么强大。如果我们想让孩子与众不同，就必须以不同的方式培养他们。

——威廉·德雷谢维奇，《优秀的绵羊》

在担任斯坦福大学新生教务长的 10 年间，我的工作是与成千上万个别人家 18～22 岁的孩子打交道，这是一份殊荣与特权。我和许多同事的职责是支持学生实现他们的目标，激励他们成长，向着他们闻所未闻、甚至连想都没想过的种种可能性不断伸展。**这种辅导要求我们认真聆听，也需要耐心和眼光长远的意愿，在产生美妙的结果之前，一个人成为成年自我的过程可能杂乱无章。**

青春期和成年期曾是两个相对可以辨别的不同阶段，多年来，我见证了二者的界限日益模糊。让大学生的父母坐到后座，把驾驭大学生活的方向盘交给孩子，这样的劝说工作一年比一年难；感激父母参与、不想自己处理事情的学生，一年比一年多。直觉告诉我事情有些不对劲儿。如果下一代人不具备成为成年人的条件，我们该怎么办？

　　萌生这个担忧后，我既观察了我所在的学校和其他学校，也观察了我所在的社区、我孩子们的学校和我自己的家庭。本来孩子会通过自然形成的童年发展步骤获得越来越多的能力和独立性，在此过程中与父母分离，形成自我，如今，这些步骤似乎被对安全的顾虑给遮蔽了，进而让位于获得球队位置、学校的名额和机会，以及似乎只有父母共同参与才可能得到的荣誉。父母们在"牧养"孩子，他们手把手地牵着孩子，直升机式地在孩子头顶盘旋，这样的做法在孩子成年之后许久仍在继续，并且已经成了惯例，而不是例外。另一方面，青少年和年轻人的焦虑、抑郁及其他心理健康问题的发病率也在持续攀升。

　　开始撰写本书的时候，我的出发点是对青少年和年轻人的强烈担忧，而最后，我对父母也产生了很大的担忧；开始的时候，我相信"那些父母"是问题所在，后来发现，在有些方面我自己就是"那些父母"中的一员，因此心生谦卑；开始的时候，我想揭示问题出在哪里，后来，我了解到的扭转局势、纠正问题的方法激励了我。随着本书的完成，我也将继续我的旅程，包括与我的爱人一起，把两个尚未成人的孩子抚养长大。当了解了过度养育的危害后，我变得更好了，希望你也如此。

　　作为父母，我们梦想着拥有自己的孩子，但不要忘了，孩子有权拥有自己的梦想。对于每一个独一无二的宝贝孩子，我们需要了解的比我们可能了解的要多得多，而那个独特的人，那个自我，则要由每个年轻人自己去发现。我们那么希望帮助他们，像个牧者一样，把他们从一个里程碑赶到另一个里程碑，一路小心呵护，不让他们遭受失败和痛苦。但是，过度帮助会带来伤害，使得年轻人没有必需的能力、意志和性格上的力量，没有能力了解自己、创造生活。他们必须书写自己的人生故事，也必须担当书写 21 世纪新篇章的责任。

　　在这个时间段里，人类相互依存的密切程度和全球化程度，以及得到理解同时也更不可预测的程度，都超出了我们的理解范围。人类从来没有面临过如此难以对付的环境和社会问题，它们对下一代人构成挑战。社会呼唤他们成为勤奋的工作者、熟练的思考者、问题解决者、富有同情心和积极参与公共事务的公民，以及品行良好的人，甚至，他们本身也将会为人父母。如果我们的孩子自身有能力成为这样的人，能够承担起这些责任，而不是依靠我们的帮助，或者要我们代替他们，那么，作为父母，我们就成功了。

当然，我们不应该袖手旁观，无所作为。我们有很多事情可以做，也必须做。孩子和我们生活在一起时，必须培养他们，为他们提供一个安全的养育场所，爱他们的真实状态，支持他们的兴趣，教给他们技能和价值观，培养他们的独立性，让他们做好准备，将来过上充实而有意义的成人生活。我们也必须为自己的快乐和幸福负责，不把它们强加在孩子的成就之上。如果我们发展并维持与孩子的良好关系，那他们一直都会重视我们的观点，甚至会主动征求我们的意见。但随着他们年龄的增长，我们一定要避免不遗余力地让他们采纳我们的意见。很快，我们就要把代际领导的衣钵交给他们了，我们理应优雅地做这件事并充分地相信，到那时，他们已具备了成年人当家做主的能力。

与我们的孩子一样，我们自己在许多事情上也会征求别人的建议，在如何抚养孩子的问题上更是如此。我们可以向研究者、哲学家、临床医生、思想领袖、精神领袖、教练、作家和我们的父母学到很多东西，但是，我们不应该在向别人寻求答案的方向上走得太远，以致忽视了我们的人生阅历，以及存在于头脑和心灵中的直觉所包含的智慧。我们比任何人都了解孩子的情况和自己的家庭生活面貌，不存在适用于养育各个方面的万能答案，如果我们希望事事处处都想出最好的做法，那会被搞疯的。相信你有能力做出好的选择，养育这件事，主要靠你自己去琢磨。是的，眼前这位谈论养育的作者认为你也许可以停止阅读那么多的养育类著作，给自己更多的信任：放慢步伐，深呼吸，向内看，拥抱你的伴侣，拥抱你的孩子，不必再觉得养育是一件那么艰难的事了，你已经懂了。

我在我们社区公开讲述过度养育的危害时，还担任着斯坦福大学的教务长。记得那时遭遇过好多次尴尬的情形，听众中有些家长提出这个尖锐的问题："这不是应该怪那些精英学校吗？"当时，我还深深地沉湎于大学管理者的角色，认识不到大学在刺激过度养育方面的"作用"，更不可能意识到提问者所暗示的它们的罪过。然而，由于距离和时间的关系，我获得了更宽广的视野。父母让孩子做作业，为了考出更高的分数一掷千金，帮孩子充实"简历"……我不认为父母的这些做法可以怪到哈佛、斯坦福这些大学的头上，但我的确认为，这些大学及类似机构中那些具有远见卓识的领导者最有条件使它们的名声摆脱品牌精英主义、伪造的选择性和不当排名的魔爪，重新设计招生流程，评价申请人真实的学术能力和个性，而不是煽动对微小差异的迷恋。如果最具选择性的大学能够做到这一点，那将是对孩子父母及童年本身的巨大贡献。我衷心希望他们放手一试。

同时，不管高校招生制度有什么问题，也不管其他诸多在父母控制范围之外的社会文化因素有什么问题，今晚还得吃晚饭，明早还得吃早餐，社会和世界也有赖于我们把孩子养好。和我一起为孩子们做正确的事情吧，离开直升机父母群，培养孩子的独立性而不是依赖性，支持他们做他们自己，而不是告诉他们应该成为什么人、做什么事。团结一致，我们就可以将子女养育的钟摆扭转到另一个方向：培养成人。

HOW
注释
RAISE AN ADULT

考虑到环保的因素，也为了节省纸张、降低图书定价，本书编辑制作了电子版的注释。

扫码查看本书全部注释内容。

　　本书的写作于我是一次个人的旅程，既是探索，也是冒险与梦想。一路上许多人陪伴我、支持我，或为我点亮一盏灯，或帮我扫清沿途的障碍。没有他们，就不会有这本书。

　　感谢持守书中所述养育观念的朋友和陌生人，在他们的敦促和推动下，我对此进行了概括、创造和完善。感谢《芝加哥论坛报》2005 年发表我第一篇谈论过度养育的文章。感谢"挑战成功"的联合创始人丹尼丝·波普、玛德琳·莱文和吉姆·洛布德尔（Jim Lobdell）早期为我提供平台，让我有机会宣讲我的观点。感谢作家丹尼尔·平克，2010 年，他在"挑战成功"的活动上听了我谈过度养育的危害后，建议我不要只写简短的论文或进行演讲，他鼓励我写书。再次感谢波普和莱文鼓励我写作。

　　感谢我曾经的历史教授和斯坦福大学同事杰克·拉科维（Jacr Rarove）。2012 年，他在斯坦福校园散步时叫住我，介绍我认识了他的经纪人唐纳德·拉姆（Donald Lamm）。感谢拉姆一路指导我撰写本书的出版计划，尤其要感谢他的是，2013 年夏天，在遭到多次拒绝后，我跟他说我准备搁置出版计划了，他说："我会假装没听见。"感谢前斯坦福大学同事罗布·赖克（Rob Reich）

介绍我认识威廉·德雷谢维奇和作家纳塔莉·巴斯齐勒（Natalie Baszile）。
巴斯齐勒把她的经纪人金伯利·威瑟斯庞（Kimberly Witherspoon）引荐给我。
感谢 Inkwell Management 公司的金伯利·威瑟斯庞和艾利森·亨特(Allison
Hunter) 帮我准备拍卖方案，以及此后无所不在的细致关怀。感谢本书英文版
的编辑芭芭拉·琼斯（Barbara Jones）、玛吉·理查兹（Maggie Richards）
和帕特·艾泽曼（Pat Eisemann）分享我那些可行的观点。感谢创意产业律
师事务所为我提供专业知识。还要感谢芭芭拉·琼斯在整个写作和修改过程中
给我的指导以及高超的编辑技术。

　　感谢帮助我完成本书写作的人们。感谢我的研究团队：Khushboo Bansal、
Anne Evered、leigh Marshall、Katey Mulfinger、Kyra Vargos，他们在勇敢
无畏的阿曼达·贝尔加多（Amanda Wilson Bergado）的带领下，保证我能
得到需要的东西，管理不断增加的材料。感谢辛西娅·陈（Cynthia Chen），
在 2012 年的 TED 会议上，她关于禅宗教育的理念激励了我，让我保持了一
个稳定的态度。感谢我的朋友梅根·麦斯威尔（Megan Maxwell），她常常在
我睡醒之前，就已为我找好了每一篇相关的文章。感谢我在加州艺术学院的
老师 Judith Serin、Dodie Bellamy、Caroline Goodwin、Faith Adiele，我在
他们的课上分享和讨论写作方案和草稿，感谢 Tom Barbash 在课后、路边及
三藩作家洞穴给予我的指导。感谢 Faith Adiele 在 2014 年举办的创意性非虚
构工作坊，感谢 Jennifer Gddsmith、Zane Hawley、Felicia Hayes、Analee
Lapreziosa、Candice Meierdich、Alyssa Montantes、Nelson Rivera、
Patrick Newson 给我极好的反馈。

　　感谢 Danna Breen 提供她在波托拉瓦利的小别墅，让我 2014 年春天能
临时住在这里写作。感谢帕洛阿尔托空间 2014 年夏天和秋天让我在这里修改
书稿。感谢梅贝尔街作家集体的反馈和鼓励。感谢亚特兰大的 Carole Sams
Hoemke、达拉斯的 Mia Jackson、西雅图的 Justina Chen、弗吉尼亚州北部

的 Tara Koslov 在家里举办小组讨论，感谢全美 150 多位千禧一代、父母、教育工作者、雇主、导师、心理学家、研究人员和作家接受我的采访，他们的观点启发和强化了我的思想。

感谢斯坦福大学成千上万的本科生，是他们使得教务长一职成了我最好的工作，迫使我关心这个话题，他们的个人成长故事以及为过上充实、有意义的生活而努力的故事，继续激励着我。

感谢给我精神支持的家人和朋友：我的妈妈 Jean Lythcott、我的婆家亲人 Judith Haims、Bruce Haims、Judy Jackson、Emily Jackson、Wendy Haims Handler，以及 Lythcotts、Haimses、Jacksons、Snookes、Forresters、Williams、Averys、McDaniels、Wests、Scors、Handlers、Benders、Kleins。感谢我的孩子索耶和埃弗里，感谢他们忍受我这个经常把他们丢在家里的妈妈，感谢他们允许我讲述他们的故事，感谢他们理解世上没有完美的父母。感谢我的父亲 George，我对他的思念从未如此强烈，感谢我的兄弟 Stephen，他让我明白如何把短暂的一生过得有意义。

感谢 Jessica Armstrong、Koren Bakkegard、Jo Boaler、Susie Brubaker - Cole、Wendy Cook、Amelie Hansen、Inge Hansen、Laura Harrison、Diane Hunter、Brandon Jackson、Stuart Kaplan、KathleenLong、Jody Nyberg、Victoria Osman、Stacy Parson、Jazmin Quill、Nicole Sanchez、Luke Taylor、Nora Toomey Miranda Tuttle、Elaine Wilhelm，感谢他们在此期间给予我的友谊和支持。感谢我的教练、友人 Maryellen Myers 在人生的这一阶段与我同行。最后，感谢我亲爱的人生伴侣 Dan Lythcott - Haims，感谢你无条件的爱，感谢你支持我的每一个梦想，感谢你在我写作期间维持我们的家庭生活，感谢你让我渴望回家。

HOW
RAISE AN ADULT
译者后记

# 纠正过度养育，培养合格成人

孩子在家庭生活中也许从来没有占据过像如今这样核心的位置，父母为子女倾注的心血之多，感受到的养育压力之大，也许堪称前无古人。20 世纪 80 年代以来，中国父母的养育观念和方式也开始发生了根本的变化，过度养育渐成趋势，从城市到农村，从中产阶级延伸到社会各个阶层，近来有论者惊呼中国人的养育方式进入了"全民富二代"状态。

在谈到中国式养育问题的时候，美国父母常常被当作榜样。在一般人的印象中，美国式养育强调孩子的独立，美国父母对待孩子不像中国父母那么娇惯、溺爱、包办代替，一个流传很广的说法是，子女一到 18 岁，美国父母就撒手不管了，想上大学要自己贷款，如果父母帮助支付了大学学费，那等子女工作后还要还上，上学期间要打工，跟父母吃个饭也要"AA 制"。对这些传说，我也曾经信以为真，但近年深入美国社会，发现当今美国中产阶级父母的养育方式与我们大同小异，听到亲戚朋友议论"直升机父母"时，我大为吃惊，直至读到这本《如何让孩子成年又成人》，我才发现，当代中美父母面临着同样的养育问题，以及子女长大而不独立的现象。

细说起来，当代美国社会的养育方式转变也发生在 20 世纪 80 年代，过度养育之下的年轻人体现出不良的后果：他们缺少独立性、脆弱、依赖、吸毒、酗酒，抑郁、焦虑等心理问题发病率剧增，没有来由地自以为是，觉得一切理所应当，进入职场后缺少工作主动性、不善于合作、缺少参与精神、解决问题能力匮乏……总之，他们没有做好进入社会的准备，进入职场后适应不良，常被称为"兰花""茶杯"或"牛肉"。

美国人对过度养育问题的系统性批判和研究从 20 世纪 90 年代就开始了，并于近年发起了一场"反过度养育"的革命。朱莉·利思科特-海姆斯站在这场革命的风口浪尖，是当下的主要发言人之一，2015 年，她推出了这本饱含激情的畅销书《如何让孩子成年又成人》。

本书陈说过度养育的表现及危害，认为美国千禧一代的问题根源在于父母错误的养育观念和方法。父母有关养育的错误假设、观念和做法培养出了一代长大而不独立、缺少担当、"未成型"的年轻人，害了孩子，害了父母，也非社会的福音。这是对过度养育的深入思考和检讨之作，对那些孩子尚未成年的父母来说，闻者足戒，孩子年龄越小，参考价值越大，也越有机会避开过度养育的误区。

身为养育了一个女儿的母亲和咨询师，基于自身的经验和思考，我对朱莉在书中所说的"过度养育"忧思深感认同，对她的养育目标、理念和方法也不无理解和赞同，因此选择翻译此书，希望为身处过度养育狂热中的中国父母提供参考。

有鉴于千禧一代的父母养育了"半成年"或"未充分成型"的子女，朱莉提出，父母的目标和责任是养育合格、独立的成人，即能够做到以下几点。

◆ 接受行为的后果，承担责任。

◆ 以平等的成人身份与父母相处。

◆ 财务上独立于父母。

◆ 不受父母和他人影响，自己决定信念和价值观。

朱莉认为，为了实现把孩子培养为合格成人的目标，父母应该把儿童期、青少年期作为训练场，让孩子面对真实生活，"你不可能一直把孩子当作小孩子照顾、手把手地指导，然后指望他在 18 岁的早晨魔法般地成了独立的人，具备成人生活能力"，过度养育下的年轻人在离开父母后社会适应不良、抑郁，类似于宗主国治下的殖民地，一经独立，立刻土崩瓦解。

她提倡权威型养育风格，而对中美中产阶级中盛行的放纵型养育风格不以为然，对部分家长采取的专断型养育风格也表示反对。

放纵型父母追求做孩子的好朋友，他们不太严格要求孩子，即便制定规则，也很难严格执行，因为他们害怕伤害孩子的感情，破坏亲子关系；专断型父母则相反，他们制定严格的规定、标准，给孩子自由思考和行动的空间较小，实施惩戒，在孩子心中注入恐惧的阴影；权威型风格则代表前两种风格的最佳结合，把孩子视为理性且有发展需要的个体，提出要求，制定并执行规则，同时对孩子满怀温情，给孩子耐心讲解要求和规则背后的理由。

本书共有四个部分。第一、第二部分描述了美国当代养育中存在的问题、现象，而这些问题和现象与中国当代养育状况惊人地相似；第三、第四部分则给出了具体、可行的解决方法，这些方法并不具有文化特异性，对中国家长同样适用。

朱莉对于培养孩子参与精神、协作精神的观点值得专门来说。中国独生子女著名的"自我中心"，有学者称他们是"精致的利己主义者"。有多少父母会教孩子关心他人和社会，为家庭和公共利益做出贡献？除了关注学习和个人成功以外，有多少家长会培养孩子关心社会的公平、正义？有多少家长与孩子谈论国际、国内大事，关心这个世界的不平等、贫困问题、人权侵害问题？有些家长的教育甚至恰好相反，他们教孩子只关心自己。看起来这似乎对孩子最有利，结果却局限了孩子的格局、胸襟、视野，也局限了孩子的内在动力。我接触到的一些青少年和年轻人表示不知道人生意义何在，有报道称北京大学有四成新生觉得活着没有意思，在我看来，一个重要的原因就是当代养育方式下的孩子太过自我中心，缺少超越自我的关怀与追求，人生目标不清晰或者过低，价值感、使命感匮乏，因而限于迷茫。

朱莉提醒我们，要想做好父母，不是总是盯着孩子、陪着他们就够了，而是先要给自己"把氧气面罩戴好"，这包括自己要热爱生活，想让孩子做到的，自己先模范地做到。对为数不少的父母来说，这是有意义的提醒。她专门用了第四部分教父母如何关爱自己、做好自己、过好自己的生活，这么做除了对自己好，也是对子女好，因为"对子女心理健康影响最大的，莫过于父母死气沉沉的人生"。

朱莉高度评价失败之于学习的价值，认为这是成长的唯一途径，细想这是多么符合逻辑。我翻译的另一本养育类著作《直觉养育的力量》（*The Intuitive Parent*）的作者、世界知名儿童发展专家斯蒂芬·卡马拉塔（Stephen Camarata）[①] 也一再强调试错对于儿童成长的价值。因为失败来自尝试，通过尝试、失败、再尝试，我们因此能从中学习，也因此培养了抗挫力。可惜，很多家长，包括我自己在内，都竭力避免孩子失败，有的家长在孩子失败时比孩子更崩溃，情绪失控之下惩罚孩子；有的家长则粉饰失败，或者把原因归咎于外界因素。我相信，乐见失败、正常化看待失败，是很多家长需要学习的新

---

[①] 针对父母的养育焦虑，世界知名儿童发展专家斯蒂芬·卡马拉塔以科学研究为基础，认为过度养育对孩子有害无益，提倡自然直觉式的养育方式，并在《直觉养育的力量》一书中对此观点进行了详细解读。本书中文简体字版已由湛庐文化策划、浙江人民出版社出版。——编者注

课题。

朱莉也提倡教孩子面对挣扎的人生常态。对于爱子心切的当代家长，这也是值得学习和采纳的观念。正如我们不想看到孩子失败，我们也不喜欢看到孩子挣扎。当孩子遇到困难时，我们的痛苦不亚于他们，于是我们赤膊上阵，殊不知这正传递了海姆斯所说的对孩子具有灵魂毁灭性的态度：你不行，还得我来。我们也因此在无意中培养了孩子的"受害者"心态。

朱莉鼓励父母把自己的人生遭遇和挫折、失败告诉孩子，这么做的父母应该并不多见。这样做既有利于让孩子对我们的认识去魅，让他们知道我们不是也不必是英雄，更加不会也不可能永远正确；另一方面，也是用自己的人生经历现身说法，向孩子传递这样的意识：人生不会一帆风顺，困难是可以克服的，这没什么大不了，而且，克服了困难，我们就成长了。

她对父母和子女独立身份的强调，可能很多中国父母未必习惯。她认为父母是父母，孩子是孩子，有了孩子以后，父母仍然应该走自己的人生道路，去实现自我，而不是把理想和梦想的实现寄托在孩子身上；另一方面，父母不能帮孩子设定他们的人生道路，不能代替孩子生活和思考，否则，就是取消了孩子的存在。

朱莉强调孩子的"自主权"。这个概念，国内很多家长可能还没有意识到，却是美国心理学界和家长非常强调的一个概念，指在一件事上有主导的权利，与被动性相反。拥有自主权意味着自己可以对结果实施控制，有助于个人形成自信心。

朱莉既是批评者，也是行动者。她对美国的教育和大学招生制度有严厉的批评，将其描述为"千疮百孔"。她一边通过写作、演讲努力推动制度和社会意识的改变，一边在自己的家中、社区和朋友圈中采取行动，"让自己家的饭菜好吃点儿"。我欣赏这种积极昂扬的态度。

本书大量采用一手访谈材料，提供了很多真实的事例，同时也引用了大量美国心理学和养育方面的研究，论说充分、表达生动，读了这本书，就对美国的前沿养育理念有了大体的了解，也就站在了养育思想的新高度。

面对读者，朱莉的姿态是平等的。她对她批评的"问题父母"怀有同情的理解，认为他们的行为是出于最良好的动机，是基于爱、焦虑和不安全感；她不扮演高高在上的权威，而是坦陈一般父母所有的焦虑和不安全感她自己也有，而且她的直升机式养育行为也不少，有时也很难贯彻自己给别的家长所提的建议。

朱莉的语言非常口语化，读起来生动、形象，有些地方翻译起来比较困难，一些表达难以借住辞典查到，多亏有夫君白亚仁（Allan Barr）充当我的活字典，此外，他给予我的鼓励和支持也给了我很大的力量。我还要感谢我的女儿段韵秋给我的鼓励和技术上的帮助，感谢湛庐的编辑方妍认真审阅书稿，提供宝贵的修改意见，感谢我的父亲彭静中、母亲张秀莲及好朋友肖榆蔓、李晓玲、童晓燕给我的支持。

由于时间和水平的原因，虽经多次修改，我相信误译及文字、语句处理不尽如人意之处一定还有，敬请读者诸君批评、指正。

# 未来，属于终身学习者

我这辈子遇到的聪明人（来自各行各业的聪明人）没有不每天阅读的——没有，一个都没有。巴菲特读书之多，我读书之多，可能会让你感到吃惊。孩子们都笑话我。他们觉得我是一本长了两条腿的书。

——查理·芒格

互联网改变了信息连接的方式；指数型技术在迅速颠覆着现有的商业世界；人工智能已经开始抢占人类的工作岗位……

未来，到底需要什么样的人才？

改变命运唯一的策略是你要变成终身学习者。未来世界将不再需要单一的技能型人才，而是需要具备完善的知识结构、极强逻辑思考力和高感知力的复合型人才。优秀的人往往通过阅读建立足够强大的抽象思维能力，获得异于众人的思考和整合能力。未来，将属于终身学习者！而阅读必定和终身学习形影不离。

很多人读书，追求的是干货，寻求的是立刻行之有效的解决方案。其实这是一种留在舒适区的阅读方法。在这个充满不确定性的年代，答案不会简单地出现在书里，因为生活根本就没有标准确切的答案，你也不能期望过去的经验能解决未来的问题。

而真正的阅读，应该在书中与智者同行思考，借他们的视角看到世界的多元性，提出比答案更重要的好问题，在不确定的时代中领先起跑。

## 湛庐阅读App：与最聪明的人共同进化

有人常常把成本支出的焦点放在书价上，把读完一本书当作阅读的终结。其实不然。

------------------------------------------------------------

时间是读者付出的最大阅读成本

怎么读是读者面临的最大阅读障碍

"读书破万卷"不仅仅在"万"，更重要的是在"破"！

------------------------------------------------------------

现在，我们构建了全新的"湛庐阅读"App。它将成为你"破万卷"的新居所。在这里：

● 不用考虑读什么，你可以便捷找到纸书、电子书、有声书和各种声音产品；

● 你可以学会怎么读，你将发现集泛读、通读、精读于一体的阅读解决方案；

● 你会与作者、译者、专家、推荐人和阅读教练相遇，他们是优质思想的发源地；

● 你会与优秀的读者和终身学习者为伍，他们对阅读和学习有着持久的热情和源源不绝的内驱力。

下载湛庐阅读 App，
坚持亲自阅读，
有声书、电子书、阅读服务，
一站获得。

# CHEERS

# 本书阅读资料包
## 给你便捷、高效、全面的阅读体验

## 本书参考资料

- ☑ **参考文献**
  为了环保、节约纸张，部分图书的参考文献以电子版方式提供

- ☑ **主题书单**
  编辑精心推荐的延伸阅读书单，助你开启主题式阅读

- ☑ **图片资料**
  提供部分图片的高清彩色原版大图，方便保存和分享

## 相关阅读服务

- ☑ **电子书**
  便捷、高效，方便检索，易于携带，随时更新

- ☑ **有声书**
  保护视力，随时随地，有温度、有情感地听本书

- ☑ **精读班**
  2~4周，最懂这本书的人带你读完、读懂、读透这本好书

- ☑ **课　程**
  课程权威专家给你开书单，带你快速浏览一个领域的知识概貌

- ☑ **讲　书**
  30分钟，大咖给你讲本书，让你挑书不费劲

**湛庐编辑为你独家呈现**
**助你更好获得书里和书外的思想和智慧，请扫码查收！**

（阅读资料包的内容因书而异，最终以湛庐阅读App页面为准）

# 湛庐阅读 App

---

## 思想者的
## 声音图书馆

**倡导亲自阅读**

不逐高效，提倡大家亲自阅读，通过独立思考领悟一本书的妙趣，把思想变为己有。

**阅读体验一站满足**

不只是提供纸质书、电子书、有声书，更为读者打造了满足泛读、通读、精读需求的全方位阅读服务产品 —— 讲书、课程、精读班等。

**以阅读之名汇聪明人之力**

第一类是作者，他们是思想的发源地；第二类是译者、专家、推荐人和教练，他们是思想的代言人和诠释者；第三类是读者和学习者，他们对阅读和学习有着持久的热情和源源不绝的内驱力。

# CHEERS

# 以一本书为核心

## 遇见书里书外，更大的世界

**有声书**

随时随地，有温度、有感情地听本书

**精读**

2~4周，带你读完、读懂、读透一本好书

**讲书**

30分钟
大咖给你讲本书
让你挑书不费劲

**课程**

权威专家带你快速浏览一个领域的知识概貌

**纸质书**

湛庐纸书一站购买
还有读者专享福利

**电子书**

最新最全的湛庐电子书
随时随地亲自阅读

**延伸阅读**

编辑精心制作的内容拓展
测试、视频、注释、参考文献
只为优化你的体验

**专题**

主题式阅读书单
让你与更多好书相遇

---

图书

NETFLIX
BUILDING A CULTURE OF FREEDOM AND RESPONSIBILITY

奈飞文化手册
POWERFUL

商业新知　科技趋势

**奈飞文化手册**

[美]帕蒂·麦考德Patty McCord

🎙 有声书　49.99点　会员价 29.99点
≣ 电子书　25.99点　会员价 15.59点
▢ 纸质书　查看详情

陈玮·《奈飞文化手册》精读班
跟随资深组织建设专家，用奈飞文方...
精读　299点 / 会员价 239.2点

《奈飞文化手册》| 韩焱主讲
世界第一的流媒体公司教你如何打...
讲书　9.9点 / 会员价 4.95点

檀林·创业思维课
给创业者的模型思维工具箱
课程　129点 / 会员价 103.2点

**延伸阅读**

你拥有奈飞思维吗？

《奈飞文化手册》各章思考题

**相关专题**　查看更多

豆瓣均分8.9
职场必读的20本口碑经典

2020职场调查填写有奖
免费领取10本电子书

从思维变革到创新落地
职场晋级化4项修炼

有声书单 | 檀林的模型思维书单
每一位智能者都该读懂

**图书在版编目（CIP）数据**

如何让孩子成年又成人 /（美）朱莉·利思科特-海姆斯著；彭小华译.
—成都：四川人民出版社，2018.1（2024.5重印）
ISBN 978-7-220-10668-2

Ⅰ.①如… Ⅱ.①朱… ②彭… Ⅲ.①家庭教育—通俗读物 Ⅳ.①G78–49

中国版本图书馆CIP数据核字（2018）第002637号
著作权合同登记号
图字：21-2017-704

**上架指导：家庭教育**

**版权所有，侵权必究**
**本书法律顾问　北京市盈科律师事务所　崔爽律师**

RUHE RANG HAIZI CHENGNIAN YOU CHENGREN
# 如何让孩子成年又成人
[美] 朱莉·利思科特-海姆斯 著　彭小华 译

责任编辑：唐　婧
版式设计：　　　沈丽君
封面设计：
责任印制：祝　健

四川人民出版社出版
（成都市三色路238号）
石家庄继文印刷有限公司印刷　　新华书店经销
字数 311 千字　开本 170 毫米 × 230 毫米　1/16　印张 22.25　插页 1
2018 年 3 月第 1 版　2024 年 5 月第 13 次印刷
ISBN 978-7-220-10668-2
定价：79.90 元